AF567815

Donoso Cortés

ÜBER DIE DIKTATUR

BIBLIOTHEK DER REACTION

Begründet von Jean-Jacques Langendorf und Günter Maschke

Juan Donoso Cortés
Marqués de Valdegamas

ÜBER DIE DIKTATUR

Drei Reden aus den Jahren 1849/50

Herausgegeben, aus dem Spanischen übertragen, kommentiert sowie um einen Aufsatz ergänzt von Günter Maschke

2., vermehrte Ausgabe

MMXVIII

Juan Donoso Cortés

Über die Diktatur

Drei Reden
aus den Jahren 1849/50

Karolinger
Wien und Leipzig

Gesamtherstellung
Christian Theiss, St. Stefan im Lavanttal

Einband
Peter Alba

Bild
General Ramón María Narváez

Satz
Ecotext-Verlag,
Mag. G. Schneeweiß-Arnoldstein, Wien

ISBN 978 3 85418 185 9

Inhalt

In memoriam

Roman Schnur

∗ 20. Oktober 1927 † 5. August 1996

IDEM VELLE ET NOLLE

VORBEMERKUNG ZUR ZWEITEN AUFLAGE 2018

Erfreulicherweise ist nunmehr eine zweite Auflage der Reden Donosos notwendig geworden. Neben einer ausgedehnten Fahndung nach Setzfehlern, die beseitigt wurden, ist mein Aufsatz über die Beziehung zwischen General Narváez und Donoso hinzugekommen; er erschien in der *Gedächtnisschrift für Roman Schnur* (Dunkker & Humblot, Berlin 1997, S. 53–70). Dieser Text erscheint mir geeigneter, Donosos Denken über Ausnahmezustand und Diktatur zu verdeutlichen als eine Übersetzung der das Thema erörternden Artikel im unerträglichen Prunkstil des liberalen Donoso vor 1848.

Frankfurt am Main, 8. März 2018 *G. M.*

VORBEMERKUNG ZUR ERSTEN AUFLAGE

Das 1989 im Weinheimer Verlag VCH – Acta humaniora erschienene und von mir übersetzte Hauptwerk Donoso Cortés', „Essay über den Katholizismus, den Liberalismus und den Sozialismus" war konzipiert als Teil einer Werkausgabe. Ein zweiter Band sollte eine Auswahl der übrigen Schriften, Briefe, Reden und Depeschen Donosos enthalten. Dabei sollte auch die „liberale Phase" unseres Denkers, die erst ca. 1847 wirklich endet, angemessen berücksichtigt werden. Der Plan war schlichtweg vermessen, da dieser zweite Band mindestens 700 bis 800 Seiten hätte umfassen müssen, sollte der deutsche

Leser eine umfassende Vorstellung vom Werk des spanischen Politikers und Geschichtsphilosophen gewinnen. Übersetzung und Kommentierung hätten wohl sechs oder sieben lange Jahre beansprucht. Deshalb entschloß ich mich, nur die drei klassischen, wirkmächtigen Reden Donosos neu vorzustellen: Vita brevis est. Im Unterschied zu früheren deutschen Ausgaben habe ich mich freilich um eine ausführliche, zeit- und verfassungsgeschichtliche Erschließung und Verortung bemüht; die entsprechenden Anmerkungen sind, nicht ganz korrekt, als „Fußnoten" aufgeführt.

Ich danke meinen Freunden Dr. Gerd Giesler (Berlin), Martin Mosebach (Frankfurt a.M.), Prof. Dr. Álvaro d'Ors* (Pamplona), Prof. Dr. Helmut Quaritsch (Speyer)* und Andreas Raithel (Hürth b. Köln) für manch nützlichen Fingerzeig und für die gern geleistete Hilfe.

Über den Europäischen Bürgerkrieg von 1848 hat uns Donoso Cortés – fortiter in re, fortiter in modo – belehrt. Dem heutigen Weltbürgerkrieg, durch die Auflösung des Kommunismus in ein neues, ängstigenderes Stadium tretend und eine Phase beschleunigter Entropie eröffnend, ist vielleicht der kühl konstatierende Blick angemessen, der die Schriften Roman Schnurs auszeichnet. Ihm, dem so kenntnisreichen wie unermüdlichen Anreger, der am 5. August 1996 von uns ging, sei dieses Buch gewidmet.

Frankfurt am Main, 8. August 1996 *G. M.*

---

* Álvaro d'Ors (geb. am 14. April 1915) starb am 1. Februar 2004; Helmut Quaritsch (geb. am 20. April 1930) am 19. August 2011. Möge ihnen die Erde leicht sein.

Frankfurt am Main, 26. Juni 2018 *G. M.*

EINLEITUNG

Daß die Liberalen, stehen sie vor der Frage: Jesus oder Barrabas?, Vertagung des Parlamentes fordern; daß die Bourgeoisie, unfähig sowohl zum Befehlen wie zum Gehorchen, eine nur noch des verächtlichen Spottes werte *clase discutidora* ist, die einer Zeit sozialer und ideologischer Kämpfe nicht gewachsen ist; daß es darauf ankommt, eine reine und nicht räsonierende, eine absolute und normativ aus dem Nichts geborene Entscheidung zu fällen, deren Quintessenz mit Thomas Hobbes lautet *Autoritas, non veritas facit legem* – das ist das Bild, das wir Deutschen von Juan Donoso Cortés besitzen und das Carl Schmitt uns schuf. An dieser Deutung darf man zweifeln, doch hat kaum jemand mit solch rhetorischer Wucht das Ende des Zeitalters der Diskussion verkündet wie Donoso Cortés, der als Ex-Liberaler mit dem klarsichtigen Haß des Renegaten ausgestattet war.[1]

Bis ca. 1847 war der Verwandte des großen Hernán Cortés einer der Wortführer der spanischen Liberalkonservativen, der *moderados*, gewesen, einer Partei zwar, die den Thron Isabellas II. sowohl gegen die Carlisten als auch gegen die Progressisten und Demokraten verteidigte, deren wichtigstes Interesse es jedoch war, in Ruhe, Ordnung und Frieden sich dem Genuß der mittels der Desamortisation eher geraubten denn gekauften Kirchen- und Klostergüter hinzugeben. Donoso war einer der bedeutendsten Politiker dieser Klasse von Revolutionsgewinnlern gewesen, die beschlossen hatte, alle anderen politischen und sozialen Gruppen vom Genuß der Beute auszuschließen und dabei die konservative Fahne der erworbenen Rechte und der Stabilität zu schwenken. Auch bei Donoso verband sich dies mit einem treuen Epigonentum gegenüber den Ideen des doktrinären Liberalismus der François Guizot und Pierre Royer-Collard.[2]

Wie seine französischen Vorbilder glaubte der junge Abgeordnete an die wohltätigen Wirkungen des Wahlzensus; an die gegenseitige Kontrolle der um die Wahrheit bemühten *pouvoirs*; an die Herrschaft der Intelligenz; an die Diskussion der einander mittels vernünftiger Gründe überzeugenden Parlamentarier; ja, an das Verschwindenkönnen der Gewalt und der Politik. Es machte wenig, daß die spanische Wirklichkeit seit 1808 ganz anders aussah: dem Krieg gegen Napoléon waren die Emanzipation der Kolonien, die Carlistenkriege, die absolutistische Reaktion Ferdinands VII., die erbitterten Verfassungskämpfe zwischen *moderados* und *progresistas*, die zahllosen *pronunciamientos* gefolgt; schließlich eine rapide Verarmung, auf dem Lande durch die Desamortisation, in den Städten durch die scheiternde Industrialisierung verursacht. Doch fiel es dem schönen Schein der Sicherheit gar nicht so schwer, sich in den Cortes zu erhalten und während draußen der Ausnahmezustand das tägliche Brot war und die Parteiungen sich die Hälse durchschnitten, dröhnten hier die Drommeten des Humanitarismus und der Aufklärung (wenn auch gerne disharmonisch); hier durfte der Dialog, befrachtet mit Drohungen, Erpressungen und Korruptionen aller Art, nicht aufhören, wollte man sich nicht der behaglichsten aller Geborgenheiten, der der Handlungsverhinderung, entledigen. Die Regierungen, nicht zuletzt durch organisierten Wahlbetrug im Besitz großer Mehrheiten, versuchten zwar, den Kongreß mittels eines ausgefeilten Systems von gesetzgeberischen Ermächtigungen und Königlichen Dekreten zur bloßen *claque* zu erniedrigen; aber bereits geringe Meinungsverschiedenheiten zwischen dem Kabinett und der Krone oder zwischen den Chefs der *moderados* genügten, um diese in übereinander herfallende Fraktionen aufzulösen und eine neue, ebenso autoritäre wie kurzlebige Regierung zu etablieren: Autoritarismus und Anarchie verschärften einander. Dies alles fand statt unter dem allzu edlen Ideenhimmel der französischen Julimonarchie, der bis zum Februar 1848 nicht nur ideologischen Hegemonialmacht in Spanien, wo man, mit weit geringeren ökonomischen Mitteln und bei einer weit tiefer zerklüfteten, weit schwächeren Bourgeoisie, das philiströse Wir-können-über-alles-reden beschwor – trotz der Ohnmacht des Parlaments – und das *Enrichissez-vous* Louis Philippes und Guizots nachzuahmen suchte.

1848 zeigte sich nicht nur in Frankreich die Schwäche einer Klasse, die, in der Revolution wurzelnd und dennoch an deren Beendbarkeit glaubend wie deren Ende fordernd, die haltenden Mächte durch ihr Räsonnement zersetzt und durch ihre menschenfreundlichen Parolen der demokratischen wie der bald sozialistisch werdenden Bewegung den Weg geebnet hatte. Als der Sozialismus die Leitwissenschaft dieser Klasse, die politische Ökonomie, eroberte und die Frage der gerechten Verteilung zum Dauerthema erhoben werden konnte, war ihre Widerstandskraft dahin. Angesichts des Schreckens, der das konsequente Kind ihrer eigenen Thesen war, konnte die *clase discutidora* nur die Nützlichkeit der von ihr gewohnheitsmäßig diffamierten Armee feststellen und lernte es, auf die calmierende Kraft der von ihr jahrzehntelang verhöhnten Kirche zu hoffen.

Karl Marx und Alexis de Tocqueville, Lorenz von Stein und Bruno Bauer, Pierre-Joseph Proudhon und Auguste Comte – sie alle waren sich in der Diagnose dieser nach Balance gierigen und so labilen Gesellschaft mit dem Spanier mehr oder minder einig. Doch schlugen sie gänzlich verschiedene Arzneien vor: den proletarischen Sozialismus; die skeptisch gewordene, doch machtbewußte und reformbereite Liberalität; den ausgleichenden Sozialstaat; den Sozialimperialismus; den Föderalismus auf der Grundlage gegenseitiger Hilfe; die wissenschaftliche Steuerung der Gesamtgesellschaft durch die Soziokratie. Bei all ihren Differenzen glaubten sie, daß eine neue und dauerhafte Stabilität gefunden werden könne; daß eine neue Synthese von Ordnung *und* Freiheit in den Lineamenten der aufgewühlten Gesellschaft verborgen sei. An ein Weiterleben der Freiheit glaubend, glaubten sie an die Freiheit selbst. Zwar hielt der klarsichtigste dieser Männer, Alexis de Tocqueville, die Heraufkunft einer termitisierten Menschheit, unter dem sanften Joch einer alles regulierenden Verwaltung, für möglich, d. h., er hielt das Scheitern der Freiheit für denkbar. Daß man sich aber für die Freiheit zu entscheiden habe, ja, daß man für sie kämpfen müsse, duldete auch bei ihm keinen Zweifel.

Doch gerade sie, das umkämpfte und von allen beanspruchte Idol, war für Donoso eine tote und erledigte Sache. Der äußerste, wegen seines Sarkasmus pathetische und wegen seines Pathos sarkastische Realismus verband sich bei ihm mit einer apokalyptischen Geschichtsbetrachtung, die schon jenseits aller Politik zu verorten war und für die die Freiheit nicht nur temporär im Namen der Freiheit aufhebbar, sondern seit 1848, diesem Datum vordergründiger Ereignisse und hintergründiger Erkenntnisse, grundsätzlich hinfällig war. Wohl zum ersten Mal in Donosos Spätwerk wird dies in seiner berühmten Rede vom 4. Januar 1849 deutlich:

> „Meine Herren! Furchtbar ist das Wort, doch wir dürfen nicht davor zurückschrecken, furchtbare Worte auszusprechen, wenn sie die Wahrheit sagen... Die Freiheit ist zu Ende gegangen, die Freiheit ist tot! Sie wird nicht am dritten Tage wiederauferstehen, nicht in drei Jahren; vielleicht nicht einmal in drei Jahrhunderten."

Als Donoso die Konfusion und Wehrlosigkeit des Liberalismus erkannte, dessen scheinbar so fest gefügtes System im Februar 1848 binnen weniger Tage zusammenbrach, des Liberalismus, der unfähig zum Guten war, weil ihm zum Aufbau jede dogmatische Grundlage fehlte, unfähig zum Bösen, weil ihm jede tapfere Negation ein Greuel war, der niemals „ja" oder „nein", niemals „afflrmo" oder „nego" sagte, sondern stets „distinguo", der mittels der Diskussion jedem Skeptizismus Vorschub leistete bis der Sozialismus der Diskussion die Gewalt entgegensetzte, da verteidigte Donoso mit einem gewissen Pragmatismus die Diktatur; eines Pragmatismus, der in merkwürdigem Kontrast stand zu der Emphase, mit der die Freiheit für Jahre und sogar für Jahrhunderte als dahingegangen bezeichnet wurde. Donosos Schlußfolgerungen sind proverbial geworden:

> „Die Frage besteht..., nicht zwischen der Freiheit und der Diktatur; bestünde sie zwischen Freiheit und Diktatur, so würde ich für die Freiheit stimmen, wie alle, die wir hier sitzen. Aber... es handelt sich darum, zwischen der Diktatur des Aufstandes und der Diktatur der Regierung zu wählen: in diesem Falle erwähle ich die Diktatur der Regierung als die weniger drückende und die weniger beleidigende. Es handelt sich um die Wahl zwischen der Diktatur von unten und der Dikatur von oben; ich erwähle die Diktatur von oben, weil sie aus ruhigeren und ausgeglicheneren Regionen kommt. Es handelt sich schließlich darum, zu wählen zwischen der Diktatur des Dolches und der Diktatur des Säbels. Ich erwähle die Diktatur des Säbels, weil sie die vornehmere ist."

Konkret ging es nur um den Rückblick des Parlamentes auf die *Ley de poderes extraordinarios,* auf das „Gesetz der außerordentlichen Vollmachten", das im März 1848 vom spanischen Parlament verabschiedet worden und im Dezember 1849 für aufgehoben erklärt worden war, das also eine neunmonatige Diktatur der Regierung Narváez ermöglicht hatte.[5] Narváez hatte im Frühjahr 1848 schnell und mit großer Härte die revolutionären Aufstände in Madrid, Barcelona, Sevilla und Valencia unterdrückt und damit ein Übergreifen der Februarrevolution auf Spanien verhindert. Bei der Anwendung dieses Gesetzes war es zu beträchtlichen Übergriffen und Brutalitäten gekommen, und daß Tausende von tatsächlichen oder angeblichen Rebellen und Verschwörern auf die Philippinen oder nach Cuba verbannt wurden, war mit Sicherheit nicht durch Gesetze zu rechtfertigen; insofern hatte die progressistische Opposition recht, wenn sie die „ilegalidades" beklagte. Im Januar 1849 stand aber auch fest, daß kein einziges der zahlreichen Todesurteile vollstreckt werden würde, daß es mit aller Sicherheit zu einer Generalamnestie käme und daß alle Verbannten bald nach Spanien zurückkehren durften.[4] Donoso hätte sich, wie einige seiner Vorredner, aus der Affaire ziehen können: er hätte die *Legalität* der zeitlich begrenzten Diktatur unterstreichen, die Übergriffe zugeben und die grundsätzliche Notwendigkeit energischen Eingreifens bekräftigen können. Die Verhinderung bzw. die rasche Niederwerfung des Bürgerkrieges sind schließlich die ersten und wichtigsten Aufgaben des Staates und bedürfen keines besonderen Pathos – zumal Narváez' Sondergesetz letztlich nur eine Variante der in Spanien damals längst Routine gewordenen Ausnahme- bzw. Belagerungszustände war: die Maßnahmen begründeten lediglich eine „exzeptionelle Diktatur", keine „prinzipielle", um mit Constantin Frantz zu sprechen, eine „kommissarische Diktatur", und keine „souveräne", um die wohl geläufigere Terminologie Carl Schmitts zu benutzen.[5] Donoso selbst hatte ja in früheren, noch seiner liberalen Periode zuzurechnenden Schriften die kommissarische Diktatur als plausibel und bejahenswert in bestimmten, außerordentlichen Umständen dargestellt.[6] Weshalb sagte er jetzt: „Wenn die Legalität genügt, die Gesellschaft zu retten, dann die Legalität; wenn sie nicht genügt, bleibt nur die Diktatur"? An der *Legalität* der von ihm so vehement verteidigten Diktatur des Generals Narváez bestand nicht der geringste Zweifel![7] Und wieso konnte Donoso von dem Worte „Diktatur" als einem „furchtbaren Worte" sprechen?

Zunächst ist sicher, daß der Ausdruck „Diktatur" um die Mitte des 19. Jahrhunderts weitgehend ungebräuchlich war; wohl auch, weil nach Meinung der Bourgeosie 1789 ff. die Vernunft gesiegt hatte und es jetzt galt, in Ruhe, Sicherheit und Ordnung die Früchte des Sieges zu verzehren.[8] Da mochten „Ausnahmen" und „Sondergesetze" noch hingehen, aber in Wortverbindungen wie „exezeptionelle Diktatur", „kommissarische Diktatur" o. ä. hätte sich das Hauptwort durchgesetzt und auf die bereits im Gelingen befindliche Harmonie von Ordnung und Freiheit allzu düstere Schatten geworfen. Mochte die wirtschaftliche Dynamik immer weiter ihre, und sei's schöpferische Zerstörung vorantreiben, mochten die Paupers gar Schritt für Schritt zu Bildung und Besitz gelangen – eine neuerliche Revolution war, wie der grundsätzlich vernunftbegabte Mensch einzusehen hatte, unnötig. Deshalb war aber auch keine Diktatur nötig: *consumma-*

tum est. Im endlich beginnenden Reich des Fortschritts sollte die Evolution herrschen und im übrigen scheute die neue, sich einrichtende Klasse die Erinnerung an die Tatsache, daß auch sie durch die Gewalt und nicht durch die Diskussion entbunden worden war.

Donoso war aber bis 1847, in welcher Zusammensetzung auch immer, nicht nur ein Liberaler an der Macht gewesen, sondern auch ein Konservativer (eher ein liberaler Konservativer als ein konservativer Liberaler) – und auch als solcher hatte er seine Mühen mit dem Begriff „Diktatur". Eine wirkliche „Diktatur des Säbels" provozierte auch die Gefahr, daß der Staat sich über die bedrohte, „organisch gewachsene" *societas civilis* hinwegsetzte und gänzlich souverän im modernen Sinne, d.h. „machend", verfahren könnte.[9] Mittels der Reaktion auf die drohende Revolution würde der Staat noch mehr zu einer das Recht und die sozialen Spielregeln *herstellenden* Maschine, statt zu einem sie auslegenden, der Tradition verpflichteten Organ: auch die Gegenrevolution würde, da sie die Tradition als disponibel ansähe, zu einer Revolution mutieren, statt das Gegenteil einer Revolution zu sein.[10]

Tatsächlich aber ist in Donosos erster großer Rede nichts von dem konservativen Widerwillen gegen den damals sich schon abzeichnenden Cäsarismus oder Bonapartismus zu erkennen, wie er etwa das Denken der Brüder Gerlach prägte.[11] Die *dictatura legal*, mit der sich, aus unterschiedlichen Gründen, Liberale wie Konservative hätten befreunden können, reichte ihm nicht mehr aus, auch wenn ihm am 4. Januar 1849 die Implikationen seiner Rede noch nicht gänzlich bewußt sein mochten. Alles kam für ihn darauf an, daß die durch die Diktatur mögliche Atempause genutzt würde, um zu einer religiösen Reaktion zu gelangen, einer religiösen Reaktion, die ihm zwar unwahrscheinlich dünkte, die man aber anzustreben hatte, weil allein sie die kranke, zerfallende Gesellschaft zu retten vermochte. „Die Menschen hegen vor zweierlei Ehrfurcht: vor dem, was heilig ist und vor dem, was stark ist. Das heilige Element existiert in diesem Jahrhundert nicht mehr; das Element der Stärke gehört allen Jahrhunderten an, und dieses allein kann das andere wiederherstellen", schrieb 1850 einer der wohl engsten Geistesverwandten Donosos, Auguste Romieu.[12]

Daß es Donoso nicht um eine bloße Niederschlagung demokratischer Umsturzversuche ging, die der im doppelten Sinne des Wortes korrupten Bourgeois-Gesellschaft eine neuerliche Frist verschafft hätte, ist offenkundig, liest man seine Briefe aus den Jahren 1848–1855 oder seine Depeschen aus Berlin und Paris.[13] Das „Bündnis von Säbel und Kutte", wie es Karl Marx höhnisch nannte und wie es mit bewundernswerter Energie Romieu forderte, sollte nicht den internationalen Louis-Philippinismus wiederbeleben, der, sanftmütig und geldgierig, vom Deismus aus dem Pantheismus zu, von diesem aus dem Atheismus entgegentrieb – hin bis zum Schrekken einer monströsen Tyrannei des Antichrist unter dem Zeichen von *Pax et securitas;* hin zu einer Welt der letzten Menschen, die „keinen anderen Feind mehr kennt als den Tod".[14] Der Irrtum eines sich von Gott losreißenden Humanismus, mit dem Paganismus der Renaissance beginnend, im Kampf der Reformation gegen die Einheit des Leibes Christi sich steigernd und in der Revolution ein Panorama immer radikalerer, immer ängstigenderer Negationen öffnend – diesem Irrtum mußten jetzt, auf einem seiner neuen Höhepunkte, die *guerre à outrance* geliefert werden. Der Erfolg war ungewiß, wahrscheinlich war sogar der übliche irdische Sieg des Bösen, doch auch hier galt Donosos Satz aus seinem Brief an Montalembert:

> „Sagen wir Gott Dank, daß Er uns den Kampf gewährt hat, und verlangen wir nicht noch, über die Gnade des Kampfes hinaus, die Gnade des Triumphes von Dem, der in Seiner unendlichen Güte jenen, die gut für Seine Sache kämpfen, einen höheren Lohn aufbewahrt als den Sieg."

Donosos Hoffnung auf den Säbel des Narváez ist denn auch vor allem eine, wenn auch äußerst bescheiden daherkommende, Hoffnung auf den *kat-echon.* Politik und

Diktatur sind für Donoso in dieser Rede nur im Hinblick auf jenes Zehntel der Politik wichtig, das ein reales Element enthält und jenseits der neun Zehntel aus Lüge, Betrug und Fiktion existiert – und dieses reale Element ist „die Verwirklichung der für das Bestehen der Welt notwendigen Macht, einer Macht, die von Gott ist“.[15] Das wirkliche Zentrum der *Rede über die Diktatur* ist denn auch nicht die Verteidigung der Diktatur, sondern das großartige „Thermometer-Gleichnis“.

Der „riesige, kolossale, universelle, ungeheure Tyrann“, der am Ende aller Negationen zur Herrschaft gelangt, ist eher eine Metapher für den Antichrist, der die *eine* Welt will, die nicht in Adam und Christus gründet; um 1948 haben viele Interpreten Donosos den kommunistischen Totalitarismus als diesen kolossalen Tyrannen gesehen und das Werk des Spaniers zum Propagandamaterial im Kalten Krieg erniedrigt.[16] Donoso wäre wohl nie auf die bizarre Idee gekommen, daß, ein Jahrhundert nach seiner Rede, die Freiheit des Westens durch die Unfreiheit des Ostens bedroht sei. Die Freiheit war ja schon lange tot, seitdem der Mensch sich entschlossen hatte, nicht länger Knecht Gottes und damit in der frei machenden Wahrheit zu sein, sondern Sklave eines illusorischen Glücks auf Erden zu werden und damit zuerst als Agent der Selbstbestimmung, danach als Agent der Selbstbehauptung und endlich als Agent der Selbstvernichtung zu leben und zugrunde zu gehen; die Selbstvernichtung kennt bekanntlich viele, oft verlockende Modi. Sicherlich ging es Donoso auch um die „Présentation du Minotaure“ schlechthin, um das für Liberale, Konservative wie Katholiken auf unterschiedliche Weise unheimliche Wachstum der Staatsgewalt.[17] Aber er dachte hier wohl nicht nur an die Heraufkunft eines offenen Totalitarismus, sondern ebenso an den sanften Despotismus der modernen Massendemokratie, den damals vielleicht Tocqueville am beeindruckendsten voraussah.

Dessen Vorhersage finden wir auch bei Donoso und nicht nur die, daß „eine eiserne Zwangsgewalt auftritt, um die dekomponierten Bande der staatlichen Ordnung von neuem zu knüpfen", nicht nur die von einem „absolut rechtlosen Despotismus", vom „Maulhalten als allgemeiner Consigne".[18] Und: wo ist denn eine solche Zwangsgewalt heute, die gegenüber dem sich weltweit durchsetzenwollenden *régime de canaille* (so noch Voltaire über die Demokratie) nicht nur negativ absticht? Huxley hat Orwell besiegt, „das völlig glaubenslose, ideologiefreie, einzig vom Erwerb, vom rücksichtslosen Genuß her geprägte Dasein"[19] triumphierte über das politisch kontrollierte, totalitäre, militarisierte Massendasein; der soziale Wärmetod über die Arbeits- und Vernichtungslager. Aber auch hier gilt, daß der eine Abgrund den anderen ruft, ja, hervorrufen muß und in jedem Fall wird Babylon, die Große Hure, die an vielen Wassern thront und trunken ist vom Blut der Heiligen, singen, daß sie keine Witwe sei und keine Trauer kenne.

Die bescheidenen Hoffnungen, die Donoso Anfang 1849 noch hegte, sind ein Jahr später, nach der Niederschlagung der Revolution in ganz Europa, beinahe gänzlich verschwunden. Zu Donosos Rede vom 30. Januar paßt eine Äußerung Carl Schmitts: „Die Menschen suchen im allgemeinen weder die Wahrheit, noch die Wirklichkeit, sondern nur das Gefühl ihrer Sicherheit."[20] Dieses Gefühl meldete sich zurück, auch dank der meist unbeschädigten Portemonnaies. Kierkegaard hatte einige Jahre zuvor, 1844, notiert, daß „die Angst das Genie zu andrer Zeit ergreift als die gewöhnlichen Menschen. Diese entdecken die Gefahr erst im Augenblick der Gefahr; bis zu diesem Moment sind sie sicher, und ist die Gefahr vorbei, so sind sie wieder sicher. Das Genie ist am stärksten gerade im Augenblick der Gefahr."[21] Fügen wir hinzu: und wenn die Gefahr vorüber *scheint*.

Auch wenn die eigentliche Grundlage der Rede Donosos vom 30. Januar 1850 seine Skizze einer Politischen Theologie ist, so drängt sich die tatsächliche Politik auffällig vor. Die durch die Niederschlagung der Revolution gewonnene Zeit wurde nicht genutzt; nicht begriffen wurde, daß „selbst die Katastrophe, wie sie bisher sich gezeigt hat, nur Einleitung ist und in die Kladde gehört, nicht ins Hauptbuch; denn erst, wenn man so weit gekommen ist, daß man verstanden hat, worum die *Frage* geht, erst dann beginnt die neue Zeitrechnung".[22] Europa hatte nicht begriffen, daß das wirkliche Thema das Christentum war, das man abgeschafft hatte, es hatte nicht begriffen, daß man, „weltlich frech oder weltlich verwirrt, mit steigender Leidenschaftsgeschwindigkeit, in Probleme sich verirrt, die sich nur *göttlich* beantworten lassen, die nur das Christentum beantworten kann".[25]

Der Entwicklung im Reiche der Idee, d. h. innerhalb der Politischen Theologie, entsprach das Chaos der europäischen Politik: Spanien war zu schwach und durch die kaum überstandenen inneren Kriege und das ökonomische Desaster gelähmt; Frankreich hatte sich mit dem Gift der Aufklärung, dann dem des Deismus, schließlich dem des Pantheismus und dem des Atheismus infiziert und, aufgrund seiner geistigen Vormachtstellung, den ganzen Kontinent mit angesteckt; England war zu der Macht geworden, die alle Unruhe und Unordnung des Erdteils schürte; das protestantische Preußen aber war „dem Dämon geweiht[44] und die Idee einer deutschen Einheit eine sowohl von der Vernunft wie von der Geschichte verurteilte *Fata morgana*, deren Aussichtslosigkeit sich für Donoso vor allem in der Paulskirche abzeichnete: „Deutschland... brachte diese Versammlung wie eine Göttin in einem Gotteshaus unter, und dieses selbe Deutschland ließ sie sterben wie eine Hure in einer Schenke – *como una prostituta en una taberna*. Und Rußland? Hatte Donoso noch im Mai 1849, als russische Truppen in Ungarn intervenierten, das russische Heer als „die einzige Reserve der Ordnung bezeichnet, so hielt er jetzt, ein halbes Jahr später, eine aggressive Verbindung eines russisch dominierten Panslawismus mit dem revolutionären Sozialismus für möglich, (vgl. S. 72 f.) Und betrachtete man die so beruhigt scheinende Lage noch genauer en detail, so sah man, daß im Inneren der Staaten Kirche,

Krone und Adel sich in einer deprimierenden Lage befanden, die Bourgeoisie richtungs- und glaubenslos war und sowohl an der Zerstörung der sie schützenden Schichten arbeitete als auch dem Proletariat die offene Flanke bot; daß das Proletariat, von dem Donoso freilich eher diffuse Vorstellungen hegte, zum Objekt der sozialistischen und atheistischen Demagogie wurde, daß die Bauern verelendeten. Und vor allem: eine Rechristianisierung Europas war nicht zu erhoffen:

> „Ja, die europäische Gesellschaft liegt im Sterben, ihre äußeren Glieder sind bereits von der Kälte erfaßt; ihr Herz wird binnen kurzem der Erstarrung anheimfallen. Und wissen Sie, weshalb sie stirbt? Sie stirbt, weil sie vergiftet worden ist. Sie stirbt, weil die Gesellschaft die heilkräftige katholische Substanz, die Gott ihr gab, beiseite schob und ihr die verderbliche Medizin rationalistischer Quacksalber vorzog. Sie stirbt, weil, so wie der Mensch nicht allein vom Brote lebt, sondern von einem jeglichen Wort, das aus dem Munde Gottes kommt, auch die Gesellschaften nicht allein durch das Eisen sterben, sondern auch durch jedes antikatholische Wort, das aus dem Munde der Philosophen kommt. Sie stirbt, weil der Irrtum tötet, und diese Gesellschaft ist auf Irrtümern gegründet. Sie sollen wissen, daß alles, was Ihnen unbestreibar dünkt, falsch ist. Die lebensspendende Kraft der Wahrheit ist so groß, daß sie, wären Sie auch nur im Besitze einer einzigen Wahrheit, durch diese einzige Wahrheit gerettet würden. Aber Ihr Sturz ist so tief, Ihr Niedergang so radikal, Ihre Verblendung so vollständig, Ihre Nacktheit so absolut, Ihr Unglück so beispiellos, daß Ihnen selbst diese einzige, letzte Wahrheit verlorenging. Deshalb wird die herannahende Katastrophe alles übertreffen, was im Laufe der Geschichte über die Menschheit hereingebrochen ist. Die Individuen mögen sich noch retten, weil sie stets die Möglichkeit haben, sich zu retten; doch die Gesellschaft ist verloren. Und dies nicht, weil es für sie vollständig unmöglich wäre, sich zu retten, sondern weil sie sich nicht retten lassen will. Es gibt keine Rettung mehr für die Gesellschaft, weil wir selbst keine wahren Christen mehr sind. Es gibt keine Rettung mehr für die Gesellschaft, weil der katholische Geist, der einzige Geist, der Leben spendet, nichts mehr durchdringt: weder die Erziehung noch die Regierungen, weder die Institutionen noch die Gesetze oder die Gewohnheiten."

Trotz der Aussage, daß die Individuen sich retten können, war Donoso noch nicht so weit wie Sören Kierkegaard, der schon früh der Politik die nötige geringe Aufmerksamkeit schenkte und der wußte, daß „die Frage weder um Einkammern-, noch Zweikammern-, noch Zehnkammernsysteme, weder um Einsetzung von Komitees noch um die Aufstellung von Ministern geht..., sie geht ums Christentum".[25] Zu einer ähnlichen Politik des Einzelnen war Donoso wohl erst 1853, kurz vor seinem Tode bereit, als er in die Gesellschaft Jesu eintreten wollte. Auch in seiner dritten hier vorgestellten Rede vom 30. Dezember 1850 ist er *noch* Politiker und stürzt die Regierung Narváez, „die große" oder „langdauernde Regierung" genannt (von 1847–1851), die Spanien, bei all ihren Mängeln, das damals wohl einzig mögliche Quantum an Ordnung, Kontinuität und Sicherheit verschaffte.

Leider wissen wir nicht, wie Donoso zu der Regierung von Juan Bravo Murillo stand, die im Januar 1851 antrat und im Dezember 1852 demissionieren mußte.[26] Von den meisten Gruppen der *moderados* nur geduldet, weil deren „konservativ-autoritärer" Strömung angehörend; von den *progresistas* bis aufs Messer bekämpft, weil ihnen noch argwöhnischer gegenübertretend als Narváez; von den Militärs beargwöhnt, weil er ihren außerordentlich großen Einfluß auf das gesamte liberale Lager zurückdrängen wollte; vom Beamtenkörper wegen seines unermüdlichen Kampfes sowohl für eine effektive Verwaltung als auch gegen deren Korruption gefürchtet, scheiterte dieser vielleicht einzige ehrbare Regierungschef im Spanien des 19. Jahrhunderts – ein Mann, der geglaubt hatte, die *politiquería* auf das Sterbebett zwingen zu können, breitete sich nur eine wohltätig funktionierende, unbestechliche, von Fachleuten geleitete Verwaltung aus. Seine energischen Versuche, eine offen auf eine entsprechend geänderte Verfassung sich gründende Diktatur zu etablieren, die stark an Louis Napoléon gemahnt hätte und sein Wille, die einzige Macht des Parlamentes zu brechen, die der Obstruktion und der Demagogie, schließlich seine wohlüberlegten Pläne, den autoritären Staat zum Demiurgen der wirtschaftlichen Entwicklung zu machen, riefen den Widerspruch der gesamten politischen Klasse hervor, so daß ihn jenes Schicksal ereilte, das Donoso in seiner letzten Rede fälschlicherweise dem letztlich viel wendigeren und konzilianteren Narváez prophezeit hatte (vgl. S. 110 ff.). Mit dem Sturz Bravo Murillos war Spaniens Steckenbleiben in einer Art Dritte-Welt-Land-Situation sowohl ökonomisch wie moralisch zum Schicksal geworden – ohne daß es von den Lastern der zivilisatorisch und technisch entwickelteren Staaten verschont blieb.

Zu Donosos Hauptwerk, dem *Essay über den Katholizismus, den Liberalismus und den Sozialismus,* überwiegend zwischen seinen beiden großen Reden aus dem Jahre 1850 entstanden, ist an anderer Stelle genug gesagt worden.[27]

In diesem Werk hören wir zwar immer wieder die Stimme des (Ex-)Politikers heraus – doch eine politische These weiß Donoso hier nicht mehr mitzuteilen. Wenn es keine Rettung mehr für die irdisch-politische Welt gibt, mag diese noch politisch und politiktheoretisch kritisierbar sein, wird aber eine durch politisches Handeln herzustellende Wiederverbindung der Gesellschaft mit ihrem Fundament, dem Glauben, chimärisch. Deshalb ertönt im gesamten *Essay,* der doch eine so reiche Polemik gegen den Liberalismus und den Sozialismus enthält, nirgendwo die Forderung nach der Diktatur; obgleich doch in keinem Werk der Weltliteratur das Reich des Absurden, d. h. das Reich der Diskussion, schärfer ausgeleuchtet wurde. Sicherlich unterstützte Donoso den Staatsstreich Louis Napoléons und feierte einen Cäsar, von dessen Tat er, wohl weniger illusorisch als Auguste Romieu, einen Anstoß zur ersehnten religiösen Reaktion erwartete. Doch nach allem, was wir wissen, währte diese Hoffnung nur wenige Wochen und war zu einem guten Teil wohl nur von den freundschaftlichen Gefühlen für den Mann bestimmt, dessen Trauzeuge er war. Auch Louis Napoléon wollte vor allem Eisenbahnen und Zuckererbsen hienieden und entpuppte sich rasch als *Louis Philippe perfectionné.*

Vor den im doppelten Sinne des Wortes über-realistischen Perspektiven seiner Gegenwart erlosch Donosos politischer Wille, und so sehen wir ihn in seinen beiden letzten Lebensjahren als Botschafter in Paris, nach der

Fertigstellung des *Essay*, fast nur noch dem Gebet, der Meditation und einer schrankenlosen Caritas gewidmet, die ihn an den Rand des Bankrotts bringt. Das letzte Gefecht, die *bataille napoléonienne* zwischen dem Katholizismus und dem Sozialismus, war nicht mehr denkbar; was kommen würde, war wohl der Urteilsspruch Gottes über eine Welt, die im Liberalismus und im Sozialismus, im Pantheismus und im Atheismus ihre vergehenden Ausdrucksformen fand: *Llega el dia de las negaciones radicales y de las afirmaciones soberanas* – es kommt der Tag der radikalen Verneinungen und der souveränen Behauptungen. Der Sterbende, für den nur noch das sich Gott unterwerfende Subjekt entscheidend war, wußte wohl, daß er dessen Geduld unterschätzt hatte. Doch das hatte er aus Liebe zu Gott getan. So ging er in den Tod: „Anachorète, perdu dans les steppes arides de la diplomatie, apôtre prêchant aux sauvages des salons, ascète sous l'habit brodé de l'ambassadeur."[28]

Anmerkungen

1 Zur Kritik an Carl Schmitts Donoso-Deutung vgl. u. a.: Ramiro de Maeztu, El espíritu y la „decisión", *Acción Española,* 16/1936, S. 434–456; Albert Maier, Donoso Cortés im Schrifttum der Deutschen, *Hochland,* Nov. 1940, S. 66–77; Eugenio Vegas, Autoridad y libertad, según Donoso Cortés, *Arbor,* 24/1953, S. 53–57; Diego Sevilla Andrés, Donoso Cortés y la dictadura, *ebd.*, S. 58–72; Günter Maschke, Die Zweideutigkeit der „Entscheidung" – Thomas Hobbes und Juan Donoso Cortés im Werk Carl Schmitts, in: Helmut Quaritsch, Hrsg., *Complexio Oppositorum – Über Carl Schmitt,* Berlin 1988, S. 193–221. Großartig: J. R. Hernández Arias, *Donoso Cortés und Carl Schmitt*, Paderborn 1998.

2 Das Standardwerk immer noch: Luis Díez del Corral, *Doktrinärer Liberalismus – Guizot und sein Kreis* (zuerst span. 1945), Neuwied und Berlin 1964, dort zu Donoso: S. 320–342.

3 Dazu u. a.: José Luis Comellas, *Los moderados en el poder,* 1844–1854, Madrid 1970, bes. S. 268 ff.; Francisco Fernández Segado, La disposiciones de excepción en la década moderada, *Revista de Estudios Políticos,* 205/1976, S. 81–117.

4 S. 123 f.

5/6 Constantin Frantz, *Louis Napoléon* (zuerst 1852), hrsg. von Günter Maschke, Wien und Leipzig 1990, S. 61; Carl Schmitt, *Die Diktatur*; 2. A., München u. Leipzig 1928, bes. S. 25 f., 28, 33 f., 146 ff. Vgl. von Donoso: Los estados excepcionales, Artikel v. 11. Juni 1839 für die Tageszeitung „El Piloto", Ndr. in: Ders., *Artículos políticos en „El Pi-*

loto", Pamplona 1992, S. 359–361; übers, von mir u. d. T. „Die Ausnahmezustände", in: Zwölfte Etappe, Bonn, Juni 1966, S. 114–118. Von noch größerer Bedeutung ist: Proyecto de ley sobre estados excepcionales presentado a las últimas Cortes por el Ministerio de diciembre (1839), Ndr. in: Donoso Cortés, *Obras completas*, I, Madrid 1970, S. 706–719.

7 Vgl. dazu auch: Carl Schmitt, *Glossarium. Aufzeichnungen der Jahre 1947–1951*, hrsg. von Eberhard v. Medem, Berlin 1991, S. 49 f. 2. A., 2015, S. 37 f.

8 Hierzu bes. viele Hinweise in dem o. a. Buch von Comellas (FN 3); bes. S. 131 ff.

9 Vgl. Panayotis Kondylis, *Konservativismus – Geschichtlicher Gehalt und Untergang*, Stuttgart 1986, ö.

10 Nach einem Aperçu Joseph de Maistres: „On s'est accoutumé à donner le nom de *contre-révolution* au movement quelconque qui doit tuer la révolution; et parce que ce mouvement sera contraire à l'autre, on en conclut qu'il sera du même genre; il faudrait conclure tout le contraire." *Considérations sur la France*, 1796, Ausg. Paris 1993, S. 137.

11 Vgl. u. a.: *Bismarcks Briefe an den General Leopold v. Gerlach*, hrsg. von Horst Kohl, Berlin 1896; Hans Joachim Schoeps, *Das andere Preussen – Konservative Gestalten und Probleme im Zeitalter Friedrich Wilhelms IV.*, 2. A., Honnef/Rhein 1957, S. 149 ff.

12 Auguste Romieu, *Der Cäsarismus/Das rote Gespenst* (zuerst französ., 1850/1851), hrsg. von Günter Maschke, Wien 1993, S. 117.

13 Ein brauchbarer Überblick für den des Spanischen nicht Kundigen: Donoso Cortés – *Briefe, parlamentarische Reden und diplomatische Berichte aus den letzten Jahren seines Lebens (1849–55)*, hrsg. von Albert Maier, Köln 1950.

14 Carl Schmitt, *Der Begriff des Politischen*, Ausg. Berlin 1963, S. 95 (Das Zeitalter der Neutralisierungen und Entpolitisierungen).

15 Nicolai Berdiajew, *Das Neue Mittelalter – Betrachtungen über das Schicksal Rußlands und Europas*, Tübingen 1950, S. 53.

16 Zur umfangreichen Donoso-Literatur der Jahre 1948/50 vgl. meine bibliographischen Hinweise in: Donoso Cortés, *Essay über den Katholizismus, den Liberalismus und den Sozialismus*, Weinheim 1989 (jetzt Berlin 1996, gl. Paginierung), S. 429–466; 3. Aufl., Wien 2007, S. 429–494.

17 Klassisch hierzu: Bertrand de Jouvenel, *Du pouvoir – Histoire naturelle de sa croissance*, 2. A., Genf 1947, S. 11–25.

18 Ernst v. Lasaulx, *Neuer Versuch einer alten, auf die Wahrheit der Tatsachen gegründeten Philosophie der Geschichte*, München 1856, S. 106; *Jacob Burckhardts Briefe an seinen Freund Friedrich von Preen* 1864–1893, Stuttgart und Berlin 1922, S. 248.

19 Philipp Dessauer, Die Politik des Antichrist, *Wort und Wahrheit*, 1951, S. 405–15, hier S. 411.

20 Carl Schmitt, *Donoso Cortés in gesamteuropäischer Interpretation*, Köln 1950, S. 84.

21 Zitiert b. Schmitt, vorhergehende Anmerkung, ebd.

22 Kierkegaard, Das Eine, was not tut, in: *Zeitwende*, 1/1927, S. 1–7, hier S. 1.

23 Ebd.

24 Donoso Cortés, Polémica con la prensa española (Brief an die Zeitungen *El País* und *El Heraldo* vom 16. Juli 1849), in: Ders., *Obras completas,* II, Madrid 1970, S. 331–342, hier S. 340 f.
25 Kierkegaard, wie FN 22, ebd.
26 Vgl. bes. J. L. Comellas, *La teoría del régimen liberal español,* Madrid 1962, S. 67–121; „Los proyectos de Bravo Murillo".
27 Vgl. die von mir hrsg. u. übersetzte Ausgabe des „Essay", FN 16, S. XIII–LI (Einführung).
28 So Graf Joseph Alexander von Hübner, 1851–59 österreichischer Botschafter in Paris, in seinen Memoiren: *Neuf ans de Souvenirs d'un Ambassadeur d'Autriche à Paris,* Paris 1904, S. 128 (postum).

REDE ÜBER DIE DIKTATUR

4. Januar 1849

Meine Herren!

Die lange Rede, die gestern Herr Cortina[1] gehalten hat und auf die ich nun antworten will, war, unter einem engeren Gesichtspunkt betrachtet, trotz ihrer Länge nichts als eine Zusammenfassung, eine Zusammenfassung aller Irrtümer der Progressistischen Partei[2], die ihrerseits nichts sind als eine andere Zusammenfassung: die Zusammenfassung aller Irrtümer, die in den drei Jahrhunderten bis zur Gegenwart erfunden wurden und die in unseren Tagen alle Gesellschaften mehr oder minder in Unruhe stürzen.

Herr Cortina hat zu Beginn seiner Rede, in dem guten Glauben, der ihn auszeichnet und der sein Talent so sehr verschönt, dargelegt, daß er selbst schon einige Male daran zweifelte, ob denn seine Prinzipien nicht falsch, ob denn seine Ideen nicht katastrophal seien, da er sie nie an der Macht, sondern stets in der Opposition sehen mußte. Ich möchte Herrn Cortina sagen, daß sich sein Zweifel nach kurzem Nachdenken in Gewißheit verwandeln wird. Seine Ideen sind nicht an der Macht, sie sind in der Opposition, gerade weil sie Ideen der Opposition sind und nicht Ideen der Regierung.[3] Meine Herren, das sind unfruchtbare Ideen, sterile Ideen, katastrophale Ideen, die man bekämpfen muß, bis sie hier, in ihrer natürlichen Grabstätte, unter diesen Gewölben, am Fuße dieser Tribüne, begraben sind. *(Allgemeiner Beifall auf den Bänken der Mehrheit.)*

Indem Herr Cortina den Traditionen der Partei folgte, die er anführt und die er repräsentiert, indem er also, sage ich, den Traditionen dieser Partei seit der Februarrevolution folgt, hat er nun eine Rede gehalten, die in drei Teile zerfällt, was ich als unvermeidlich ansehe. Der erste Teil ist ein Lob der Partei, das sich auf eine Darlegung ihrer früheren Verdienste stützt. Der zweite ist eine Erinnerung an die Beleidigungen, die ihr in der Gegenwart zugefügt werden. Der dritte besteht aus einem Programm, das heißt, aus einer Schilderung ihrer zukünftigen Verdienste.

Meine Herren von der Mehrheit! Ich komme hierher, um Ihre Prinzipien zu verteidigen; doch sollten Sie von mir kein einziges Lob erwarten. Sie sind die Sieger, und nichts steht der Stirn des Siegers besser an als ein Kranz, den die Bescheidenheit flocht. *(Gut! Gut!)*

Erwarten Sie nicht von mir, meine Herren, daß ich von den Ihnen zugefügten Beleidigungen spreche: Sie haben keine persönlichen Beleidigungen zu rächen, sondern die Beleidigungen, die der Gesellschaft und dem Throne von den Verrätern Ihrer Königin und Ihres Vaterlandes zugefügt wurden. Ich werde nicht von Ihren Verdiensten sprechen. Weshalb sollte ich davon sprechen? Damit die Nation sie erfahre? Die Nation weiß sie auswendig! *(Lachen.)*

Herr Cortina gliederte seine Rede, die inzwischen allen Abgeordneten zugänglich ist, in zwei Teile. Er sprach von der Außenpolitik der Regierung und bezeichnete die Vorgänge in Paris, London und Rom als wichtig für die Außenpolitik Spaniens.[4] Auch ich werde diese Fragen behandeln.

Danach stieg Herr Cortina zur Innenpolitik herab, und die Innenpolitik unterteilte Herr Cortina in zwei Fragen: in die Frage, die sich auf die Prinzipien bezieht und in die Frage, die sich auf die Tatsachen bezieht, in die Frage nach dem theoretischen System und in die Frage nach dem praktischen Verhalten. Auf die Frage nach den Tatsachen, auf die Frage nach dem Verhalten, hat das Kabinett durch die Herren Minister des Äußeren und des Inneren bereits geantwortet; die Herren Minister haben sich dieser Aufgabe mit der gewohnten Beredsamkeit entledigt.[5] Denn da das Kabinett alle Daten dafür besitzt, war es auch seine Aufgabe, zu antworten. Dabei blieb aber die Frage nach den Prinzipien fast unberührt. Ich möchte mich deshalb allein dieser Frage annehmen, doch möchte ich sie, falls es der Kongreß mir erlaubt, gründlich und zur Gänze behandeln. *(Spannung.)*

Meine Herren! Welches Prinzip vertritt Herr Cortina? Das Prinzip des Herrn Cortina besteht, untersucht man seine Rede sorgfältig, im folgenden: in der Innenpolitik die Legalität, alles durch die Legalität, alles für die Legalität; die Legalität zu jeder Zeit, die Legalität unter allen Umständen, die Legalität bei allen Gelegenheiten.[6] Ich jedoch, der ich glaube, daß die Gesetze für die Gesellschaft gemacht sind, und nicht die Gesellschaft für die Gesetze *(Sehr gut! Sehr gut!)*, ich sage: Die Gesellschaft, alles für die Gesellschaft, alles durch die Gesellschaft, die Gesellschaft zu jeder Zeit, die Gesellschaft bei allen Gelegenheiten![7] *(Bravo! Bravo!)*

Wenn die Legalität genügt, die Gesellschaft zu retten, dann die Legalität; wenn sie nicht genügt, bleibt nur die Diktatur. Meine Herren, dieses furchtbare Wort (denn furchtbar ist es, wenn auch nicht so sehr wie das Wort Revolution, welches das furchtbarste von allen ist) *(Aufsehen)*, dieses furchtbare Wort wurde von einem Manne ausgesprochen, den alle kennen, und dieser Mann ist wahrlich nicht aus dem Holz der Diktatoren geschnitzt. Ich fühle mich zwar berufen, die Diktatoren zu verstehen, doch bin ich nicht geboren worden, um sie nachzuahmen. Zwei Dinge sind mir unmöglich: die Diktatur zu verdammen und die Diktatur auszuüben. Deshalb bekenne ich hier ganz offen, frei und ehrlich, daß ich untauglich bin zur Regierung; ich könnte die Regierung vor meinem Gewissen nicht annehmen; ich könnte sie nicht annehmen, ohne die eine Hälfte meines Ichs mit der anderen in einen Krieg zu verwickeln, ohne meinen Instinkt gegen meine Vernunft, oder ohne meine Vernunft gegen meinen Instinkt kämpfen zu lassen. *(Sehr gut! Sehr gut!)*[8]

Deshalb, meine Herren – und ich rufe alle, die mich kennen, zum Zeugnis auf –, deshalb kann hier niemand aufstehen, weder hier noch anderswo, der auf dem Wege des Ehrgeizes, auf dem sich so viele drängeln, auf mich gestoßen wäre, niemand. *(Beifall.)* Einzig auf diese Weise, meine Herren, werde ich, wenn meine Tage gezählt sind und ich zum Grabe niedersteige, ohne den Gewissensbiß niedersteigen, daß ich die barbarisch angegriffene Gesellschaft wehrlos gelassen, und auch ohne den so bitteren und für mich unerträglichen Schmerz, einem Menschen Böses angetan zu haben.

Ich sage, meine Herren, daß die Diktatur, unter bestimmten Voraussetzungen, unter den gegebenen Umständen, bei Bedingungen wie den gegenwärtigen, eine legitime Regierung ist, eine gute Regierung, eine vorteilhafte Regierung wie jede andere; sie ist eine vernunftgemäße Regierung, die sich in der Theorie wie in der Praxis verteidigen läßt. In der Tat: Sie brauchen ja nur das Leben der Gesellschaft zu betrachten.

Das Leben der Gesellschaft besteht wie das Menschenleben aus Aktion und Reaktion, aus Stoß und Gegenstoß bestimmter eindringender und bestimmter widerstehender Kräfte.

So ist das soziale Leben beschaffen, und so wie dieses ist auch das menschliche Leben beschaffen. Nun gut: die eindringenden Kräfte – beim menschlichen Körper Krankheiten genannt, beim sozialen Körper anders bezeichnet –, sind auf zweierlei Art wirksam. In dem einen Falle sind sie in der gesamten Gesellschaft verbreitet, werden jedoch nur durch einzelne Personen repräsentiert; in dem anderen, heftigeren Krankheitszustand aber, ballen sie sich zusammen und stellen sich in politischen Vereinigungen dar. Nun: wenn, wie ich sagte, die widerstehenden Kräfte im menschlichen wie im sozialen Körper nur dazu da sind, um die von außen eindringenden Kräfte zurückzuweisen, so müssen sie sich notgedrungen deren Beschaffenheit anpassen. Sind die angreifenden Kräfte verteilt, dann die Widerstand leistenden ebenso: sie verteilen sich auf die Regierung, auf die Verwaltungsbehörden, auf die Gerichte, mit einem Wort, auf den gesamten sozialen Körper. Doch wenn die angreifenden Kräfte sich in politischen Vereinigungen zusammenschließen, dann konzentrieren sich notwendigerweise die Widerstand leistenden Kräfte – ohne daß jemand sie daran hindern kann und ohne daß jemand sie daran hindern darf –, in einer Hand. Das ist die klare, einleuchtende, unanfechtbare Theorie der Diktatur.[9]

Und diese Theorie, meine Herren, welche eine Wahrheit in der Ordnung der Vernunft ist, ist zugleich auch eine konstante Tatsache in der geschichtlichen Ordnung. Geben Sie mir eine Gesellschaft an, nur eine einzige, die nie eine Diktatur gehabt hat, nennen Sie sie mir! Betrachten Sie, was im demokratischen Athen, was im aristokratischen Rom geschah! In Athen befand sich diese allmächtige Gewalt in den Händen des Volkes und nannte sich Ostrakismos[10]; in Rom befand sich diese allmächtige Gewalt in den Händen des Senats, der sie einem Konsul übertrug und sie hieß, wie bei uns, Diktatur. *(Gut! Gut!)* Schauen Sie auf die moderne Gesellschaft, meine Herren, betrachten Sie Frankreich mit allen seinen Umwälzungen. Ich werde nicht von der Ersten Republik sprechen, die eine gigantische, eine unbegrenzte Diktatur war, erfüllt von Blut und von Schrecken. Ich spreche von der Zeit danach. In der Charte der Restauration hatte sich die Diktatur in den Artikel 14 geflüchtet; in der Verfassung von 1830 traf man sie in der Präambel an. Und in der .gegenwärtigen Republik? Sagen wir dazu nichts! Ist sie denn etwas anderes als die Diktatur, unter dem Namen der Republik? *(Lärmender Beifall.)*[11]

Hier hat, und zwar zur Unzeit, Herr Gálvez Cañero[12] die englische Konstitution angeführt. Meine Herren! Gerade die englische Konstitution ist die einzige in der Welt – so weise sind die Engländer! –, in der die Diktatur nicht unter das Ausnahmerecht gehört, sondern in das gemeine Recht. Die Sache ist klar: das Parlament hat bei allen Gelegenheiten, zu jeder Zeit, wann immer es will, die diktatorische Gewalt; es kennt keine andere Grenze als die, die jeder menschlichen Macht gesetzt ist, die Klugheit;

es kann alles – und darin liegt die diktatorische Macht –, außer aus einer Frau einen Mann und aus einem Mann eine Frau zu machen, wie seine Rechtsgelehrten sagen.[13] *(Lachen.)* Es hat die Macht, die Habeas- Corpus-Akte zu suspendieren, es kann mittels einer *bill of attainder* ausbürgern; es kann die Konstitution ändern; es kann selbst die Dynastie auswechseln und nicht nur die Dynastie, sondern sogar die Religion; es kann das Gewissen unterdrücken; mit einem Wort: es kann alles. Wer, meine Herren, hat je eine monströsere Diktatur gesehen?[14] *(Gut! Gut!)*

Ich habe bewiesen, daß die Diktatur eine Wahrheit in der Ordnung der theoretischen Dinge ist und auch, daß sie eine Tatsache in der geschichtlichen Ordnung ist. Ich gehe jetzt noch weiter. Würde es die Ehrfurcht erlauben, so könnte man sagen, daß die Diktatur auch eine Tatsache in der göttlichen Ordnung ist.

Meine Herren: Gott hat den Menschen bis zu einem bestimmten Punkt die Regierung der menschlichen Gesellschaften überlassen und hat für sich allein die Regierung des Weltalls vorbehalten.[15] Gott regiert das Weltall – wenn ich so sagen darf und wenn in so erhabenen Dingen die parlamentarische Ausdrucksweise erlaubt ist –, Gott regiert das Weltall konstitutionell. *(Großes Gelächter auf den Bänken der Linken,)* Jawohl, meine Herren, dies ist für mich so klar und offenkundig, wie nur irgendetwas. Das Weltall wird nach bestimmten, genauen, nicht aufhebbaren Gesetzen regiert, die man Zweitursachen nennt.[16] Was sind diese Gesetze anderes als Analogien zu den Gesetzen, die man in den menschlichen Gesellschaften die fundamentalen Gesetze nennt?[17]

Nun gut, meine Herren, wenn also Gott für die physische Welt der Gesetzgeber ist, wie es in Bezug auf die menschlichen Gesellschaften die Gesetzgeber sind, wenn auch auf eine andere Art – regiert Er dann stets mit diesen selben Gesetzen, die Er sich selbst auferlegte in Seiner ewigen Weisheit und denen Er uns alle untertan machte? Nein, mein Herren, denn zuweilen bringt Er Seinen souveränen Willen direkt, klar und ausdrücklich zum Ausdruck, indem Er diese Gesetze, die Er sich selbst auferlegte, durchbricht und den natürlichen Gang der Dinge ändert.[18] Nun, meine Herren, wenn Er so vorgeht, ließe sich, wenn die menschliche Sprache auf die göttlichen Dinge anwendbar wäre, nicht sagen, daß Er diktatorisch vorgehe? *(Wiederholtes Gelächter auf den Bänken der Linken.)*

Das beweist, meine Herren, wie groß der Irrsinn einer Partei ist, die glaubt, mit weniger Mitteln als Gott regieren zu können, indem sie sich selbst eines bisweilen notwendigen Mittels, der Diktatur, entledigt. Wenn es so ist, meine Herren, dann besteht die Frage, reduziert auf ihren wirklichen Kern, nicht mehr darin, herauszufinden, ob die Diktatur zu rechtfertigen ist, ob sie unter gewissen Umständen gut ist; die Frage besteht vielmehr darin, herauszufinden, ob für Spanien diese Umstände eingetroffen oder bereits wieder verschwunden sind. Das ist der springende Punkt, auf den ich mich jetzt einzig und allein konzentrieren werde. Zu diesem Zweck werde ich – und dabei muß ich nur den Fußspuren meiner Vorredner folgen –, einen Blick auf Europa werfen und eine weiteren Blick auf Spanien. *(Gespannte Aufmerksamkeit.)*

Meine Herren, die Februarrevolution kam wie der Tod: unerwartet.[19] *(Großer Beifall)* Gott, meine Herren, hatte die französische Monarchie verdammt. Vergeblich hatte sich diese Institution einer tiefgreifenden Wandlung unterzogen, um sich den Umständen und den Zeitläufen anzupassen. Das half ihr jedoch nicht: ihre Verurteilung war inappellabel und ihr Untergang war unfehlbar. Die Monarchie nach göttlichem Recht endete mit Louis XVI. auf dem Schafott, die Monarchie der Ruhmsucht endete mit Napoléon auf einer Insel; die erbliche Monarchie endete mit Charles X. in der Verbannung, und mit Louis Philippe hat die letzte aller möglichen Monarchien zu leben aufgehört, die Monarchie der klugen Vorsicht. *(Bravo! Bravo!)* Welch trauriges und beklagenswertes Schauspiel, meine Herren, daß einer höchst verehrungswürdigen, alten, ruhmreichen Institution weder das göttliche Recht, noch die Legitimität, noch die Klugheit, noch der Ruhm helfen konnten! *(Der Beifall wird wiederholt.)*

Meine Herren, als die große Neuigkeit von dieser großen Revolution in Spanien eintraf, da waren wir alle erstaunt und entsetzt. Nichts war mit unserer Bestürzung und mit unserem Entsetzen zu vergleichen – außer die Bestürzung und das Entsetzen der besiegten Monarchie selbst. Ich drücke mich schlecht aus: es gab ein noch größeres Erstaunen, eine noch größere Bestürzung als die der besiegten Monarchie, und das war die der siegreichen Republik.[20] *(Gut! Gut!)* Und noch heute, nachdem zehn Monate seit ihrem Triumph vergangen sind, fragen Sie sie, wie sie siegte; fragen Sie sie, weshalb sie siegte, fragen Sie sie, mit welchen Kräften sie siegte! Und sie wird Ihnen nichts zu antworten wissen. Das heißt, daß die Republik gar nicht gesiegt hat; die Republik war nur das Werkzeug des Sieges einer höheren Macht. *(Tiefgreifendes Aufsehen.)*

Hat diese Macht, meine Herren, einmal ihr Werk begonnen, wird sie, so wie sie stark genug war, die Monarchie durch ein Quentchen Republik zu zerstören, auch stark genug sein – sollte es notwendig und ihren Zielen angemessen sein –, mit einem Quentchen Kaiserreich oder einem Quentchen Monarchie die Republik umzustoßen.[21] Diese Revolution, meine Herren, ist Gegenstand weitläufiger Erörterungen über ihre Gründe und ihre Wirkungen auf allen Rednertribünen Europas gewesen; auch in Spanien. Hier wie dort habe ich mich über die beklagenswerte Leichtigkeit gewundert, mit der man die tieferen Ursachen solcher Revolutionen behandelt. Hier wie anderswo, meine Herren, schreibt man die Revolutionen nur den Fehlern der Regierungen zu. Doch wenn die Katastrophen allgemein sind, unvorhergesehen, wenn sie gleichzeitig stattfinden, dann handelt es sich um providentielle Dinge; denn, meine Herren, keine anderen Merkmale unterscheiden die Werke Gottes von denen der Menschen. *(Lauter Beifall auf den Bänken der Mehrheit.)*

Wenn die Revolutionen diese Merkmale zeigen, dann seien Sie gewiß, daß sie vom Himmel kommen und daß sie wegen der Schuld aller und zur Züchtigung aller kommen. Wollen Sie, meine Herren, die Wahrheit wissen, die ganze Wahrheit über die Ursachen der letzten französischen Revolution? Nun, im Februar kam der Tag, da die Vorsehung alle Klassen der Gesellschaft liquidierte, an diesem furchtbaren Tage wurden alle Gesellschaftsklassen bankrott vorgefunden. An diesem Tage kamen sie zur Abrechnung mit der Vorsehung, und, ich wiederhole es, sie wurden allesamt bankrott vorgefunden. Ich sage noch mehr, meine Herren: die Republik hat selber, an diesem Tag ihres Sieges, Konkurs angemeldet. Die Republik hatte von sich selbst gesagt, daß sie auf die Welt gekommen sei, um die Herrschaft der Freiheit, der Gleichheit und der Brüderlichkeit zu begründen, diese drei Dogmen, die nicht von der Republik herstammen, sondern vom Kalvarienberg.[22] *(Gut! Gut!)* Nun gut, meine Herren, was hat sie daraufhin getan? Im Namen der Freiheit machte sie notwendig, rief sie aus, nahm sie an – die Diktatur! Im Namen der Gleichheit hat sie, unter dem Titel der Republikaner von gestern, der Republikaner von morgen, der Republikaner von Geburt an, eine mir unverständliche Art von aristokratischer Demokratie und ich weiß nicht was für eine Art von lächerlichen Adelswappen erfunden.[23] Und zum Schluß, meine Herren, hat sie im Namen der Brüderlichkeit die heidnische Brüderlichkeit wiederhergestellt, die Brüderlichkeit von Eteoclus und Polynices[24], und die Brüder haben einander in den Straßen von Paris verschlungen, in der riesigsten Schlacht, der innerhalb der Mauern einer Stadt die Jahrhunderte beigewohnt haben.[25] Ich strafe diese Republik, die sich die Republik der drei Wahrheiten nannte, Lügen: sie ist die Republik der drei Gotteslästerungen, sie ist die Republik der drei Lügen! *(Bravo! Bravo!)*

Kommt sie auf die Ursachen dieser Revolution zu sprechen, hat die Progressistische Partei stets die gleichen Gründe für alles zur Hand. Herr Cortina sagte uns gestern, daß es Revolutionen gebe, weil es Ungesetzlichkeit, weil es Illegalität gebe, und weil der Instinkt die Völker einhellig und spontan zur Empörung wider die Tyrannen führe. Vor ihm hat Herr Ordax Avecilla[26] gesagt: „Wollt Ihr die Revolutionen vermeiden? Dann gebt den Hungernden zu essen!“ Sie sehen hier die Theorie der Progressistischen Partei in ihrer ganzen Ausgedehntheit: die Ursachen der Revolution sind zum einen das Elend, zum anderen die Tyrannei. Meine Herren, diese Theorie steht im Gegensatz, im vollendeten Gegensatz zur Geschichte. Ich verlange, daß man mir ein Beispiel einer Revolution angebe, die von versklavten oder von verhungerten Völkern veranstaltet und durchgeführt worden ist. Die Revolutionen sind Krankheiten der reichen Völker, die Revolutionen sind Krankheiten der freien Völker: Die antike Welt war eine Welt, in der die Sklaven die Mehrheit des Menschengeschlechts bildeten: Sagen Sie mir, welche Revolution von diesen Sklaven gemacht wurde! *(Auf den Bänken der Linken:* „Die Revolution des Spartacus!“)

Das höchste, das sie erreichen konnten, war, einige Sklavenkriege zu schüren; doch die tiefgreifenden Revolutionen wurden stets von im Reichtum schwimmenden Aristokraten gemacht. Nein, meine Herren, weder in der Sklaverei noch im Elend findet sich der Keim der Revolution; der Keim der Revolutionen liegt in den von Tribunen überreizten Begierden der Masse, die sich von ihnen ausbeuten und begünstigen läßt. *(Gut! Gut!)* UND IHR WERDET SEIN WIE DIE REICHEN: das ist die Formel der sozialistischen Revolutionen gegen die Mittelklasse. UND IHR WERDET SEIN WIE DIE ADELIGEN: das ist die Formel der Revolutionen der Mittelklasse gegen den Adel. UND IHR WERDET SEIN WIE DIE KÖNIGE: das ist die Formel der Revolutionen des Adels gegen die Könige. Und zuletzt, meine Herren: IHR WERDET SEIN WIE GOTT! Das ist die Formel des ersten Aufstandes des ersten Menschen wider Gott. Seit Adam, dem ersten Rebell, bis zu Proudhon, dem letzten Gottlosen, ist dies die Formel aller Revolutionen. *(Sehr gut! Sehr gut!)*[27]

Die spanische Regierung, wie es ihre Pflicht war, wollte nicht, daß diese Formel in Spanien zur Anwendung gelange; sie wollte es um so weniger, als die innere Lage nicht die schmeichelhafteste war und es notwendig war, auf alle Eventualitäten in der inneren wie in der äußeren Politik vorbereitet zu sein. Solches nicht zu tun – dazu wäre eine völlige Unkenntnis der Kraft jener magnetischen Strömungen nötig gewesen, die von dem Herd der revolutionären Infektion ausgehen und, alles ansteckend, sich durch die Welt ergießen. *(Sehr gut! Sehr gut!)*

Die innere Lage war in kurzen Worten diese: Die politische Lage war nicht gelöst, sie war es nie und sie war es zu keinem Zeitpunkt. Politische Fragen lassen sich in von Leidenschaften aufgewühlten Gesellschaften nicht so leicht lösen. Die dynastische Frage war nicht gelöst, denn, obschon wir in ihr die Sieger sind, haben wir noch nicht die Kapitulation des Besiegten erreicht, die den Sieg erst vollständig macht.[28] *(Bravo!)* Besonders schlimm stand es um die religiöse Frage.[29] Die Frage der Heiraten schließlich wurde, wie Sie alle wissen, bis zur äußersten Erbitterung getrieben.[30] Ich frage Sie, meine Herren, vorausgesetzt, daß die Diktatur, wie ich es schon bewiesen habe, unter bestimmten Umständen legitim, unter bestimmten Umständen vorteilhaft sei – waren diese Voraussetzungen nun gegeben oder waren sie es nicht? Waren sie nicht gegeben, so sagen Sie mir, ob jemals schlimmere Zustände in der Welt erschienen sind. Die Erfahrung kam, um zu beweisen, daß die Berechnungen der Regierung und die Voraussicht dieses Hauses nicht unbegründet gewesen sind. Sie alle wissen es, meine Herren – und ich werde nur im Vorbeigehen darüber sprechen, denn ich verabscheue alles, was die Leidenschaften schürt, dazu bin ich nicht auf die Welt gekommen –, Sie alle wissen, daß in den Straßen Madrids die Republik mit Gewehrschüssen verkündet wurde; Sie alle wissen, daß ein Teil der Garnisonen von Madrid und Sevilla gewonnen wurde[31]; Sie alle wissen, daß ohne den energischen, aktiven Widerstand der Regierung ganz Spanien, von den Säulen des Herkules bis zu den Pyrenäen, von dem einem Meere bis zu dem anderen, ein See aus Blut geworden wäre. Und nicht allein Spanien. Wissen Sie, welche Übel über die Welt gekommen wären, hätte die Revolution triumphiert? Ah, meine Herren, wenn man an diese Dinge denkt, ist man gezwungen auszurufen, daß sich das Kabinett, das zu widerstehen und zu siegen wußte, um das Vaterland verdient gemacht hat. *(Sehr gut! Sehr gut!)*

Die Lage wurde noch komplizierter durch die Probleme mit England. Bevor ich auf diese Frage eingehe (und ich erkläre schon jetzt, daß ich sie nur streife und sie unverzüglich verlassen werde, denn so halte ich es für schicklich und opportun), bevor ich diese Frage behandle, möge mir der Kongreß gestatten, einige allgemeine Ideen zu entwickeln, die mir angebracht zu sein scheinen.

Meine Herren! Ich habe stets geglaubt, daß die Blindheit ein Vorzeichen des Unterganges ist, sowohl bei den Menschen als auch bei den Regierungen und Völkern. Ich habe geglaubt, daß Gott diejenigen zuerst mit Blindheit schlägt, die Er verderben will. Ich habe geglaubt, daß Er, damit sie nicht den Abgrund sehen, den Er ihnen vor die Füße gelegt hat, Sein Werk damit beginnt, daß Er ihnen den Kopf verdreht. Wenn ich diese Ideen auf die allgemeine Politik anwende, die seit einigen Jahren von England und von Frankreich betrieben wird, dann kann ich hier sagen, meine Herren, daß ich schon seit langer Zeit große Unglücksfälle und Katastrophen vorausgesagt habe. Es ist eine geschichtliche Tatsache, es ist eine erwiesene Tatsache, es ist eine unbestreitbare Tatsache, daß Frankreichs providentielle Aufgabe darin besteht, das Werkzeug der Vorsehung bei der Verbreitung neuer Ideen zu sein, sowohl der politischen als auch der religiösen und der sozialen Ideen.

In den modernen Zeiten haben drei große Ideen Europa erobert: die katholische Idee, die philosophische Idee, die revolutionäre Idee. Nun gut, meine Herren, in diesen drei Perioden war es immer Frankreich, das für die Ausbreitung dieser Ideen sorgte. Karl der Große war das personifizierte Frankreich für die Ausbreitung der katholischen Idee; Voltaire war das personifizierte Frankreich zur Ausbreitung der philosophischen Idee, Napoléon war das personifizierte Frankreich zur Ausbreitung der revolutionären Idee. *(Allgemeiner Beifall.)* Auf die gleiche Weise, so glaube ich, besteht die providentielle Aufgabe Englands darin, das moralisch richtige Gleichgewicht der Welt zu halten und sich in einem fortdauernden Gegensatz zu Frankreich zu befinden. Frankreich ist, was die Flut des Meeres ist, England ist, was dessen Ebbe ist. *(Sehr gut! Sehr gut!*[32]

Stellen Sie sich für einen Augenblick die Flut ohne die Ebbe vor: die Meere würden sich über alle Kontinente erstrecken. Stellen Sie sich die Ebbe ohne die Flut vor: die Meere würden von der Erde verschwinden. Stellen Sie sich Frankreich ohne England vor: die Welt würde sich nur noch in Konvulsionen bewegen: jeden Tag eine neue Verfassung, jede Stunde eine neue Regierungsform. Stellen Sie sich England ohne Frankreich vor: Die Welt vegetierte noch immer unter der Charta des ehrwürdigen Johann Ohneland, des ewigen Vorbilds aller britischen Verfassungen.[33] Was bedeutet also, meine Herren, die Koexistenz dieser beiden mächtigen Nationen? Sie bedeutet, meine Herren, den durch die Stabilität begrenzten Fortschritt, die durch den Fortschritt belebte Stabilität. *(Gut! Gut!)*

Nun gut, meine Herren, seit einigen Jahren – und dabei appelliere ich an die Geschichte der Gegenwart und an Ihr Gedächtnis – haben diese beiden großen Nationen die Erinnerung an ihre Taten, haben sie die Erinnerung an ihre providentiellen Aufgaben in der Welt verloren. Frankreich, statt in der Welt die neuen Ideen zu verbreiten, predigte überall den *Status quo*, den *Status quo* in

Frankreich, den *Status quo* in Spanien, den *Status quo* in Italien, den *Status quo* im Orient.[34] Und England, statt die Stabilität zu predigen, predigte überall die Revolte: in Spanien, in Portugal, in Frankreich, in Italien und in Griechenland.[35] Und was folgte daraus? Was notwendigerweise daraus folgen mußte: daß die beiden Nationen, sich in einer Rolle präsentierend, die nie die ihre gewesen war, diese Rolle miserabel spielten. Frankreich wollte sich aus einem Teufel in einen Prediger verwandeln, England aus einem Prediger in einen Teufel.[36] *(Große, allgemeine Heiterkeit, von gleichem Beifall auf allen Bänken begleitet.)*

Das ist, meine Herren, die gegenwärtige Geschichte. Um jedoch allein von England zu sprechen, so möchte ich nur sagen, daß ich, meine Herren, den Himmel anflehe, nicht die Katastrophen über es hereinbrechen zu lassen, wie sie über Frankreich hereingebrochen sind; eine Katastrophe, die England durch seinen Irrtum verdient hätte, denn mit nichts kann der Fehler Englands verglichen werden, überall die revolutionären Parteiungen zu unterstützen. Unglückseliges England! Weiß es denn nicht, daß am Tage der Gefahr diese Parteiungen, mit mehr Instinkt als es selbst, ihm in den Rücken fallen werden? Ist dies nicht schon geschehen?[37] Und es hat geschehen müssen, meine Herren, denn alle Revolutionäre der Welt wissen, daß, wenn die Wolken sich zusammenballen, wenn die Horizonte sich verfinstern, wenn die Wellen sich hochtürmen, daß dann das Schiff der Revolution keinen anderen Steuermann haben wird als Frankreich. *(Großer und lebhafter Beifall)*

Meine Herren, das war die von England verfolgte Politik oder, besser gesagt, die von seiner Regierung und deren Vertretern verfolgte Politik der letzten Zeit. Ich habe gesagt, und ich wiederhole es, daß ich diese Frage nicht näher behandeln will, da mich schwerwiegende Bedenken davon abhalten. Erstens die Beachtung des öffentlichen Wohles, denn ich möchte hier feierlich erklären, daß ich die innigste Verbindung und die vollkommenste Einigkeit anstrebe zwischen der spanischen und der englischen Nation, die ich bewundere und respektiere und als die vielleicht freieste, stärkste und dies zu sein würdigste auf der Erde achte.[38] Deshalb möchte ich durch meine Worte diese Frage nicht auf die Spitze treiben und ich möchte auch nicht die neuerlichen Verhandlungen beeinträchtigen oder belasten. Ein weiterer Grund bewegt mich dazu, nicht länger auf die Sache einzugehen. Denn um von ihr zu sprechen, müßte ich von einem Manne sprechen, mit dem ich in freundschaftlichen Beziehungen stand, in engeren freundschaftlichen Beziehungen als Herr Cortina. Doch könnte ich ihm nicht bis zu jenem Punkte helfen, bis zu dem ihm Herr Cortina half; die Ehre erlaubt mir keine größere Hilfe als das Schweigen. *(Der Name Bulwers wird auf den Bänken der Mehrheit wiederholt genannt)*[39]

Als Herr Cortina diese Frage behandelte, da muß ihn, es sei mir erlaubt, dies ihm in aller Offenheit zu sagen, eine Art Schwindel gepackt haben, so daß er vergaß, wer er war, wo er sich befand und wer wir sind. Er glaubte, er sei ein Advokat, doch er war kein Advokat, sondern ein Redner im Parlament. Er glaubte, er spräche vor einem Gerichtshof, doch er sprach vor einer beratenden Versammlung. Er glaubte, er führe einen Prozeß, doch er sprach von einer großen politischen und nationalen Frage, die, wenn sie denn einen Prozeß darstellt, ein Prozeß zwischen zwei Nationen ist. Nun gut, meine Herren, stand es Herrn Cortina an, sich zum Anwalt der Gegner der spanischen Nation aufzuwerfen?[40] *(Beifall auf den Bänken der Mehrheit)* Und was, meine Herren! Ist dies vielleicht zufällig Patriotismus? Heißt dies Patriot sein? O nein! Wissen Sie, was Patriot sein heißt? Patriot sein heißt, meine Herren, zu lieben und zu hassen, heißt zu fühlen, wie unser Vaterland liebt und haßt und fühlt. *(Bravo! Bravo!)*

Ich sagte, meine Herren,, daß ich diese Frage nur im Vorübergehen streifen würde. Und schon bin ich an ihr vorübergegangen.

DER HERR SEKRETÄR (Lafuente Alcántara): Da die Redezeit gemäß dem Reglement abgelaufen ist, frage ich den Kongreß, ob die Sitzung verlängert werden soll? *(Viele Stimmen:* Ja, ja!)

Es wurde im zustimmenden Sinne beschlossen.

DER HERR MARQUÉS DE VALDEGAMAS: Also, meine Herren, weder die inneren Verhältnisse, die so schwierig waren, noch die äußeren Verhältnisse, die so kompliziert und gefährlich waren, genügen, um die Opposition der Herren auf jenen Bänken zu mäßigen. Und die Freiheit? fragen sie uns. Wie? Geht die Freiheit nicht allem anderen vor? Und ist denn die Freiheit, mindesten die individuelle Freiheit, ist sie denn nicht geopfert worden? Die Freiheit, meine Herren! Wissen jene, die dieses Prinzip proklamieren und die dieses heilige Wort aussprechen, wissen sie, was sie aussprechen? Begreifen sie die Zeiten, in denen wir leben? Ist denn der Lärm der neuesten Katastrophen nicht bis zu Ihnen gedrungen, meine Herren? Wie? Wissen Sie nicht, daß es zu dieser Stunde mit der Freiheit zu Ende ging? Sind Sie denn nicht Zeuge ihres schmerzerfüllten Leidensweges gewesen, wie ich es mit meinem geistigen Auge war? Na also, meine Herren! Haben Sie denn nicht gesehen, wie die Freiheit von allen Demagogen der Welt gequält, verhöhnt und heimtückisch verwundet wurde? Haben Sie sie nicht ihre Ängste über die Schweizer Berge, an die Ufer der Seine, an den Saum des Rheins und der Donau, an den Strand des Tibers tragen gesehen? Haben Sie sie nicht auf den Quirinal steigen sehen, der ihr Kalvarienberg gewesen ist?[41] *(Lärmender Beifall.)*

Meine Herren! Furchtbar ist das Wort, doch wir dürfen nicht davor zurückschrecken, furchtbare Worte auszusprechen, wenn sie die Wahrheit sagen, und ich bin entschlossen, sie zu sagen. Die Freiheit ist zu Ende gegangen, die Freiheit ist tot! *(Großes Aufsehen.)* Sie wird nicht am dritten Tage wiederauferstehen, nicht in drei Jahren, vielleicht nicht einmal in drei Jahrhunderten. Erschreckt Sie die Tyrannei, die wir erleiden? Dann erschrecken Sie, meine Herren, ob wenigem; Sie werden noch ganz andere Dinge erleben! Und hier bitte ich Sie, meine Herren, daß Sie meine Worte in Ihrem Gedächtnis bewahren, denn das, was ich sagen werde, die Ereignisse, die ich Ihnen jetzt, für eine nähere oder fernere, jedenfalls nicht für eine weit entfernte Zukunft ankündige, werden sich buchstabengetreu erfüllen. *(Große Spannung.)*

Das Fundament all Ihrer Irrtümer, meine Herren *(indem er sich gegen die Bänke der Linken wendet)* besteht darin, daß Sie nicht wissen, in welche Richtung die Zivilisation und die Welt gehen. Sie glauben, daß die Zivilisation und die Welt vorwärts schreiten, wenn die Welt und die Zivilisation rückwärts gehen. Die Welt, meine Herren, geht mit eilendsten Schritten der Errichtung eines Despotismus entgegen, des gigantischsten und verheerendsten, dessen sich die Menschen erinnern werden. Diesem Ziele geht die Zivilisation entgegen, dahin treibt es die Welt. Um diese Dinge anzuzeigen, brauche ich kein Prophet zu sein. Es genügt mir, das Angst einflößende Ganze der menschlichen Ereignisse vom einzig wahren Gesichtspunkte aus zu betrachten, von den katholischen Höhen aus.

Meine Herren, es gibt nur zwei Arten möglicher Unterdrückungen: eine innerliche und eine äußerliche, die religiöse und die politische. Sie sind solcher Natur, daß, wenn das religiöse Thermometer hoch steht, das Thermometer der Unterdrückung tief steht, und wenn das religiöse Thermometer niedrig steht, das politische Thermometer, die politische Unterdrückung, die Tyrannei, hoch steht.[42] Das ist ein Gesetz der Menschheit, das ist ein Gesetz der Geschichte. Damit Sie sich jedoch, meine Herren, davon überzeugen, betrachten Sie, was die Welt, was die Gesellschaft in den Zeiten jenseits des Kreuzes war; sagen Sie mir, was sie war, als es keine innere Unterdrükkung gab, keine religiöse Unterdrückung. Damals bestand die Gesellschaft aus Tyrannen und aus Sklaven.

Nennen Sie mir ein einziges Volk aus jener Epoche, in dem es keine Sklaven gab, in dem keine Tyrannei bestand. Das ist eine unbestreitbare Tatsache, eine unanfechtbare Tatsache, eine offenkundige Tatsache. Die Freiheit, die wahre Freiheit, die Freiheit aller und für alle, sie kam erst in die Welt mit dem Erlöser der Welt. *(Sehr gut! Sehr gut!)*[43] Auch das ist eine unbestrittene Tatsache, eine Tatsache, die sogar von den Sozialisten anerkannt worden ist, die sie selbst bekennen. Die Sozialisten nennen Jesus einen göttlichen Menschen, und sie gehen noch weiter und nennen sich seine Nachfolger.[44] Seine Nachfolger, heiliger Gott! Sie, die Blutmenschen, die Rachemenschen, Nachfolger dessen, der nur lebte, um Gutes zu tun; dessen, der nur den Mund öffnete, um zu segnen; dessen, der nur Wunder tat, um die Sünder von ihren Sünden zu befreien und die Toten vom Tode; dessen, der innerhalb dreier Jahre die größte Revolution, die die Welt je gesehen, durchführte, und der sie vollendete, ohne mehr Blut zu vergießen als das eigene! *(„Vivat!“ und allgemeiner Beifall.)*

Meine Herren, ich bitte Sie, mir Ihre Aufmerksamkeit zu schenken; ich will Ihnen den wunderbarsten Parallelismus vor Augen führen, den die Geschichte uns darbietet. Sie haben gesehen, wie in der antiken Welt, als die religiöse Unterdrückung nicht weiter in die Tiefe sinken konnte, weil sie gar nicht vorhanden war, die politische Unterdrückung nicht weiter zu steigen vermochte, weil sie bis zur Tyrannei hinaufstieg. Nun gut, mit Jesus Christus, mit dem die religiöse Unterdrückung beginnt, verschwindet die politische Unterdrückung vollständig. Daß dies gewiß ist, geht daraus hervor, daß Jesus Christus mit seinen Jüngern eine Gesellschaft gründete, die ohne Regierung war. Zwischen Jesus und seinen Jüngern gab es keine andere Regierung als die Liebe des Meisters zu den Jüngern und die Liebe der Jünger zum Meister. Das heißt: als die innere Unterdrückung vollständig war, war die Freiheit absolut.

Verfolgen wir diese Parallele weiter! Es kommen die apostolischen Zeiten, die ich ausführlicher betrachten will, weil dies zu meiner Absicht paßt; die eigentlichen apostolischen Zeiten bis zum Aufstieg des Christentums auf das Capitol in den Zeiten Constantins des Großen. In diesen Zeiten, meine Herren, befand sich die christliche Religion, das heißt, die innere, religiöse Unterdrückung, auf ihrer ganzen Höhe, auf ihrem Apogäum; doch obschon sie sich auf ihrem Apogäum befand, geschah, was in allen aus Menschen sich zusammensetzenden Gesellschaften geschieht: daß sie einen Keim zu entwickeln begann, nicht mehr als einen Keim der religiösen Zuchtlosigkeit und der religiösen Freiheit. Nun, meine Herren, beachten Sie die Parallele: diesem Anfang im Absinken des religiösen Thermometers entspricht ein Anfang im Ansteigen des politischen Thermometers. Noch gibt es keine Regierung, noch ist keine Regierung vonnöten, doch der Keim einer Regierung ist bereits erforderlich. So gab es damals in der christlichen Gesellschaft keine wirklichen Behörden, sondern Schiedsrichter und freundschaftliche Vermittler, die der Embryo einer Regierung sind. Tatsächlich gab es nur dies; die Christen der apostolischen Zeiten führten keine Prozesse und gingen nicht vor die Gerichte; sie entschieden ihre Zwistigkeiten mit Hilfe von Schiedsrichtern.[45] Beachten Sie, meine Herren, wie mit der Verderbtheit die Regierung wachsen wird.

Es kommen die feudalen Zeiten, und die Religion befindet sich immer noch auf ihrem Apogäum, ist aber zu einem gewissen Grade schon durch die menschlichen Leidenschaften verderbt. Was geschieht nun, meine Herren, in diesen Zeiten innerhalb der politischen Welt? Jetzt ist bereits eine wirkliche und effektive Regierung nötig, wobei freilich die schwächste aller nur möglichen genügt. Und so wird die feudale Monarchie gegründet, die schwächste aller Monarchien.

Verfolgen Sie die Parallele weiter. Wir kommen, meine Herren, zum 16. Jahrhundert. In diesem Jahrhundert, mit der großen Reform Luthers, mit diesem großen politischen und sozialen wie auch religiösen Skandal, mit diesem Akt der geistigen und sittlichen Emanzipation der Völker, fallen folgende Institutionen zusammen: in erster Linie werden die feudalen Monarchien von einem Augenblick auf den anderen absolut. Sie möchten glauben, meine Herren, daß eine Monarchie mehr als absolut nicht sein könne? Was könnte eine Regierung mehr sein als absolut? Doch das politische Thermometer stieg weiter, meine Herren, weil das religiöse Thermometer fortfuhr, tiefer zu fallen. Und welche Institution wurde da geschaffen? Die der stehenden Heere. Und wissen Sie, meine Herren, was die stehenden Heere sind? Um dies zu wissen, genügt es, zu wissen, was ein Soldat ist: ein Soldat ist ein Sklave in Uniform. So sehen Sie abermals, wie in dem Augenblick, in dem die religiöse Unterdrückung sinkt, die politische Unterdrückung bis zum Absolutismus aufsteigt und noch darüber hinaus. Es genügte den Regierungen nicht mehr, absolut zu sein; sie forderten und erhielten das Privileg, im Dienst ihrer Absolutheit eine Million Hände zu besitzen.

Trotzdem, meine Herren, war es notwendig, daß das politische Thermometer weiter stieg, weil das religiöse Thermometer immer weiter sank; und es stieg weiter. Welche neue Institution, meine Herren, wurde da geschaffen? Die Regierungen sagten: „Wir haben eine Million Hände, die genügen uns nicht; wir brauchen mehr, wir brauchen eine Million Augen.“ Und sie bekamen die Polizei und mit ihr eine Million Augen. Und dennoch, meine Herren, mußten das politische Thermometer und die politische Unterdrückung weiter steigen, weil das religiöse Thermometer immer weiter fiel; und sie stiegen.

Den Regierungen, meine Herren, genügte es nicht, eine Million Hände zu haben; es genügte ihnen nicht, eine Million Augen zu haben; sie wollten auch eine Million Ohren haben, und sie erhielten sie mit der zentralisierten Verwaltung, durch die alle Beschwerden und alle Klagen bis zur Regierung gelangen und dort liegenbleiben.

Allein, meine Herren, auch das genügte nicht, denn das religiöse Thermometer fiel weiter, und es war notwendig, daß das politische Thermometer weiterstieg... Bis wohin, meine Herren?... Nun, es stieg weiter.

Die Regierungen sagten: „Zur Unterdrückung genügen mir eine Million Hände nicht; zur Unterdrückung genügen mir eine Million Augen nicht; zur Unterdrückung genügen mir eine Million Ohren nicht: wir benötigen das Privileg, uns zu ein und derselben Zeit an allen Orten gleichzeitig zu befinden." Und sie bekamen es; und man erfand den Telegraphen. *(Großer Beifall)*

Meine Herren, das war der Zustand Europas und der Welt, als der erste Ausbruch der Revolution uns allen ankündigte, daß es noch immer nicht genug Despotismus gab in der Welt, weil das religiöse Thermometer unter Null anzeigte. Nun gut, meine Herren, eines von beiden...

Ich habe versprochen, und ich werde mein Wort halten, daß ich heute in aller Offenheit rede. *(Die Aufmerksamkeit verdoppelt sich.)*

Also, eines von beiden: entweder kommt die religiöse Reaktion oder nicht. Wenn es eine religiöse Reaktion gibt, dann, meine Herren, werden Sie bald sehen, wie mit dem Steigen des religiösen Thermometers ganz natürlich, ganz spontan und ohne irgendeine Anstrengung, weder der Völker, noch der Regierungen, noch der einzelnen Menschen, das politische Thermometer zu fallen beginnt, bis es den lauen Tag der Völkerfreiheit anzeigt. *(Bravo!)* Doch wenn, meine Herren, im Gegenteil – und das ist einschneidend, denn die Gewohnheit, die Aufmerksamkeit beratender Versammlungen so weit auf die Fragen zu lenken, wie ich es heute getan habe, besteht ja nicht; doch die Wichtigkeit der Geschehnisse in der Welt entschuldigt mich, und ich glaube auch, daß Ihr Wohlwollen mich zu entschuldigen weiß –, nun gut, meine Herren, ich sage also, wenn das religiöse Thermometer fortfährt zu fallen, dann weiß ich nicht mehr, wo wir noch hingelangen. Ich, meine Herren, ich weiß es nicht, und ich erbebe, wenn ich daran denke. Betrachten Sie die Analogien, die ich ihnen vor Augen führte, und daß, als die religiöse Unterdrükkung sich auf ihrem Apogäum befand, keine Regierung notwendig war, und daß, wenn keine religiöse Unterdrükkung mehr vorhanden ist, keine Art von Regierung noch genügen kann; alle Despotismen werden dann noch zu schwach sein. *(Tiefgreifendes Aufsehen.)*

Meine Herren, das heißt den Finger auf die Wunde legen: das ist das Problem Spaniens, das Problem der Menschheit, das Problem der Welt. *(Wahr! Wahr!)*

Bedenken Sie eins, meine Herren! In der antiken Welt war die Tyrannei grausam und zerstörerisch; doch diese Tyrannei war begrenzt, denn alle Staaten waren klein, und internationale Beziehungen waren ganz und gar unmöglich. Deshalb konnte es in der Antike keine Tyrannei großen Zuschnitts geben, außer einer einzigen, der Roms.

Doch wie haben sich jetzt die Dinge verändert! Meine Herren, die Wege sind bereitet für einen riesigen, kolossalen, universellen, ungeheuren Tyrannen; alles ist dafür vorbereitet. Meine Herren, betrachten Sie es genau: schon gibt es keinen Widerstand mehr, weder einen physischen noch einen moralischen; es gibt keinen physischen Widerstand mehr, weil der Telegraph die Entfernungen aufgehoben hat; es gibt keinen moralischen Widerstand mehr, weil alle Seelen voneinander getrennt und gesondert sind und aller Patriotismus tot ist.[46] Sagen Sie mir also, ob es vernünftig ist oder nicht, wenn ich mich sorge um die nahe Zukunft der Welt; sagen Sie mir, ob ich, wenn ich von dieser Frage spreche, nicht die wirkliche Frage, die eigentliche Frage behandle. *(Aufsehen.)*

Ein einziges Mittel kann die Katastrophe verhindern; ein einziges und kein anderes; man verhindert sie nicht, indem man mehr Freiheiten, mehr Garantien, neue Verfassungen gibt. Die Katastrophe verhindert man nur, wenn wir alle, soweit unsere Kräfte reichen, eine heilsame, religiöse Reaktion hervorrufen. Nun gut, meine Herren: Ist eine solche Reaktion möglich? Möglich ist sie. Aber ist sie auch wahrscheinlich? Meine Herren, hier spreche ich mit der tiefsten Trauer: ich halte sie nicht für wahrscheinlich. Ich habe, meine Herren, viele Individuen gesehen und kennengelernt, die vom Glauben abfielen und die wieder zu ihm zurückkehrten: doch unglücklicherweise habe ich niemals ein Volk gesehen, das zum Glauben zurückfand, nachdem es ihn verloren hatte.[47]

Wäre mir auch nur ein wenig Hoffnung verblieben, so hätten sie, meine Herren, die letzten Ereignisse in Rom zerstört. Und hier möchte ich einige Worte zu dieser Frage sagen, die auch von Herrn Cortina behandelt worden ist.

Meine Herren, für die Ereignisse von Rom gibt es keine Worte. Wie wollen Sie sie nennen, meine Herren? Wollen Sie sie beklagenswert nennen? Beklagenswert ist alles, was ich angeführt habe; doch die Ereignisse von Rom sind mehr als das. Wollen Sie sie entsetzlich nennen? Meine Herren, diese Ereignisse gehen über jedes Entsetzen hinaus.

Es gab einmal in Rom – und das ist nicht mehr der Fall – auf dem erhabensten Thron den gerechtesten Mann, den evangelischsten Mann der Erde. Was hat Rom diesem evangelischen Manne, diesem gerechten Manne angetan? Was hat diese Stadt, in der die Heroen, die Cäsaren und die Päpste herrschten, getan? Sie hat den Thron der Päpste gegen den Thron der Demagogen eingetauscht. Rebellisch wider Gott, ist sie unter den Götzendienst des Dolches gefallen. Der Dolch, meine Herren, der Dolch der Demagogen, der bluttriefende Dolch, der ist heute das Idol Roms. Das ist der Abgott, der Pius IX. gestürzt hat.[48] Das ist der Abgott, den Truppen wilder Kariben nun durch die Straßen herumführen. Sagte ich Kariben? Dann drückte ich mich falsch aus! Die Kariben sind grausam, aber die Kariben sind nicht undankbar. *(Lebhafter Beifall)*

Meine Herren, ich habe mir vorgenommen, völlig freimütig zu sprechen, und so werde ich auch sprechen. Ich sage, daß es notwendig ist, daß der König von Rom nach Rom zurückkehre, oder daß in Rom, mag dies Herrn Cortina auch leid tun, kein Stein auf dem anderen bleibe.[49] *(Auf den Bänken der Mehrheit:* „Sehr gut! Sehr gut!")

Die katholische Welt kann es nicht hinnehmen und sie wird es nicht hinnehmen, daß das Christentum durch eine einzige, der Wut des Wahnsinns ausgelieferte Stadt virtuell zerstört wird. Das zivilisierte Europa kann es nicht hinnehmen und wird es nicht hinnehmen, daß die Kuppel des Gebäudes der europäischen Zivilisation einstürzt. Die Welt, meine Herren, kann es nicht hinnehmen und wird es nicht hinnehmen, daß in Rom, dieser heiligen Stadt, eine neue und sonderbare Dynastie, die Dynastie des Verbrechens, auf den Thron gelangt. *(Bravo!)* Und man sage nicht, meine Herren, wie es Herr Cortina getan hat, wie es in den Zeitungen und Reden die Herren tun, die auf jenen Bänken sitzen *(sich zur Linken wendend),* daß es sich dabei doch um zwei Fragen handele, um eine weltliche und um eine religiöse, und daß der Streit sich zwischen dem weltlichen Fürsten und seinem Volke gedreht habe, und daß der Papst ja noch existiere.[50] Zwei Worte über diese Frage, meine Herren, zwei Worte werden alles erklären.

Ohne jeden Zweifel ist die geistliche Macht die Hauptsache beim Papste und ist die weltliche Macht nebensächlich. Doch dies Nebensächliche ist notwendig. Die katholische Welt hat das Recht zu fordern, daß das unfehlbare Orakel ihrer Dogmen unabhängig und frei sei, die katholische Welt kann aber eine Sicherheit dafür, daß ihr geistliches Oberhaupt unabhängig und frei ist, nur haben, wenn dieses Oberhaupt souverän ist, weil allein der Souverän von niemandem abhängt. *(Sehr gut! Sehr gut!)* Infolgedessen, meine Herren, ist die Frage der Souveränität, die überall eine politische Frage ist, in Rom außerdem eine religiöse Frage; das Volk, das überall souverän sein kann, kann es in Rom nicht sein; verfassungsgebende Versammlungen, die überall existieren können, können in Rom nicht existieren; in Rom kann es keinen *pouvoir constituant* geben, als den bereits existenten *pouvoir constitué.* Meine Herren, Rom und der Kirchenstaat gehören nicht Rom, gehören nicht dem Papst; der Kirchenstaat gehört der katholischen Welt; die katholische Welt hat ihn dem Papste zuerkannt, damit er frei und unabhängig sei, und der Papst selbst kann sich dieser Souveränität, kann sich dieser Unabhängigkeit nicht begeben.[51] *(Allgemeiner Beifall)*

Meine Herren, ich komme zum Schluß, denn der Kongreß ist sehr ermüdet, und ich bin es auch. *(Verschiedene Herren:* „Nein, nein!") Meine Herren, ich muß Ihnen offen gestehen, daß ich mich nicht weiter verbreiten kann, weil ich Zahnweh habe. Es war schon ein Wunder, daß ich sprechen konnte, doch die Hauptsache von dem, was ich sagen wollte, habe ich schon gesagt.

Nachdem ich die von Herrn Cortina behandelten drei Fragen der Außenpolitik erörtert habe, komme ich zum Schluß noch auf die innenpolitische Frage. Meine Herren, seit dem Anfang der Welt bis zum heutigen Tage war es stets strittig, ob es zur Verhütung der Revolution und des Umsturzes besser sei, Widerstand zu leisten oder Zugeständnisse zu machen. Zum Glück ist, was vom ersten Schöpfungstage an bis zum Jahre 1848 eine Frage sein mochte, im Jahre der Gnade 1848 keine Frage mehr; diese Frage ist jetzt gelöst. Würden es die Schmerzen in meinem Munde erlauben, würde ich Ihnen den Beweis dafür durch einen Bericht über die Ereignisse seit dem letzten Februar liefern. Doch ich begnüge mich damit, nur auf zwei hinzuweisen. In Frankreich, und das ist, meine Herren, mein erstes Beispiel, wurde die Monarchie, die keinen Widerstand leistete, von der Republik besiegt, die kaum Kräfte hatte, sich auch nur zu bewegen; diese Republik jedoch, die kaum Kräfte hatte, sich zu bewegen, besiegte den Sozialismus, weil sie Widerstand leistete.

In Rom aber – und das ist das andere Beispiel, das ich anführen will –, was geschah dort? War dort nicht Ihr Vorbild? Sagen Sie mir, wenn Sie Maler wären, und das Modell eines Königs zu malen wünschten, würden Sie da ein anderes Modell finden, dessen Original nicht Pius IX. wäre? Meine Herren, Pius IX. wollte, wie sein göttlicher

Meister, hochherzig und freigiebig sein; er traf Geächtete in seinem Land und reichte ihnen die Hand und gab sie ihrem Vaterlande zurück; er traf Reformer, meine Herren, und er gab ihnen Reformen; es gab Liberale, Freisinnige, meine Herren, und er machte sie frei; jedes Wort von ihm war eine Wohltat.[52] Und nun, meine Herren, sagen Sie mir: Kommt seinen Wohltaten nicht seine Schmach gleich, wenn sie sie nicht noch übertrifft? Und ist angesichts dessen, meine Herren, das System der Zugeständnisse nicht eine gelöste Frage?[55] *(Sehr gut! Sehr gut!)*

Meine Herren, wenn es sich hier darum handelte, zwischen der Freiheit einerseits und der Diktatur andererseits zu wählen, so bestünde zwischen uns gar kein Dissens. Wer würde, imstande, die Freiheit zu umarmen, vor der Diktatur sein Knie beugen? Aber darum handelt es sich hier gar nicht. In Wirklichkeit existiert die Freiheit in Europa gar nicht mehr. Die konstitutionellen Regierungen, welche sie vor einigen Jahren noch repräsentierten, sind bereits überall, meine Herren, nichts als Gerippe, sind Skelette ohne Leben. Erinnern Sie sich an eine Sache, erinnern Sie sich an das kaiserliche Rom. Im kaiserlichen Rom waren alle republikanischen Einrichtungen noch vorhanden: die allmächtigen Diktatoren, die unverletzbaren Tribunen, das Geschlecht der Senatoren, die erhabenen Konsuln. Alles das, meine Herren existierte, nur Eines fehlte, und nur Eines war zuviel. Was zu viel war, war ein Mann, und was fehlte, war die Republik. *(Sehr gut! Sehr gut!)*[54]

Nun, meine Herren, genauso verhielt es sich mit fast allen konstitutionellen Regierungen Europas; ohne daran zu denken und ohne es zu wissen, hat es uns Herr Cortina gestern bewiesen. Hat uns Herr Cortina nicht gesagt, daß er, und zwar mit Recht, das, was die Geschichte lehrt, dem vorziehe, was die Theorien lehren?[55] Ich rufe die Geschichte an. Was sind, Herr Cortina, diese Regierungen mit ihren legitimen Mehrheiten, die immer von den stürmischen Minderheiten besiegt werden? Mit ihren verantwortlichen Ministern, die nichts verantworten? Mit ihren unverletzlichen Königen, die immer verletzt werden? Die Frage besteht also, meine Herren, wie ich es schon gesagt habe, nicht zwischen der Freiheit und der Diktatur; bestünde sie zwischen Freiheit und Diktatur, so würde ich für die Freiheit stimmen, wie alle, die wir hier sitzen. Aber das Problem ist dieses, und damit schließe ich: es handelt sich darum, zwischen der Diktatur des Aufstandes und der Diktatur der Regierung zu wählen. In diesem Falle erwähle ich die Diktatur der Regierung als die weniger drückende und die weniger beleidigende. *(Beifall auf den Bänken der Mehrheit.)*

Es handelt sich um die Wahl zwischen der Diktatur von unten und der Diktatur von oben; ich erwähle die Diktatur von oben, weil sie aus reinlicheren und ausgeglicheneren Regionen kommt. Es handelt sich schließlich darum, zu wählen zwischen der Diktatur des Dolches und der Diktatur des Säbels. Ich erwähle die Diktatur des Säbels, weil sie die vornehmere ist. *(Bravo! Bravo!)* Meine Herren, bei der Abstimmung über diese Frage werden wir uns trennen, und indem wir uns trennen, werden wir uns selber treu bleiben. Sie, meine Herren, werden wie gewohnt für das stimmen, was populärer ist; wir hingegen, meine Herren, werden wie gewohnt dem Heilsameren unsere Stimme geben.[56]

(Eine große Bewegung folgt dieser Rede. Der Redner empfängt die Glückwünsche von fast allen Abgeordneten des Kongresses.)

REDE ÜBER DIE ALLGEMEINE LAGE EUROPAS

30. Januar 1850

Meine Herren!

Von der politischen Bühne aus Gründen abgetreten, die meine Freunde kennen und die alle erraten, hatte ich nicht daran gedacht, heute an dieser, noch an irgendeiner anderen Diskussion teilzunehmen.[57] Wenn ich heute dieses Schweigen breche, so geschieht dies, um eine Pflicht zu erfüllen, eine Pflicht, die ich als heilig erachte, wie ich alle meine Pflichten als heilig erachte. Und doch, meine Herren, ist die tiefe Mutlosigkeit, die in mir den Entschluß begründet hat, mich aus dem öffentlichen Leben zurückzuziehen, und doch ist diese Mutlosigkeit heute um vieles größer als gestern, gestern um vieles größer als vorgestern. Meine traurigen Voraussagen hatten früher Europa im ganzen zum Gegenstand; heute, unglücklicherweise, auch die spanische Nation. Ich glaube, meine Herren, ich glaube aus tiefster Überzeugung, daß wir in ein Zeitalter der Angst eintreten. Alle Merkmale deuten gleichzeitig darauf hin: die Verblendung der Geister, die Erbitterung der Gemüter, die zwecklosen Diskussionen, die grundlosen Streitigkeiten, vor altem aber – und das wird den Kongreß am meisten in Erstaunen setzen – die blinde Wut, die sich aller für die Wirtschaftsreformen bemächtigt. Diese blinde Wut, die alle auf diese Fragen hinpeitscht, zeigt sich nur dann an so herausragender Stelle, wenn sie große Katastrophen und große Zusammenbrüche ankündigt.

Beauftragt von der Kommission, diese lange, höchst wichtige und überaus niederdrückende Debatte zusammenzufassen, werde ich mich, meine Herren, dennoch verhältnismäßig kurz fassen. Dies aus verschiedenen Gründen: einmal, weil die Frage, ehe sie in meine Hände geriet, bereits erschöpfend behandelt wurde; sodann, weil ich nicht hier bin, um zu reden, noch der Kongreß um mich anzuhören, und schließlich, wenn man die dramatischen, die auf furchtbare Weise dramatischen Zwischenfälle beiseite läßt,[58] wenn man die persönlichen Anspielungen und die Angriffe auf die Minister beiseite läßt, auf die die Minister selbst geantwortet haben, wenn man allen oratorischen Prunk beiseite läßt, so bleiben kaum noch drei oder vier Argumente, die noch zusammenzufassen wären. In dieser Diskussion, meine Herren, gab es einige Male scharfe, verletzende Worte, aber ich werde weder scharf noch verletzend sein, und bevor ich diesen Weg des Verderbens gehe, möge es der Himmel erlauben, daß meine Zunge am Gaumen klebt und meine Stimme in der Kehle erstickt. *(Gelächter auf den Bänken der Progressisten.)* Herr San Miguel[59] hat uns gesagt, daß er kein Anhänger der Taktik sei, die darin besteht, die Leute in Gegensatz zu sich selber zu bringen, sie in Gegensatz zu anderen in ihrer eigenen Partei zu bringen und die Parteien untereinander ihre Gegensätze fühlen zu lassen. Auch ich werde diese Taktik nicht befolgen und werde von diesen Dingen nicht reden, denen ich für meine Person gar kein Gewicht beilege. Wie sollte ich mich darüber wundern, daß es in besonderen Fällen zwischen Leuten derselben Partei Differenzen gibt, wenn ich seit dem Tage meiner Geburt einen Menschen gesucht habe, der mit sich selbst im Einklang ist, und ihn noch nicht getroffen habe. *(Sehr gut!)*

Meine Herren, die menschliche Natur ist eine disharmonische Natur, eine Natur voller Widersprüche, eine zum Widerspruch angelegte Natur, und der Mensch ist dazu verurteilt, die Kette all seiner Widersprüche bis zum Grabe zu tragen. Ich werde deshalb auch nicht von den Änderungen und Wandlungen der Parteien sprechen. Wie, meine Herren, sollte ich mich darüber wundern, daß die Parteien sich ändern, daß die Parteien sich wandeln?

Ist denn nicht das Leben, das menschliche Leben, ebenso wie das des Weltalls, eine ständige Umwandlung? Ist die Jugend etwas anderes als eine Umwandlung der Kindheit? Ist das Alter etwas anderes als eine Umwandlung der Jugend? Und ist der Tod, für einen Christen, etwas anderes als die Umwandlung des Lebens?

Ich werde, meine Herren, auf die hauptsächlichsten Argumente eingehen, auf nichts als die hauptsächlichsten, und sie mit der größtmöglichen Kürze behandeln. Die erste Frage, die ich erörtern will, ist die der Verfassungsmäßigkeit der Vollmachten. Diese Frage haben alle Redner behandelt, die sich hier erhoben haben, sei es, daß sie sich in zustimmendem Sinne darüber äußerten, sei es, daß sie sich dagegen aussprachen. In dieser Angelegenheit gibt es zwei Theorien, und nicht mehr als zwei. Nach der einen Theorie ist die Diskussion ein Recht; und da sie ein Recht ist, kann man immer dann darauf verzichten, wenn es angemessen und passend erscheint. Das ist die monarchische Theorie. Daneben gibt es eine andere, die demokratische Theorie, die darin besteht, zu behaupten; „Die Diskussion ist eine Verpflichtung, eine Pflicht", wie Herr San Miguel sagt. Und weil sie eine Verpflichtung ist, weil sie eine Pflicht ist, darf nicht auf sie verzichtet werden.

Doch die hier gegen die Verfassungsmäßigkeit der Vollmachten vorgebrachten Argumente sind weder monarchisch noch demokratisch; sie gehören gar keiner Spezies an. Denn die Herren, sowohl auf diesen Bänken als auf jenen, die gegen die Vollmachten Stellung genommen haben, sind zu dem Schluß gekommen: „Die Diskussion ist eine Pflicht der Deputierten." Und unmittelbar darauf sagen sie: „Aber unter gewissen Umständen sind die Vollmachten erlaubt." Das ist ein Widerspruch. Und um zu sehen, daß es einer ist, wollen wir diese Theorien in drei Schlußfolgerungen zerlegen. Monarchische Schlußfolgerung: Auf die Rechte kann verzichtet werden, und es kann aufgrund ihrer Natur auf sie verzichtet werden. Die Diskussion ist hier ein Recht des Kongresses; folglich kann der Kongreß darauf verzichten, wann immer es ihm beliebt. Demokratische Schlußfolgerung: Die Diskussion im Kongreß ist obligatorisch; folglich kann der Kongreß sich dieser Pflicht nicht entziehen, kann auf keinen Fall diese Verpflichtung zurückweisen.[60] Ich verstehe die Monarchie und die Demokratie; was ich nicht verstehe ist das, was weder das eine noch das andere ist. Ziehen wir nun die Schlußfolgerungen beider Oppositionsparteien, so wird man, durch die bloße Darlegung, sehen, wo der Fehler liegt. Es ist der folgende: Die Diskussion ist eine Verpflichtung, Verpflichtungen lassen sich nicht zurückweisen, hier und da aber kann auf sie verzichtet werden. Was besagt dies? Es besagt, daß die Oppositionsparteien mit ihren Prämissen die Monarchie leugnen und mit ihren Schlußfolgerungen die Demokratie negieren. Sie sind eine fortwährende Negation und sind, wie alle Negationen, zur Unfruchtbarkeit verdammt. *(Gut! Gut!)*

Aber, so hat man eingewandt: „Selbst wenn die Vollmachten in anderen Angelegenheiten erlaubt wären, so sollen und so dürfen sie es nicht in Budgetangelegenheiten sein.“ Und warum, meine Herren? Ich kann mir dieses Argument in einer Schule vorstellen; ich stelle es mir in einer Schule vor, die glaubt, die Parlamente seien nur dazu da, um die Budgets zu beraten, und die Budgets stelle man einzig zu dem Zwecke auf, daß sie in den Parlamenten beraten werden. Doch diejenigen, welche die konstitutionelle Monarchie bejahen, wie sie bei uns und im übrigen Europa besteht, müssen doch anerkennen, daß die Abgeordneten der Nation, die zum Diskutieren und Abstimmen herkommen, das gleiche Recht haben, alle Gesetzesvorlagen zu diskutieren, die hier präsentiert werden, seien es nun Budgetvorlagen, seien es – bis zu einem gewissen Punkte – Religionsgesetze. Da also infolgedessen Recht und Pflicht zusammenfallen, so müssen die gleichen Grundsätze auf die Diskussion all dieser Vorlagen angewandt werden. Einer der Herren, die dort auf diesen Bänken sitzen, stellte eine Frage, auf die man noch nicht so geantwortet hat, wie ich es mir wünsche. Er sagte: „Wenn diese Vollmachten beibehalten werden, dann wird man nie zur Budgetberatung kommen; gibt es hier einen Abgeordneten, der zu sagen wagt, das Budget dürfe nicht diskutiert werden?“ Ich übernehme diese Frage und werde ihm Antwort geben; doch zuvor muß ich noch etwas sagen. Der Abgeordnete, den ich im Auge habe, hat uns mit der Statistik in der Hand erklärt, daß die Haushaltsberatungen bei uns gewöhnlich fünf oder sechs Monate gedauert hätten.

Nun gut, dies vorausgesetzt, stelle ich folgende Frage: Haben die Cortes das Recht oder nicht, die Gesetze zu diskutieren, die keine Haushaltsvorlagen sind?[61] Ja oder nein? Wenn man mir sagt, daß sie kein Recht dazu hätten, so werde ich erwidern, daß Sie den Boden unserer Institutionen verlassen haben. Sie fallen dann einer Denkrichtung anheim, die halb absolutistisch und halb demokratisch ist und die in unseren Tagen zur Welt kam. Diese Richtung behauptet, daß man die ganze Staatsgewalt in einem einzigen Punkte konzentrieren solle, daß man einem einzigen Manne, mit dem Titel des Ministerpräsidenten, alle Macht, sogar die absolute Macht, übertragen solle. Das hieße, daß in diesem Manne die Tyrannei verkörpert wäre, während die Demokratie in einer Versammlung verkörpert wäre, die keinerlei Macht besäße, außer der, den Tyrannen mit einem Dolchstoß zu töten, indem sie ihm die Subsidien verweigert. Das ist die halb absolutistische und halb demokratische Theorie, wie sie vor kurzem in der französischen Republik ausgeheckt wurde.[62] Nun gut, meine Herren, wenn man mir im Gegensatz dazu sagt, daß die Cortes das Recht haben, alle Gesetze zu diskutieren, wie sie das Recht haben, die Haushaltsvorlagen zu diskutieren, dann will ich eine andere Frage stellen: Glauben die Herren Abgeordneten, daß die Cortes in Permanenz tagen müssen, oder daß auch Pausen zwischen ihren Sitzungen stattfinden sollten? Sagt man mir, daß die Cortes in Permanenz tagen müssen, dann erwidere ich: Sie weichen vom Geiste unserer Institutionen ab, denn die konstitutionellen Cortes sind niemals permanent; nur die republikanischen Cortes si»d permanent.[63] Sagen Sie aber, daß sie nicht in Permanenz tagen dürfen? Dann verlangen Sie etwas Unmögliches, denn es ist unmöglich, daß die Diskussionen über den Haushalt sechs Monate dauern, und zu diesen Diskussionen noch andere Diskussionen von Interesse für den Staat erfolgen. Damit geraten Sie zwischen zwei Klippen. So also beantworte ich, nachdem ich diese Frage gestellt habe, die Frage, die an mich gerichtet worden ist: Ja, die Haushaltsvorlagen müssen diskutiert werden, aber sie können nicht in der Form diskutiert werden, die Sie verlangen.

Ich komme, meine Herren, zur Kardinalfrage, denn in allen Angelegenheiten, die in den Parlamenten oder sonstwo erörtert werden, gibt es viele Fragen, aber eine einzige ist die wahre und eigentliche Frage, und zu dieser komme ich jetzt. Die wahre, die eigentliche Frage ist die wirtschaftliche Frage, vom politischen Standpunkt aus betrachtet. So gesehen, muß ich drei überaus einschneidende Irrtümer bekämpfen, denen Sie alle zum Opfer gefallen sind: die progressistische Opposition, die konservative Opposition, das Kabinett bis zu einem gewissen Grad und bis zu einem gewissen Grad auch die öffentliche Meinung. Ich, meine Herren, greife den Irrtum an, wo ich auf ihn stoße; infolgedessen werde ich ihn auch hier, wo ich auf ihn gestoßen bin, angreifen. Betrachten Sie die drei von mir als Irrtümer bezeichneten Punkte, die ich bekämpfe. Erstens: Die wirtschaftlichen Fragen sind an und für sich die wichtigsten. Zweiter Irrtum: Die Zeit ist gekommen, daß man in Spanien diesen Fragen die Bedeutung zuerkennt, die sie an und für sich haben. Dritter Irrtum: Die wirtschaftlichen Reformen sind nicht bloß möglich, sondern eine leichte Sache. Alle sind diesen drei Irrtümern verfallen, und ich habe mich hier einzig zu dem Zwecke erhoben, Sie alle auf diesem Gebiet zu bekämpfen, um gegen diese Irrtümer vorzugehen.

Zur Bekräftigung der ersten dieser drei Behauptungen hat man sich hier auf die Autorität von Staatsmännern berufen. Wenn man dabei von den Staatsmännern spricht, wie sie heute im Schwange sind, dann leugne ich es nicht; doch ich leugne es, spricht man von jenen Männern größten Stils, die Reiche gründeten, Monarchien und Völker zivilisierten, und unter verschiedenen Titeln, zu verschiedenen Zeiten und zu verschiedenen Zwecken von der Vorsehung einen Auftrag erhielten. Wenn es sich um diese unsterblichen Männer handelt, die gleichsam das Erbgut und der Stolz ganzer Generationen sind; wenn es sich, um es mit einem Wort zu sagen, um diese großartige Dynastie handelt, die mit Moses beginnt, um über Karl dem Großen bei Napoléon anzulangen; wenn es sich um diese unsterblichen Männer handelt, dann leugne ich es absolut, dann verneine ich es. Kein einziger Mann, der die Unsterblichkeit erreicht hat, hat seinen Ruhm auf die wirtschaftlichen Wahrheiten gegründet; alle haben die Nationen auf die Basis der sozialen Wahrheit, auf die Basis der religiösen Wahrheit gegründet. Doch das soll nicht heißen – ich sehe die Einwände voraus und komme ihnen entgegen –, das soll nicht heißen, ich glaubte, daß die Regierungen die wirtschaftlichen Fragen vernachlässigen sollten, daß ich glaubte, daß die Völker schlecht verwaltet werden müßten. Meine Herren, bin ich denn so arm an Vernunft, so jeglichen Gefühles bar, daß ich mich einer derartigen Verirrung überlassen könnte? *Das* sage ich also nicht, aber ich sage, daß jeder Frage ihre Stelle gebührt, und daß diesen Fragen die dritte oder vierte Stelle gebührt, und nicht die erste; *das* sage ich.

Man hat behauptet, daß die Behandlung dieser Fragen an diesem Ort das Mittel sei, den Sozialismus zu besiegen. Ach, meine Herren, das Mittel, den Sozialismus zu besiegen! Was ist der Sozialismus denn anderes, wenn nicht eine ökonomische Sekte! Der Sozialismus ist das Kind der Politischen Ökonomie, so wie die junge Viper das Kind der Viper ist, und, kaum geboren, die eigene Mutter verschlingt.[64] Treten Sie hier in diese wirtschaftlichen Fragen ein, geben Sie ihnen den Vorrang, und ich sage Ihnen voraus, daß Sie, noch ehe zwei Jahre herum sind, alle sozialistischen Fragen im Parlamente und auf den Straßen haben. Man will den Sozialismus bekämpfen? Der Sozialismus ist nicht mit parlamentarischen Mitteln zu bekämpfen. Diese Lehre, über die früher die *esprits forts* gelacht haben, reizt heute niemanden mehr zum Lachen, weder in Europa noch sonstwo auf der Welt. Wenn man den Sozialismus wirklich bekämpfen will, ist es nötig, jene Religion zu Hilfe zu rufen, die den Reichen die mildtätige Liebe und den Armen die Geduld lehrt; die die Armen lehrt, ergeben, und die Reichen, barmherzig zu sein. *(Beifall; Gut! Gut!)*[65]

Ich gehe nun, meine Herren, zum zweiten Irrtum über, der darin besteht, zu behaupten, daß für uns der Tag gekommen sei, diese Fragen mit aller ihnen innewohnenden Wichtigkeit zu behandeln. Meine Herren, diese Idee wurde im Sommer des letzten Jahres geboren. Nachdem die soziale Revolution in den Straßen Madrids besiegt wurde, nachdem die dynastische Frage auf den Schlachtfeldern Kataloniens gelöst wurde, glaubte die öffentliche Meinung, die damals blind war, weil sie fast immer blind ist; die hier blind ist, weil sie fast überall blind ist, glaubte die öffentliche Meinung, daß wir des Lebens so sicher seien, daß wir uns ausschließlich mit Finanzfragen beschäftigen könnten. Darin täuscht sie sich gewaltig. Damals war dieser Irrtum immerhin entschuldbar; heute ist er es weder in der öffentlichen Meinung, noch in der Regierung, noch in der konservativen Opposition. Wer erkühnt sich heute zu sagen, daß wir sicher seien? Wer sieht nicht die Sturmwolke am dunklen Horizont?

Nun gut: wenn wir uns heute auf so schwankendem Boden befinden und uns so unsicher fühlen, wie konnten wir uns dann gestern so sicher wähnen? Und wenn wir uns gestern so sicher wähnten, wie kommt es dann, daß wir uns heute so unsicher fühlen? Ich werde Ihnen die Wahrheit sagen, meine Herren. Die Wahrheit ist, daß wir heute nicht sicher sind, weil wir es auch gestern nicht waren, und daß wir es auch gestern nicht waren, weil wir es seit der Februarrevolution niemals gewesen sind. Seit dieser Revolution furchtbaren Angedenkens gibt es nichts Festes, nichts Sicheres mehr in Europa. Spanien ist noch das Festeste, meine Herren, und schauen Sie nur, wie es mit Spanien steht; dieser Kongreß ist der beste, und sehen Sie doch nur, was dieser Kongreß ist! *(Lachen.)* Spanien, meine Herren, ist in Europa, was eine Oase in der Wüste Sahara. Ich habe mit weisen Männern gesprochen und erkannt, wie wenig unter diesen Umständen die Weisheit vermag; ich habe mit tapferen Männern gesprochen und erkannt, wie wenig unter diesen Umständen die Tapferkeit vermag; ich habe mit überaus klugen Männern gesprochen und erkannt, wie schwach in solchen Augenblicken die Klugheit ist. Sehen Sie doch, meine Herren, den Zustand Europas![66] Alle Staatsmänner scheinen die Gabe des guten Rates verloren zu haben; die menschliche Vernunft erleidet Verfinsterungen; die Institutionen schwanken und bröckeln, und die Nationen unterliegen einem großen und plötzlichen Niedergang. Richten Sie, meine Herren, richten Sie mit mir ihren Blick über Europa, von Polen bis Portugal; sagen Sie mir, Hand aufs Herz, sagen Sie mir aufrichtig, ob Sie eine einzige Gesellschaft finden, die behaupten darf: Ich stehe fest auf meinen Fundamenten; sagen Sie mir, ob Sie ein einziges Fundament finden, das sagen darf: Meine Sicherheit beruht auf mir selbst!

Und man sage mir nicht, meine Herren, daß die Revolution in Spanien besiegt worden sei, daß sie in Italien, in Frankreich, in Ungarn besiegt worden sei; nein, meine Herren, das ist nicht wahr. Wahr ist, daß sämtliche sozialen Kräfte, konzentriert und zur höchsten Potenz erhoben, kaum hinreichten, und zu nicht mehr fähig gewesen sind, als kaum hinzureichen, das Ungeheuer in Schranken zu halten.

Bei uns kennt man die Fortschritte des Sozialismus nicht, wohl aber in Frankreich. Nun gut, Sie sollen wissen, daß der Sozialismus über drei große Kriegstheater verfügt. In Frankreich finden sich seine Schüler, in Italien finden sich seine Fanatiker,[67] in Deutschland finden sich seine Hohepriester und Schriftgelehrten. Die Wahrheit ist, daß trotz dieser Siege, die von Siegen nichts als den Namen haben, die schreckliche Sphinx vor Ihren Augen steht, ohne daß sich bis heute ein Ödipus gefunden hätte, der das Rätsel hätte lösen können. Die Wahrheit ist, daß sich diese furchtbare Frage auf die Füße gestellt hat und Europa weder das Verständnis noch die Kraft zu seiner Lösung besitzt. Alles, meine Herren, alles zeigt an, für jeden, der gesunde Vernunft, klaren Verstand und durchdringenden Blick besitzt, alles zeigt an, daß wir uns einer tiefen, furchtbaren Krise nähern; alles zeigt einen Kataklysmus an, wie ihn die Menschheit noch nie erlebt hat. Beachten Sie, meine Herren, die Symptome, die sich nie vor die Augen stellen, und vor allem sich nie gleichzeitig zeigen, ohne daß hinter ihnen schreckliche Katastrophen kommen. Heute, meine Herren, heute führen alle Wege in Europa, selbst die entgegengesetztesten, ins Verderben. Die einen gehen zugrunde, weil sie weichen, die anderen gehen zugrunde, weil sie Widerstand leisten. Wo die Schwäche den Tod bringen soll, da sind die Fürsten schwach; wo der Ehrgeiz den Ruin bringen soll, da gibt es ehrgeizige Fürsten; wo das Talent selbst, meine Herren, die Ursache des Verderbens werden muß, da stellt Gott verständige Fürsten hin.

Und was mit den Fürsten geschieht, geschieht mit den Ideen. Alle Ideen, die ekelhaftesten wie die erhabensten, zeitigen die gleichen Ergebnisse. Werfen Sie Ihren Blick nur auf Paris und auf Venedig, und sie sehen das Ergebnis der demagogischen Idee und das Ergebnis der erhabenen Idee der italienischen Unabhängigkeit.[68] Und was mit den Fürsten geschieht, und was mit den Ideen geschieht, das geschieht auch mit den Menschen.

Meine Herren, wo ein einziger Mann genügen würde, um die Gesellschaft zu retten, da existiert dieser Mann nicht, oder, falls er doch existiert, da löst Gott für ihn ein wenig Gift in den Lüften auf. Wenn dagegen ein einziger Mann genügt, um die Gesellschaft ins Verderben zu stürzen, da zeigt sich dieser Mann, wird von den Leuten auf Händen getragen und findet alle Wege geebnet. Wenn

Sie, meine Herren, den Kontrast sehen wollen, dann richten Sie Ihre Blicke auf das Grab des Marschalls Bugeaud und auf den Thron Mazzinis.[69]

Und was mit den Fürsten, und was mit den Ideen, und was mit den Menschen geschieht, das geschieht auch mit den Parteien. Meine Herren! Hier bitte ich um Ihre Aufmerksamkeit, weil das, was ich jetzt sage, von unmittelbarer Bedeutung für uns selbst ist. Wo die Rettung der Gesellschaft von der Auflösung aller alten Parteien und der Bildung einer neuen, die sich aus den Elementen der alten zusammensetzt, abhängt, da, meine Herren, bestehen die Parteien darauf, sich nicht aufzulösen – und sie lösen sich nicht auf. Das geschieht in Frankreich: Die Rettung Frankreichs, meine Herren, würde in der Auflösung der bonapartistischen Partei, in der Auflösung der orleanistischen Partei, in der Auflösung der legitimistischen Partei bestehen – und in der Bildung einer einzigen monarchistischen Partei.[70] Nun gut, dort, wo die Auflösung der Parteien die Rettung der Gesellschaft nach sich zöge, dort denken die Bonapartisten an Bonaparte, die Orleanisten an den Grafen von Paris, die Legitimisten an Henri V. Und umgekehrt, wo die Rettung der Gesellschaft darin bestünde, daß die Parteien ihre alten Banner hochhalten, daß sie nicht ihre Brust zerfleischten, auf daß alle ihre Mitglieder vereint große und edle Kämpfe durchfechten könnten, wo dies für die Rettung der Gesellschaft notwendig wäre wie in Spanien, dort, meine Herren, lösen sich die Parteien auf.[71]

Und für dieses Übel, meine Herren, sind die wirtschaftlichen Reformen kein wirkliches Heilmittel; der Sturz einer Regierung und ihre Ersetzung durch eine andere ist ebenfalls kein Heilmittel. Der grundsätzliche Irrtum auf diesem Gebiete besteht darin, zu glauben, daß die Übel, unter denen Europa leidet, von den Regierungen herstammen. Ich werde den Einfluß der Regierungen auf die Regierten nicht leugnen – wie könnte ich ihn leugnen? Wer hat ihn jemals geleugnet? Doch das Übel wurzelt viel tiefer, das Übel ist viel ernster. Das Übel sitzt nicht in den Regierungen, das Übel sitzt in den Regierten; das Übel besteht darin, daß die Regierten unregierbar geworden sind. *(Lachen. Gut! Gut!)*[72]

Meine Herren, die wirkliche Ursache des tiefen, abgründigen Übels, das Europa quält, liegt darin, daß die Idee der göttlichen und der menschlichen Autorität verschwunden ist. Das ist das Übel, das Europa quält, das ist das Übel, das die Gesellschaft quält – und deshalb, meine Herren, sind die Völker unregierbar geworden. Das dient, eine Erscheinung zu erklären, die ich von niemandem bis jetzt habe erklären hören, und für die es trotzdem eine zufriedenstellende Erklärung gibt.

Alle, die durch Frankreich gereist sind, sagen übereinstimmend, daß man auf keinen Franzosen stoße, der Republikaner ist. Auch ich kann diese Wahrheit bezeugen, da ich ganz Frankreich durchquert habe. Aber man fragt sich: Wenn es in Frankreich keine Republikaner gibt, wie kommt es dann, daß die Republik fortbesteht?[73] Da niemand dafür einen Grund angibt, werde ich ihn angeben. Die Republik besteht in Frankreich, ich sage noch mehr, die Republik wird in Frankreich fortbestehen, weil die Republik die notwendige Regierungsform für die Völker ist, die nicht zu regieren sind.

Bei den unregierbaren Völkern nimmt die Regierung notwendigerweise republikanische Formen an; deshalb besteht die Republik in Frankreich und wird weiter andauern. Es tut wenig zur Sache, daß sie so, wie es ihr geschieht, vom Willen der Menschen bekämpft wird, wenn sie nur, wie es ihr geschieht, durch die Macht der Verhältnisse getragen wird. Das ist die Erklärung für die Dauer der französischen Republik.

Wenn man mich zu ein und derselben Zeit von der göttlichen und der menschlichen Autorität sprechen hört, so könnte man mir vielleicht sagen: Was haben denn die politischen Fragen mit den religiösen zu tun?

Meine Herren, ich weiß nicht, ob es hier einen Abgeordneten gibt, der nicht glaubt, daß es eine Beziehung zwischen den religiösen und den politischen Angelegenheiten gibt. Doch wenn einer da ist, so will ich ihre gegenseitigen Beziehungen auf solche Weise aufzeigen, daß er sie mit seinen eigenen Augen sieht und mit seinen eigenen Händen greifen und fühlen kann. *(Gesteigerte Aufmerksamkeit.)*

Die Zivilisation, meine Herren, umfaßt zwei Phasen: eine, die ich die affirmative nennen will, weil in ihr die Zivilisation aus Bejahungen, aus Affirmationen besteht; ich will sie auch als fortschrittliche bezeichnen, weil diese Bejahungen, auf denen sie beruht, Wahrheiten sind, und schließlich will ich sie auch als katholische bezeichnen, weil es der Katholizismus ist, der all diese Wahrheiten und all diese Bejahungen in ihrer ganzen Fülle umfaßt. Im Gegensatz dazu gibt es eine andere Zivilisation, die ich die negative nennen will, weil sie ausschließlich auf Verneinungen, auf Negationen beruht; ich will sie auch als Dekadenz, als Niedergang bezeichnen, weil ihre Negationen Irrtümer sind, und ich will sie als revolutionär bezeichnen, weil diese Irrtümer zu Revolutionen führen, die die Staaten umstürzen.[74]

Nun gut, meine Herren, welches sind die drei Bejahungen jener Zivilisation, die ich die bejahende, die fortschrittliche und die katholische genannt habe? Die drei Bejahungen sind die folgenden: In der religiösen Ordnung bejaht man, daß ein persönlicher Gott existiert. *(Unruhe und Gelächter auf der Tribüne und auf den Bänken der Linken. Die Mehrheit, entrüstet, verlangt Ordnung.)*

DER HERR PRÄSIDENT: Ordnung, meine Herren!

DER HERR MARQUÉS DES VALDEGAMAS: Ich habe gesagt, daß es drei Bejahungen gibt. Die erste Bejahung: Es existiert ein Gott, und dieser Gott ist allgegenwärtig. Die zweite Bejahung: Dieser persönliche Gott, der allgegenwärtig ist, herrscht im Himmel und auf Erden. Die dritte Bejahung: Dieser Gott, der im Himmel und auf Erden herrscht, regiert die göttlichen und die menschlichen Dinge absolut.[75]

Nun gut, meine Herren, wo es diese drei Bejahungen in der religiösen Ordnung gibt, gibt es auch diese drei Bejahungen in der politischen Ordnung: Es gibt einen König, der mittels seiner Beamten allgegenwärtig ist; dieser König, der überall gegenwärtig ist, herrscht über seine Untertanen, und dieser König, der über seine Untertanen herrscht, regiert seine Untertanen. Dergestalt ist die politische Bejahung nichts als die Konsequenz aus der religiösen Bejahung. Es gibt zwei politische Einrichtungen, in denen sich diese drei Bejahungen darstellen: die absoluten Monarchien und die konstitutionellen Monarchien, wie sie die Gemäßigten aller Länder verstehen; denn keine gemäßigte Partei hat je dem König die Existenz, noch die Herrschaft, noch die Regierungsgewalt abgesprochen. Folglich kann die konstitutionelle Monarchie mit dem gleichen Recht wie die absolute Monarchie als Symbol dieser drei politischen Bejahungen dienen, die gleichsam das Echo der drei religiösen Bejahungen sind.[76]

Meine Herren, in diesen drei Bejahungen kommt die Periode der Zivilisation zum Abschluß, die ich die bejahende genannt habe, die ich die fortschrittliche genannt habe, die ich die katholische genannt habe. Wir treten nun, meine Herren, in die zweite Periode ein, die ich die negative, die ich die revolutionäre genannt habe. In dieser zweiten Periode gibt es drei Negationen, drei Verneinungen, die den drei Bejahungen entsprechen. Die erste Verneinung, oder, wie ich sie nennen werde, die Verneinung ersten Grades in der religiösen Ordnung: Gott existiert, Gott herrscht, aber Gott ist zu erhaben, steht so hoch, daß er die menschlichen Dinge nicht regieren kann. Das ist die erste Verneinung, die Verneinung ersten Grades in dieser negativen Periode der Zivilisation. Und was entspricht dieser Negation der Vorsehung Gottes in der politischen Ordnung? In der politischen Ordnung erscheint die Progressistenpartei, welcher der Geist des Deisten entspricht, der die Vorsehung leugnet und sagt: „Der König existiert, der König herrscht, aber er regiert nicht."[77] So, meine Herren, gehört die progressive konstitutionelle Monarchie der negativen Zivilisation ersten Grades an.

Die zweite Verneinung, die zweite Negation: Der Deist leugnet die göttliche Vorsehung; die Anhänger der konstitutionellen Monarchie im Sinne der Progressisten leugnen die Regierungsbefugnis des Königs; nun erscheint in der religiösen Ordnung der Pantheist und sagt: „Gott existiert, besitzt aber keine persönliche Existenz; Gott ist keine Person, und da er keine Person ist, herrscht er nicht und regiert er nicht. Gott ist alles, was wir sehen, alles, was lebt, alles, was sich bewegt; Gott ist die Menschheit.“ Das sagt der Pantheist, der die persönliche Existenz Gottes leugnet, wenn auch nicht dessen absolute Existenz; der die Herrschaft und die Vorsehung Gottes leugnet.

Gleich darauf, meine Herren, erscheint der Republikaner und sagt: „Die Macht existiert, aber sie ist an keine Person gebunden, und da sie an keine Person gebunden ist, herrscht sie nicht und regiert sie nicht. Die Macht ist alles, was lebt, alles was existiert, alles, was sich bewegt; also ist es die Menge, also hat sie kein anderes Regierungsmittel als das allgemeine Stimmrecht, keine andere Regierungsform als die Republik.“

So, meine Herren, entspricht dem Pantheismus in der religiösen Ordnung der Republikanismus in der politischen Ordnung. Darauf folgt eine weitere Negation, welche die letzte ist, die letzte, weil es unmöglich ist, über sie hinauszugehen. Nach dem Deisten und nach dem Pantheisten erscheint der Atheist und sagt: „Weder herrscht Gott, noch regiert er, noch ist er eine Person, noch ist er die Menge; es gibt gar keinen Gott!“ Und schon, meine Herren, erscheint Proudhon und sagt: „Es gibt keine Regierung!“[78] *(Lachen und Beifall)* So ruft, meine Herren, die eine Negation die andere hervor, wie ein Abgrund einen anderen hervorruft. Jenseits dieser Negation, jenseits dieser Verneinung, gibt es nichts; nichts, als Finsternis, greifbare Finsternis.

Nun gut, meine Herren, kennen Sie die Lage Europas? Ganz Europa tritt jetzt in die zweite Negation ein und befindet sich auf dem Weg in die dritte, die die letzte ist;

vergessen Sie das nicht. Wenn Sie wünschen, daß ich das Problem der Gefahren, die die Gesellschaften laufen, etwas mehr konkretisiere, dann werde ich es tun, wenn auch mit einer gewissen Vorsicht. Alle kennen meine offizielle Stellung; doch kann ich nicht von Europa sprechen, ohne von Deutschland zu sprechen; ich kann nicht von Deutschland sprechen, ohne von Preußen zu sprechen, das es repräsentiert; ich kann nicht von Preußen sprechen, ohne von seinem König zu sprechen, den man, das darf ich nebenbei bemerken, aufgrund seiner hervorragenden Eigenschaften, den *Augustus Germaniae* nennen kann.[79] Der Kongreß wird es mir verzeihen, daß ich, auf diese Frage eingehend, mir eine gewisse Zurückhaltung auferlege, und, was Preußen betrifft, eine fast absolute Zurückhaltung; gleichwohl werde ich genug sagen, um deutlich zu machen, welches meine konkreten Ideen über die ebenso konkreten Gefahren sind, die Europa bedrohen.

Meine Herren, man hat hier von der Gefahr gesprochen, die Europa von seiten Rußlands zu gewärtigen hat. Ich glaube jedoch, daß ich für jetzt und noch für lange Zeit den Kongreß beruhigen und ihm versichern kann, daß es von seiten Rußlands nicht die geringste Gefahr zu fürchten hat.

Meine Herren, der Einfluß, den Rußland in Europa ausübte, den hat es mit Hilfe des Deutschen Bundes ausgeübt. Der Deutsche Bund wurde gegen Paris geschlossen, das die revolutionäre Stadt, das die verfluchte Stadt war, und zugunsten von Petersburg, das die heilige Stadt, das die Stadt der Regierung war, die Stadt der die Restauration begünstigenden Traditionen.[80] Was ergab sich daraus? Daß der Deutsche Bund kein Reich wurde, wie es damals möglich war; er wurde kein Reich, weil Rußland es nicht hätte hinnehmen können, an seiner Grenze ein Deutsches Reich zu sehen, in dem alle deutschen Stämme vereinigt sind. So kam es, daß der Deutsche Bund sich aus einer Vielzahl mikroskopischer Fürstentümer und aus zwei großen Monarchien zusammensetzte. Was konnte nun Rußland für den Fall eines Krieges mit Frankreich zupaß kommen? Was Rußland paßte, war, daß diese beiden Monarchien absolut und voneinander unabhängig wurden.[81] Und so kann man sehen, meine Herren, daß sich der Einfluß Rußlands seit der Gründung des Deutschen Bundes bis zur Februarrevolution von Petersburg bis Paris ausdehnte. Aber die Dinge haben, meine Herren, seit der Februarrevolution, ein anderes Gesicht bekommen. Der Sturmwind der Revolution hat die Throne umgestürzt, hat die Kronen in den Staub geschleudert, hat die Könige gedemütigt. Der Deutsche Bund existiert nicht mehr,[82] Deutschland ist heute nur noch ein Chaos. Das heißt, meine Herren, daß dem russischen Einfluß, der sich, wie ich sagte, von Petersburg nach Paris ausdehnte, der demagogische Einfluß gefolgt ist, der sich von Paris bis nach Polen erstreckt.

Doch betrachten Sie den Unterschied: Rußland rechnete mit zwei mächtigen Verbündeten, mit Österreich und mit Preußen. Heute weiß man, daß es nur noch mit Österreich rechnen kann. Aber Österreich hat Tag für Tag zu kämpfen und hat noch lange zu kämpfen mit dem demagogischen Geist, der dort wie überall lebendig ist; es hat zu kämpfen mit den nationalen Gegensätzen, die dort schärfer ausgeprägt sind als irgendwo anders; und schließlich muß es alle seine Kräfte für einen möglichen Krieg mit Preußen in Reserve halten.[83] Aus dieser Neutralisation Österreichs ergibt sich, meine Herren, daß Rußland nicht auf den Deutschen Bund zählen kann, daß es heute auf seine eigenen Kräfte angewiesen ist. Und weiß der Kongreß, wie groß die Kräfte sind, über die Rußland bei Offensivkriegen verfügen kann? Niemals kam es bis auf 300.000 Mann. Und weiß der Kongreß, mit wem diese 300.000 Mann zu kämpfen hätten?[84] Sie hätten mit allen deutschen Stämmen, geführt von Preußen, zu kämpfen; sie hätten mit allen lateinischen Völkern, geführt von Frankreich, zu kämpfen; sie hätten mit der edlen und machtvollen angelsächsischen Rasse, geführt von England, zu kämpfen. Dieser Kampf, meine Herren, wäre von seiten Rußlands aus unsinnig, wäre absurd. Im Falle eines derartigen allgemeinen Krieges wäre das sichere, das unfehlbare Resultat, daß Rußland aufhören würde, eine europäische Macht zu sein, daß es nur noch eine asiatische Macht wäre. Und deshalb sehen Sie, daß Rußland den Krieg flieht, deshalb sehen Sie, daß England den Krieg will. Der Krieg wäre trotzdem schon ausgebrochen, wenn er nicht durch die chronische Schwäche Frankreichs verhindert worden wäre, das der englischen Politik nicht folgen mochte; wenn da nicht die Klugheit Österreichs und die überaus weitsichtige Diplomatie Rußlands gewesen wären. Deshalb, meine Herren, weil Rußland den Krieg nicht wünschte und nicht wünschen konnte, ist der Krieg, verursacht durch die Frage der Flüchtlinge in der Türkei, nicht ausgebrochen.[85]

Doch deshalb soll man nicht glauben, ich sei der Meinung, daß Europa von Rußland nichts zu fürchten hätte; ganz im Gegenteil. Aber ich glaube, daß, damit Rußland in einen allgemeinen Krieg einträte, damit Rußland sich Europas bemächtige, vor allem drei Ereignisse nötig wären, die ich aufzählen will; Ereignisse, das will ich betonen, die nicht bloß möglich, sondern die auch wahrscheinlich sind.

Dazu sind nötig: erstens, daß die Revolution, nachdem sie die Gesellschaft aufgelöst hat, auch die stehenden Heere auflöst. Zweitens, daß der Sozialismus die Besitzenden ausplündert und so den Patriotismus auslöscht, weil ein ausgeplünderter Besitzer kein Patriot mehr ist und auch keiner sein kann. Wenn die Dinge erst einmal so ins Extrem und bis zur Verzweiflung getrieben werden, stirbt der Patriotismus. Drittens muß der mächtige Bund aller slawischen Völker unter dem Einfluß und dem Protektorat Rußlands zustande kommen.[86] Die slawischen Völker, meine Herren, zählen 80 Millionen Menschen. Nun gut, wenn es also in Europa keine stehenden Heere mehr gibt, weil sie durch die Revolution aufgelöst wurden; wenn es in Europa keinen Patriotismus mehr gibt, weil die sozialistischen Revolutionen ihn auslöschten;

wenn im Osten Europas der große Zusammenschluß der slawischen Völker Wirklichkeit geworden ist; wenn es dann im Westen nur noch zwei große Heere gibt, das Heer der Ausgeplünderten und das Heer der Plünderer: dann, meine Herren, dann wird auf der Zeitenuhr die Stunde Rußlands schlagen; dann wird Rußland, mit dem Gewehr unter dem Arm, ruhig durch unser Vaterland spazieren können; dann wird, meine Herren, die Welt der größten Züchtigung beiwohnen, derer sich die Geschichte erinnern kann. Und diese furchtbare Züchtigung, meine Herren, wird die Züchtigung Englands sein. Nichts werden ihm da seine Schiffe gegen das riesige Reich nützen, das mit einem Arm Europa packt und mit dem anderen Indien; nichts werden ihm da seine Schiffe nützen: das kolossale britische Reich wird zusammenstürzen und in Stükke zerfallen, und sein grausiges Röcheln wird an den Polen der Erde widerhallen.[87]

Doch glauben Sie nicht, meine Herren, daß die Katastrophen damit ihr Ende erreicht haben werden! Die slawischen Völker sind für die Völker des Abendlandes nicht das, was die germanischen Völker für das römische Reich bedeuteten;[88 89] nein, die slawischen Rassen stehen schon seit langem mit der Zivilisation in Verbindung, sie sind halbzivilisierte Völker; die russische Verwaltung ist so verderbt wie die zivilisierteste Verwaltung Europas, die russische Aristokratie ist so zivilisiert wie die verkommenste von allen. Nun gut, meine Herren, wenn Rußland inmitten des eroberten und ihm zu Füßen liegenden Europa steht, dann wird es durch alle seine Adern die Zivilisation in sich aufnehmen, die Zivilisation, die es trinken wird und an der es sterben wird. Rußland wird dann sogleich in Verwesung übergehen, und ich weiß nicht, welches universale Heilmittel Gott für diese universale Fäulnis bereithält. Dagegen, meine Herren, gibt es nur ein Heilmittel, nur ein einziges: der Knoten, der das Geheimnis der kommenden Zeiten enthält, liegt in England. Erstens ist das angelsächsische Volk das großmütigste, das edelste und das tapferste der Welt; zweitens ist das angelsächsische Volk am wenigsten dem Sturm der Revolution ausgesetzt: ich halte eine Revolution in Sankt Petersburg für leichter als in London.[90] Was fehlt England also, um die unvermeidliche Eroberung Europas durch Rußland zu verhindern? Was fehlt ihm?

England muß das, was ihm selbst zum Verderben gereichen würde, verhindern: es muß die Auflösung der stehenden Heere durch die Revolution[91] verhindern und die Ausplünderung in Europa durch den Sozialismus. Das heißt, meine Herren, was England fehlt, ist eine monarchische und konservative Außenpolitik. Doch auch das wäre nur ein Palliativ. Ein monarchisches, ein konservatives England könnte die Zersetzung der europäischen Gesellschaft nur bis zu einem gewissen Grade, nur eine Zeitlang verhindern; England ist nicht mächtig genug, nicht stark genug, um die zersetzenden Kräfte der in der Welt propagierten Ideen zu vernichten; und es wäre notwendig, sie zu vernichten. Damit dem Palliativ das wirkliche Heilmittel folgt, wäre es, meine Herren, notwendig, daß England, außer daß es konservativ und monarchisch sei, auch katholisch wäre. Ich sage dies, meine Herren, weil das radikale Mittel gegen die Revolution und den Sozialismus nur der Katholizismus sein kann; weil der Katholizismus die einzige Doktrin ist, die den absoluten Gegensatz zur revolutionären und sozialistischen Doktrin darstellt.[92] Was ist, meine Herren, der Katholizismus? Er ist Weisheit und Demut. Was ist, meine Herren, der Sozialismus? Er ist Hochmut und Barbarei. Der Sozialismus, meine Herren, gleicht dem König von Babylon, er ist König und Tier zugleich. *(Lachen und Beifall)*[93]

Meine Herren, der Kongreß wird sich gewundert haben, daß ich, als ich von Gefahren sprach, die die Gesellschaft und die Welt bedrohen, nicht auch von der französischen Nation gesprochen habe. Nun, meine Herren, dafür gibt es einen Grund: Frankreich war bis vor kurzem eine große Nation; heute ist es nicht einmal mehr eine Nation, sondern nur noch der Zentralclub Europas. *(Gut! Gut!)*[94]

So, meine Herren, haben wir also bewiesen, daß, erstens, die wirtschaftlichen Fragen weder die bedeutendsten sind, noch es sein dürfen; daß, zweitens, jener Zustand der Ruhe und der Sicherheit, in dem wir uns ausschließlich diesen Fragen widmen könnten, noch nicht erreicht ist. Ich werde nunmehr, meine Herren, den dritten und letzten Irrtum bekämpfen, der darin besteht, zu behaupten, daß die wirtschaftlichen Reformen nicht nur möglich, sondern auch leicht zu bewerkstelligen sind.

Meine Herren, der Kongreß wird mir erlauben, daß ich jetzt, wie zuvor, die Wahrheit sage, nichts als die Wahrheit; aber die ganze Wahrheit mit all dem Freimut und der Aufrichtigkeit, die mich kennzeichnen. Es wird wohl keiner der Herren Abgeordneten folgendes Axiom bezweifeln: daß die Regierungsformen, auch die, welche die größten Vorteile bieten, dafür umgekehrt für die Vorteile auch Nachteile bieten, und umgekehrt: daß auch die Regierungsformen, die große Nachteile bieten, für diese Nachteile wieder einige Vorteile anzubieten haben; und schließlich, daß es keine unsterblichen Regierungsformen gibt.

Ich kann hier, an diesem Orte, mit aller Freiheit von den Vorteilen und Nachteilen, ja, selbst vom Tode der verschiedenen Regierungsformen sprechen; denn alle haben ihre Nachteile und ihre Vorteile, und sie alle sterben.

Nun, meine Herren, ich sage, daß auf der anderen Seite der überaus schwerwiegenden Nachteile, die die absoluten Regierungen haben, sie auch einen großen Vorteil besitzen: sie sind verhältnismäßig billig. Und ich sage, daß zu den großen Vorteilen, die die konstitutionellen Regierungen besitzen, auf der anderen Seite ein überaus schwerwiegender Nachteil kommt: sie sind sehr teuer. Keine Regierung aber ist kostspieliger als die republikanische. Wenn man nun per Analogieschluß die Folgerungen zieht, dann ist das Los einer jeden dieser Regierungsformen leicht vorherzusehen. Ich behaupte, meine Herren, daß es das wahrscheinlichste ist, daß alle absoluten

Regierungen, sie mögen vorkommen, wo sie wollen, an der Diskussion sterben; daß alle konstitutionellen Regierungen, sie mögen vorkommen, wo sie wollen, am Bankrott untergehen. Dies ist meine innerste Überzeugung, meine Herren; ich erkläre die Herren Abgeordneten zu Depositairen meiner Überzeugungen. Ein einziges Mittel gibt es, meine Herren, Reformen, große wirtschaftliche Reformen durchzuführen: dieses einzige Mittel ist die Verabschiedung oder die beinahe gänzliche Verabschiedung der stehenden Heere.[95] Dies, meine Herren, könnte die Regierungen einige Zeit vor dem Bankrott retten. Doch diese Verabschiedung wäre der Bankrott der Gesellschaft insgesamt. Denn, meine Herren – und hier bitte ich um Ihre Aufmerksamkeit –, allein die stehenden Heere sind heute noch imstande zu verhindern, daß die Zivilisation in die Barbarei stürzt und sich auflöst. Heute, meine Herren, stehen wir einem neuen Schauspiel in der Geschichte, einem neuen Schauspiel in der Welt gegenüber. Wann, meine Herren, wann hat, außer heute, die Welt gesehen, daß man durch die Waffen zur Zivilisation gelangt und durch die Ideen zur Barbarei? Denn das sieht die Welt zu der Stunde, da ich zu Ihnen spreche. *(Beifall)*

Diese Erscheinung, meine Herren, ist von so großem Gewicht, ist so seltsam, daß sie irgendeine Erklärung meinerseits verlangt. Jede wahre Zivilisation kommt aus dem Christentum. Das ist so gewiß wie die Tatsache, daß die Zivilisation überhaupt nur in der christlichen Zone anzutreffen ist; außerhalb dieser Zone gibt es keine Zivilisation, ist alles Barbarei. Dies ist so gewiß wie die Tatsache, daß es vor dem Christentum keine zivilisierten Völker in der Welt gab, nicht ein einziges.

Nicht ein einziges, meine Herren! Ich behaupte, daß es keine zivilisierten Völker vor dem Christentum gab, weil weder das römische noch das griechische Volk zivilisierte Völker waren; sie waren gebildete Völker, was etwas ganz anderes ist. Die Kultur ist der Firnis, nichts weiter als der Firnis der Zivilisation.[96] Das Christentum hingegen zivilisierte die Welt, indem es drei Dinge vollbrachte: Es machte aus der Autorität eine unverletzliche Sache, es machte aus dem Gehorsam eine heilige Sache, es machte aus der Selbstverleugnung und aus dem Opfer, oder, um es besser zu sagen, aus der Nächstenliebe, eine göttliche Sache. Auf diese Weise hat das Christentum die Völker zivilisiert. Nun gut – und hier findet sich die Lösung dieses großen Problems –, nun gut, die Ideen von der Unverletzlichkeit der Autorität, von der Heiligkeit des Gehorsams, von der Göttlichkeit des Opfers, diese Ideen finden sich heute nicht mehr in der zivilen Gesellschaft, sie finden sich in den Kirchen, wo der gerechte und barmherzige Gott angebetet wird, sie finden sich in den Feldlagern, wo der starke Gott, der Gott der Schlachten, unter den Symbolen des Ruhms angebetet wird. Deshalb, weil die Kirche und das Heer die einzigen sind, die die Begriffe der Unverletzlichkeit der Autorität, der Heiligkeit des Gehorsams und der Göttlichkeit der Nächstenliebe unbefleckt bewahren, deshalb sind sie heute die beiden Repräsentanten der europäischen Zivilisation.

Ich weiß nicht, meine Herren, ob es Ihre Aufmerksamkeit erregt hat, wie es die meine erregte: die Ähnlichkeit, die fast völlige Gleichheit, die zwischen zwei Personen besteht, die die gegensätzlichsten und verschiedenartigsten zu sein scheinen: die Ähnlichkeit zwischen dem Priester und dem Soldaten. Weder der eine noch der andere lebt für sich, weder der eine noch der andere lebt für seine Familie; für den einen wie für den anderen liegt der Ruhm im Opfer und in der Selbstverleugnung. Der Auftrag des Soldaten ist es, über die Unabhängigkeit der zivilen Gesellschaft zu wachen. Der Auftrag des Priesters ist es, über die Unabhängigkeit der religiösen Gesellschaft zu wachen. Die Pflicht des Priesters ist es, sein Leben hinzugeben, wie ein guter Hirte für seine Schafe zu sterben. Die Pflicht des Soldaten ist es, wie die eines guten Bruders, das eigene Leben für seine Kameraden in die Schanze zu schlagen. Wenn Sie die Härte und Strenge des priesterlichen Lebens betrachten, wird Ihnen das Priestertum als das erscheinen, was es ist, als ein wirklicher Kriegsdienst. Wenn Sie die Heiligkeit des Kriegsdienstes betrachten, wird Ihnen der Kriegsdienst als wahres Priestertum erscheinen. Was wäre die Welt, was wäre die Zivilisation, was wäre Europa, wenn es weder Priester noch Soldaten gäbe?[97] *(Langanhaltender Beifall.)*

Doch wenn es, meine Herren, angesichts dessen was ich ausführte, noch irgendeinen gibt, der meint, man solle das Heer verabschieden, dann möge er aufstehen und es sagen. Wenn es aber keinen gibt, meine Herren, dann lache ich über all ihre Wirtschaftsprobleme, dann sind alle ihre Ideen über ökonomische Reformen blanke Utopien. Wissen Sie, was Sie sich vornehmen, wenn Sie mit Ihren Sparplänen die Gesellschaft retten wollen, ohne auch das Heer zu verabschieden? Sie nehmen sich vor, die Feuersbrunst, die die Nation verschlingt, mit einem Glase Wasser zu löschen. Das ist es, was Sie sich vornehmen. Damit ist wohl bewiesen, was zu beweisen mein Vorsatz war: daß die wirtschaftlichen Fragen nicht die wichtigsten sind, daß die Gelegenheit, sie hier vorrangig oder ausschließlich zu behandeln, noch nicht gekommen ist, und daß die wirtschaftlichen Reformen nicht so leicht und bis zu einem gewissen Grade nicht einmal möglich sind.

Da nun, meine Herren, einige Redner dem Kongreß gegenüber erklärt haben, vor einer Bewilligung des Haushaltes für diese Vollmachten zu stimmen, hieße gegen die repräsentative Regierung zu stimmen, wende ich mich nun diesen Herren Abgeordneten zu und sage ihnen: „Sie wollen also für die repräsentative Regierung stimmen? Dann stimmen Sie für die Vollmachten, die die Regierung fordert; stimmen Sie für sie, denn wenn die repräsentativen Regierungen von mäßigen und klugen Diskussionen leben, dann sterben sie an endlosen Diskussionen." Ein großes Beispiel dafür bietet Ihnen Deutschland, vorausgesetzt, daß die Erfahrung und daß die Beispiele zu irgendetwas nützlich sein können. Deutschland hatte drei verfassungsgebende Versammlungen gleichzeitig gehabt: eine zu Wien, eine andere zu Berlin und eine dritte zu Frankfurt. Die erste starb durch ein kaiserliches Dekret; ein königliches Dekret tötete die zweite, und was die Versammlung von Frankfurt betrifft, jene Versammlung, die sich aus den hervorragendsten Gelehrten, den größten Patriziern, den tiefschürfendsten Philosophen zusammensetzte: was ist mit ihr geschehen? Was war das Schicksal dieser Versammlung? Noch nie hat die Welt einen so erhabenen Senat gesehen, noch nie ein so erbärmliches Ende; eine begeisterte, allgemeine Akklamation gab dieser Versammlung das Leben, ein allgemeines Pfeifen und Zischen gab ihr den Tod.[98]

Deutschland, meine Herren, brachte diese Versammlung wie eine Göttin in einem Gotteshaus unter, und dieses selbe Deutschland ließ sie sterben wie eine Hure in einer Schenke.[99]

Dies, meine Herren, ist die Geschichte der deutschen Parlamente. Und wissen Sie, weshalb sie auf diese Weise starben? Ich werde es Ihnen sagen: Sie starben, weil sie weder regieren ließen noch selber regierten; sie starben, weil nach mehr als einem Jahr der Diskussion nichts herauskam – nichts herauskam als der eitle Dunst endloser Diskussionen.

Meine Herren, diese Versammlungen hatten nach der Würde von Königinnen verlangt; Gott aber schlug sie mit Unfruchtbarkeit und nahm ihnen alles, selbst die Mutterwürde. Abgeordnete der Nation, betrachten Sie genau das Leben der spanischen Versammlungen! Und Sie, meine Herren von der konservativen Opposition, ich bitte Sie, tragen Sie Sorge für Ihre Zukunft; achten Sie, meine Herren, auf die Zukunft Ihrer Partei! Wir haben immer gemeinsam gekämpft, kämpfen wir weiterhin gemeinsam! Ihre Trennung von uns ist ein Sakrileg, und das Vaterland wird von Ihnen am Tage des großen Unglücks Rechenschaft fordern. Dieser Tag ist vielleicht nicht mehr ferne; wer dies nicht für möglich hält, ist mit unheilbarer Blindheit geschlagen. Wenn Sie bereit sind zum Kriege, wenn Sie hier kämpfen wollen, dann schonen Sie für diesen Tag ihre Waffen, dann bewahren Sie Ihre Waffen bis zu diesem Tage auf. Überstürzen, übereilen Sie die Konflikte nicht. Meine Herren, genügt es denn nicht, daß jede Stunde ihren Kummer, jeder Tag seine Angst, jeder Monat seine Mühe hat? Wenn einmal der Tag der Trübsal kommt, dann wird des Kummers so viel sein, daß wir sogar jene unsere Brüder heißen werden, die unsere politischen Gegner sind; dann werden Sie es, wiewohl spät und vielleicht zu spät, bereuen, daß Sie jene Feinde nannten, die Ihre Brüder sind![100]

(Der Redner setzt sich inmitten langanhaltenden und wiederholten Beifalls und nimmt zahlreiche Glückwünsche entgegen.)

REDE ÜBER DIE LAGE SPANIENS

30. Dezember 1850

Meine Herren!

Die Abgeordneten, die sich an die verschiedenen Reden erinnern, die ich vor früheren Kongressen zu halten die Ehre hatte, wissen sehr wohl, daß ich, obgleich meine Doktrinen in einigen Punkten gegensätzlich, in vielen abweichend sind von jenen, auf die sich die Herren Minister stützen, mit einer beispiellosen Beständigkeit für das Kabinett gestimmt habe. Dieses Verhalten, meine Herren, beruhte auf überaus soliden Gründen. In erster Linie wurden meine politischen Doktrinen nie einer Abstimmung unterworfen, und da über meine Doktrinen nie abgestimmt wurde, mußte ich für die des Kabinettes stimmen, die von den meinen weniger entfernt waren als die der Oppositionsparteien. Zweitens bin ich ein Mann der Regierung, ein Mann der Regierung vor allem und über alles, und als Mann der Regierung stimme ich im Zweifelsfalle immer für die Regierung. Drittens und letztens glaubte ich, ich könnte mehr zum Nutzen und zum Vorteil meiner eigenen Überzeugungen tun, wenn ich ein Freund des Kabinetts wäre, denn dessen Gegner.

Heute haben die Dinge ganz und gar ihr Gesicht verändert. Das Kabinett hat sein System bis zu einem solchen Punkte übertrieben, daß ich es wegen dieser Übertreibung für unheilvoll halte, und so bin ich in die Lage gekommen, zwischen meinem Gewissen und meiner Freundschaft, zwischen meinen eigenen Doktrinen und Überzeugungen und dem Kabinett zu wählen.[101] Das ist ein harter Augenblick für mich, meine Herren, doch die Entscheidung kann keinem Zweifel unterliegen. Ich werde meiner Freundschaft befehlen zu schweigen, um allein auf mein Gewissen zu hören; ich werde mich um einiges vom Kabinett entfernen, um mit meinen Überzeugungen zusammenzubleiben.

Ich habe mir vorgenommen, meine Herren, in großen Zügen das überaus traurige Bild zu zeichnen, das die Nation unter mehreren Aspekten darbietet: unter dem moralischen, dem politischen, dem finanztechnischen und dem wirtschaftlichen. Und damit es alle wissen, ohne daß es notwendig ist, mich ständig zu wiederholen, möchte ich Ihnen schon jetzt mitteilen, bis zu welchem Grade ich das Kabinett für die traurige und schmerzliche Lage verantwortlich halte, in der wir uns befinden. Zu dieser Lage sind wir aus verschiedenen Gründen gelangt. Zum einen ist die gegenwärtige Lage die Folge der verflossenen Wirren, zum anderen ist sie die Auswirkung und das Ergebnis des irregeleiteten Systems der früheren Kabinette. Und schließlich ist die gegenwärtige Lage das Ergebnis des irregeleiteten und unheilvollen Systems jenes Kabinetts, das heute die Geschicke der spanischen Nation leitet.

Ich kann nicht die Umstürze und Umwälzungen anklagen, denn die Revolution wird mir antworten: „Umstürzend betreibe ich mein Geschäft." Ich kann auch nicht die früheren Kabinette wegen dieser Lage anklagen, denn sie könnten mir antworten: „Wir standen unter revolutionärem Druck." Aber ich kann das gegenwärtige Kabinett anklagen, und ich klage es an, denn es allein ist, unter allen, die seit 1834 bis heute existierten, absoluter und souveräner Herr seiner eigenen Taten.[102]

Ich kann das Kabinett nicht anklagen, die gegenwärtige Lage verursacht zu haben; ich klage es dessen auch nicht an – wie könnte ich es? Die Lage existierte schon, bevor dieses Kabinett existierte. Ich klage es jedoch an, weil es diese Lage aufrecht erhält; ich klage es auch an, weil es diese Lage verschlimmert.

Um diese Dinge darzulegen, wenn auch nur kurz angesichts der vorgerückten Stunde, habe ich das Wort verlangt. Ich habe es auch zu einem anderen Zwecke verlangt: Ich muß hier mein politisches Glaubensbekenntnis ablegen, wenn es auch, seit der Frage der Vollmachten, bekannt ist. Ich glaube, meine Herren, daß die Regierung das Recht zu leben verlieren kann; aber ich glaube nicht, daß sie das Recht und die Pflicht verlieren kann, Steuern zu erheben, denn das ist eine unantastbare Pflicht und ein unantastbares Recht.

Ich glaube, daß der Kongreß der Herren Abgeordneten das Recht hat, ein Kabinett durch ein Mißtrauensvotum zu töten, oder an dessen Tötung mitzuwirken; aber er hat kein Recht, ihm die Steuern zu verweigern, weil er kein Recht hat, den Staat zu töten.[103]

Dies voraussetzend, meine Herren, ist es klar, daß mein Votum gegen die Vollmachten nicht bedeutet, daß die Regierung die Steuern nicht erheben dürfe, daß die Regierung die Steuern nicht eintreibe und verteile.

Es ist häufig notwendig, daß die Beschlüsse eines Parlaments des Kommentars bedürfen. Was jedoch selten geschieht, ist, daß ein Abgeordneter abstimmt, wie er will; noch seltener, daß er auch wirklich will, wofür er stimmt. Weshalb? Weil die Beschlüsse komplex sind, weil die Beschlüsse oft auf sehr verschiedene Dinge und auch auf völlig konträre Dinge zielen. So bedeutet die jetzt infragestehende Vollmacht mehr, als sie scheint; sie besitzt Anteil an der Natur der Vollmachten selber: sie ist ein Vertrauensvotum. Sie wäre dies in jeder Hinsicht, und ist es hier und in anderen Ländern gewesen, ohne daß es notwendig wäre, daß das Kabinett dies eigens erklärt. Hier hat zudem, wie es den Herren Abgeordneten bekannt ist, das Kabinett dies eigens erklärt. Wenn ich jedoch mit Nein gegen diese Vollmacht stimme, dann nicht, um mich gegen die Erhebung der Steuern durch die Regierung zu erklären; ich sage nur, daß das Kabinett – nicht das Kabinett, das sich aus meinen Freunden zusammensetzt –, sondern daß das System, welches dieses Kabinett verficht, mein Vertrauen nicht mehr besitzt.

Wo, meine Herren, wo befindet sich der hauptsächlichste Unterschied – denn ich kann nur von solchen Unterschieden sprechen –, wo findet sich der hauptsächlichste Unterschied zwischen dem System des Kabinetts und meinen Überzeugungen? Ich will es sagen: er findet sich ganz und gar in dem einen Punkte, auf den das Kabinett seinen Ruhmestitel gründet. Dieser besteht darin, daß es ein Kabinett ist, das sich als Kabinett der materiellen Ordnung, als Kabinett materieller Interessen proklamiert und es auch ist.[104]

Und dieses Kabinett rechnet damit, meine Herren, daß ich mich den materiellen Interessen und der materiellen Ordnung nicht entgegenstelle. Die materielle Ordnung ist sicher ein grundlegender Teil, wenn auch der geringste, der wirklichen Ordnung. Die wirkliche Ordnung besteht in der Vereinigung der Intelligenzen in bezug auf das, was Wahrheit ist, in der Vereinigung der Willen in bezug auf das, was ehrbar ist, in der Vereinigung der Geister in bezug auf das, was gerecht ist. Die wirkliche Ordnung besteht darin, daß die wahren politischen Prinzipien, die wahren religiösen Prinzipien, die wahren sozialen Prinzipien verkündet werden, gehalten werden und verteidigt werden.[105]

Die materiellen Interessen, meine Herren, können ohne Zweifel eine gute, eine ausgezeichnete Sache sein, und sind es auch. Doch deshalb sind die materiellen Interessen noch nicht die höchsten Interessen der menschlichen Gesellschaft. Das höchste Interesse der menschlichen Gesellschaft besteht darin, daß in ihr dieselben religiösen, politischen und sozialen Prinzipien den Ausschlag geben. Die Gesundheit, meine Herren, besteht nicht bloß in der Gesundheit des Körpers; sie besteht auch in der Gesundheit der Seele: *mens sana in corpore sano.* Dieses Gleichgewicht zwischen der materiellen Ordnung und der moralischen Ordnung, dieses Gleichgewicht zwischen den moralischen Interessen und den materiellen, dieses Gleichgewicht zwischen der Gesundheit der Seele und des Körpers ist das, was die Fülle der Gesundheit in der Gesellschaft wie im einzelnen Menschen bildet. Diesem Gleichgewicht, meine Herren, ist es zuzuschreiben, daß das Jahrhundert von Louis XIV. *le Grand Siècle* genannt wird, und daß man Louis XIV. *le Grand* nannte; und groß war in der Tat dieser glückliche Fürst, der über Bossuet herrschte, den König der Intelligenz, und über Colbert, den König der Industrie.[106]

Wenn dieses Gleichgewicht zerbricht, beginnt der Niedergang der Reiche, bis sie völlig verschwinden. Ich möchte, meine Herren, diese Prinzipien in Ihrem Herzen, in Ihrem Gedächtnis befestigen, denn sie sind von zu großem Interesse für unser Vaterland.

Zwei große Dynastien gibt es in Europa: die bourbonische Dynastie und die habsburgische Dynastie. Die habsburgische Dynastie hielt unter uns die wahren politischen, religiösen und sozialen Prinzipien lebendig. Und zur gleichen Zeit, als sie dies tat, widerfuhr ihr das Unglück, die wirtschaftlichen Interessen, die administrativen Interessen, die materiellen Interessen zu vergessen und zu vernachlässigen.[107] Nun gut, meine Herren, dies erklärt uns ihr Leben und ihren Tod. Die Geschichte bietet uns wenig Beispiele eines ruhmreicheren Lebens und eines elenderen Todes. Wollen Sie wissen, bis wohin die Imperien kommen, wenn in ihnen die wahren sozialen, politischen und religiösen Interessen den Ausschlag geben? Richten Sie ihre Augen auf Karl V., den großen Kaiser, auf jenen kaiserlichen Adler, von dem der größte unserer Dichter gesagt hat:

In diesem Fluge ohne Zweiten
hatt' unter seinen Flügeln er die Welt.[108]

Wollen Sie sehen, wie die Völker und die Dynastien zu ihrem Ende kommen, wenn sie die materiellen Interessen in Vergessenheit geraten lassen? Dann richten Sie Ihren Blick auf Karl II., den König der Bettler, den Augustulus unseres Volkes.[109]

Wenden Sie nunmehr den Blick auf die Bourbonenfamilie. Henri IV. beginnt damit, Protestant zu sein und den Katholiken zu schmeicheln, und endet damit, Katholik zu sein und den Protestanten zu schmeicheln. Das heißt, meine Herren, daß die Religion für ihn ein Werkzeug des Herrschers war, *instrumentum regni*; da sehen Sie das Beispiel eines Königs als *esprit fort.* Folgen Sie ihm dann in seinem Leben und in seiner Geschichte, und Sie werden ihn ausschließlich der Idee hingegeben sehen, Frankreich materiell zum Gedeihen zu bringen, eine gute und geschickte Verwaltung zu etablieren, die Differenzen der Parteiungen durch Vergleiche zum Schweigen zu bringen, mit einem Wort: sich nur mit der Organisation der Verwaltung und den materiellen Interessen zu beschäftigen. Nun gut, meine Herren, Henri IV. ist nicht nur ein Mensch, er ist die Personifikation seiner ganzen Rasse, die aus zwei Gründen auf die Welt gekommen ist: die Völker reich und fleißig zu machen, und durch die Hand der Revolution zu sterben.

Wer bewundert nicht, meine Herren, diese großen, diese prachtvollen Übereinstimmungen? Sie sehen da zwei Rassen, die einander auf dem Gebiet der Ideen noch feindlicher gesinnt waren als auf den Schlachtfeldern: die habsburgische Rasse vergißt die materiellen Interessen und stirbt vor Hunger; die bourbonische Rasse, zumindestens die meisten ihrer Fürsten, erschlaffen in der Intakt- und Reinhaltung der religiösen, sozialen und politischen Prinzipien, um sich in Reformer und Industrielle zu verwandeln, um zusammenzustoßen mit dem Gespenst der Revolution, die auf sie wartet, um einen nach dem anderen von ihnen, die sie so ganz und gar hingegeben sind ihren Reformen und Industrien, zu verschlingen.[110]

Nun gut, Minister Isabellas der Zweiten, ich komme, um von Ihnen zu verlangen, daß Sie von Ihrer und meiner Königin diesen Fluch abwenden, der über ihrer Familie liegt.

Die Zeit drängt, meine Herren, die Zeit drängt, weil unheilvollere Zeiten als die, die Sie sich vorstellen, sich nähern. Ganz plötzlich, in diesem Augenblick, müssen Sie – wenn es wahr ist, daß man den Baum an seiner Frucht erkennt – an der Frucht den Baum erkennen, den Sie gepflanzt haben: seine Frucht ist die Frucht des Todes. Die Politik der materiellen Interessen ist hier zu der letzten und furchtbarsten ihrer Entwicklungen gelangt: zu jener Entwicklung, kraft derer alle aufhören, von den Interessen zu reden, um vom höchsten Interesse der dekadenten Völker zu sprechen, dem Interesse an materiellen Genüssen, die sich in Geld beziffern lassen.[111] Das erklärt den ungeduldigen Ehrgeiz, von dem man hier mit mehr als gutem Grund gesprochen hat.

Niemand befindet sich dort wohl, wo er steht; alle wollen aufsteigen, und aufsteigen wollen sie, nicht um aufzusteigen, sondern um zu genießen. Es gibt keinen einzigen Spanier, der nicht glaubt, jene schicksalsschwere Stimme zu hören, die Macbeth vernahm, und die zu ihm sprach: „Macbeth, Macbeth, du wirst König sein."[112] Wer Wähler ist, hört eine Stimme, die zu ihm sagt: „Wähler, du wirst Abgeordneter sein." Der Abgeordnete hört eine Stimme, die zu ihm sagt: „Abgeordneter, du wirst Minister sein." Der Minister hört eine Stimme, die zu ihm sagt: „Sein wirst du…", ich weiß nicht was, meine Herren.

Bach, wo soll denn hingelangen
So viel Streben, so viel Steigen,
Daß Guadalquivir du wirst,
Und Guadalquivir das Meer?[113]

Ich weiß nicht, meine Herren, wohin das führen soll, oder, besser gesagt, wohin das geführt hat; es hat zu der erschreckendsten Verderbtheit geführt, der wir alle beiwohnen, die wir alle vor Augen haben, denn die heute dominante Tatsache in der spanischen Gesellschaft ist diese Verderbtheit, diese Korruption, die im Mark unserer Knochen ist.

Diese Verderbtheit, diese Korruption läßt sich weder mit Industrien noch mit Reformen heilen; heilen kann man sie nur mit der Wiederherstellung der großen katholischen Institutionen, die von der Revolution zu Boden gestürzt wurden und die wiederaufzurichten Ihnen zukommt. Die verderbteste und am meisten verderbendste Personengruppe dieser Gesellschaft ist, meine Herren, die von uns repräsentierte Mittelklasse. In dieser Klasse gibt es Lobesworte für alle Starken, von hier entstammten jene großen Worte, die zur Nationalen Miliz sagten: „Du hast dich wohlverdient gemacht“, und dann zur Konstitution von Cádiz: „Du bist sakrosankt“, dann zum Duque de la Victoria: „Du bist heroisch“, und jetzt zum Duque de Valencia: „Du bist der Unbesiegte.“[114] Die Götzenanbetung scheint die natürliche Religion aller Massen zu sein, besonders aber jener, die von der Revolution verdorben, korrumpiert wurden. In Spanien sind ihrer viele, meine Herren, ich rufe Ihr Gewissen und Ihr Bewußtsein an! Die Korruption ist überall, sie dringt durch alle Poren in uns ein, sie ist in der Atmosphäre, die uns umgibt, sie ist in der Luft, die wir einatmen. Die mächtigsten Agenten der Korruption sind immer die ersten Diener der Regierung gewesen; in den Provinzen sind sie die aktivsten Diener der Korruption gewesen, diese Käufer und Verkäufer von Gewissen.[115] Wer hat nicht gesehen, was in Spanien vor sich gegangen ist, seit die Revolution ausbrach, bis heute? Wenn die Regierungen schwach gewesen sind, sind ihre wichtigsten Diener in ganzen Gruppen zu den Reales der siegreichen Insurrektion übergelaufen.[116] Wenn die Regierungen stark sind, oder wenn man glaubt, sie seien es, dann machen diese Leute, um die Regierung glänzend herauszubringen, alles nieder, was ihren Weg kreuzt.

Meine Herren, Sie erinnern sich wohl auf jeden Fall an die letzten Pronunciamientos. Ich sehe sie noch vor meinen Augen, jene Prozession von Generälen und politischen Chefs,[117] die Hände voller Weihrauch, um ihn auf den Altären der Revolutionskomitees zu verbrennen. Nun wenden Sie die Augen auf das, was heute geschieht! Denken Sie an die Skandale, die, öffentlich und wohlbekannt, bei den letzten Wahlen geschahen. Glauben Sie weder den einen noch den anderen, wenn sie sich Feinde nennen; sie sind keine Feinde, sie sind Brüder; Brüder von den Wahlen und von den Pronunciamientos. Gott hat in sie alle die gleichen Neigungen gelegt, sogar die gleichen Physiognomien; sie alle haben den heroischen Schwur geleistet, sich für den Sieger aufzuopfern; sie alle haben einen Pakt mit Fortuna geschlossen; sie alle sind Freunde des Sieges; sie alle sind Sonnenanbeter: sie alle schauen zum Orient hin.[118]

[So traurig ist, meine Herren, und so ausgedehnt, das Gemälde dieser allgemeinen Verderbtheit, dieser allgemeinen Korruption. Wenn Sie mit mir bis zum geheimnisvollen Ursprung dieses Symptoms des Todes hinabsteigen wollen, so werden Sie es zum einen in der Dekadenz des religiösen Prinzips, zum anderen in der Entwicklung des Wahlprinzips finden. Das Wahlprinzip ist schon an sich derart verderblich, daß alle zivilen Gesellschaften, die antiken wie die modernen, in denen es vorherrschte, am Knochenbrand starben. Im Gegensatz dazu ist das religiöse Prinzip ein so ausgezeichnetes Mittel gegen diese Fäulnis, daß es keine Korruption gibt, die seinem Kontakt widersteht. Darum gibt es keine Nachricht darüber, daß je eine wirklich katholische Gesellschaft an der Korruption zugrunde ging. Die gegensätzliche Art und Kraft des einen wie des anderen Prinzips kann nirgends besser beobachtet werden als in den monastischen Instituten; die korrumpierende Kraft des Wahlprinzips ist so mächtig, daß sie auch in jene heiligen Kongregationen Kabalen und Intriguen einführte; die Kraft des religiösen Prinzips ist so souverän, daß selbst jene Institutionen, die mittels des Wahlprinzips regiert werden, sich reiner und gesünder hielten als alle zivilen Gesellschaften. Sie alle haben reden hören von der Verderbtheit, von der Korruption in den Klöstern; Sie alle haben vielleicht daran geglaubt. Ohne Zweifel, meine Herren, haben die klösterlichen Institutionen ihre Zeit des Niedergangs gehabt, wie alle Einrichtungen, die etwas Menschliches an sich haben; aber Sie sollten wissen, daß sie selbst in den Zeiten des Niedergangs den aufgeklärtesten und vortrefflichsten zivilen Gesellschaften als Vorbild dienen konnten.

Dies vorausgesetzt, ist das große Problem der Regierung, das die Minister lösen müßten, das folgende: dem religiösen Prinzip einen solchen Wachstumsantrieb zu geben, daß die korrumpierende Kraft des Wahlprinzips neutralisiert wird. Das ist ein Problem, das nicht nur nicht gelöst ist, sondern das von den Ministern der Krone nicht einmal gestellt wurde. Ich sage mehr: Jetzt, in diesem Augenblick, glaube ich in Ihren Gedanken zu lesen: Ich bin sicher, daß Sie, wenn Sie sich nicht fürchteten, mich zu unterbrechen, alle miteinander mich fragen würden: „Was hat denn die Religion mit den Wahlen zu tun?" Was hat sie damit zu tun? Sie hat so viel damit zu tun, daß die Wahlen uns morden werden, wenn die Religion nicht die Wahlen reinigt; sie hat so viel damit zu tun, daß Sie, wenn Sie das religiöse Prinzip beiseitelassen, der Korruption, die durch das Wahlprinzip erzeugt wird, weder Einhalt gebieten, noch sie heilen können – es sei denn mit dem Brenneisen oder mit ihrem Blute. Sie sollten es nicht, meine Herren, einer eitlen Laune zuschreiben, daß ich die Religion in alle politischen Fragen hineinziehe; nicht ich bin es, der sie hineinzieht, sie kommt ganz von selber her; klagen Sie nicht mich an, klagen Sie die Natur der Dinge an. Bin ich etwa die Ursache dafür, daß jedes politische Problem am Ende auf dieses letzte Dilemma zurückgeht: Die Religion oder die Revolution, der Katholizismus oder der Tod?]

Meine Herren, ich brauche es nicht noch einmal zu sagen – da ich es bereits gesagt habe –, daß das Kabinett nicht der einzige Schuldige an der gegenwärtigen Lage ist. Das ist eine revolutionäre Lage, welche die Revolution überlebte. Dennoch ist das Kabinett zu einem gewissen Grade schuldig, weil es diese Verderbtheit, weil es diese Korruption durch die Straflosigkeit, in der es seine Diener läßt, ermuntert; außerdem ist es schuldig durch sein Schweigen. In Spanien, in dieser unglückseligen Gesellschaft – denn unglückselig muß sie genannt werden, nach dem Bild, das ich eben von ihr gezeichnet habe –, sind nicht allein die Gefühle korrumpiert, sondern auch die Ideen pervertiert.

Es duldet keinen Zweifel, meine Herren, daß in keiner Epoche unserer Geschichte das geistige Niveau Spaniens derart niedrig war wie heute. In meiner Rede kann ich, weil es unmöglich ist, nicht zeigen, daß alle Hauptideen, die in diesem Augenblick herrschen, falsch sind. Doch verpflichte ich mich, sei es mündlich oder schriftlich oder auf irgendeine andere Weise, zu zeigen, daß der politische Leitsatz, den meine Gegner als den am besten erwiesenen betrachten, als den mit Sicherheit wahrsten, ein von Anfang bis zum Ende falscher Satz ist.

Ein Symptom dafür, daß in einer Gesellschaft alle Ideen pervertiert sind, ist es, wenn alle Parteien, wenn alle politischen Richtungen ihrem Untergange auf dem Wege entgegengehen, den sie sich offenhielten, um sich zu retten. Wenn Sie dies sehen, meine Herren, ist es völlig offenkundig, daß alle Ideen pervertiert sind und daß alle Bremsen und Zügel entfernt worden sind. [Gerade dies aber ist es, meine Herren, was sich unter uns ereignet, und um Ihnen diese Wahrheit zu beweisen, werde ich Ihnen, unter tausend, zwei Beispiele vorlegen.

Alle Parteien, die wechselweise in Spanien regierten, glaubten, daß große Garantien gegen den Mißbrauch der Macht nötig seien. Von diesen Garantien sind die einen eitles Zeug, die anderen absurd. Ich möchte von einer dieser Garantien sprechen, die sowohl eitel als auch absurd ist, und die zugleich das Gegenteil dessen bewirkt, was sie anstreben soll. Man hat hier ständig das Prinzip der Ministerverantwortlichkeit angerufen.[119] Nun gut, dieses Prinzip, das alle Parteien in Spanien proklamiert haben, ist die einzige Ursache der ministeriellen Willkür und Tyrannei, über die die Parteien sich beklagen. Es gibt eine Logik, die bewirkt, daß die Folgen selbsttätig und mit Notwendigkeit aus ihrem Prinzip heraus an den Tag treten, ohne daß sie jemand ausruft und ohne daß sie jemand an die Öffentlichkeit zerrt. Sagen Sie mir, die Sie sich über die Willkür der Minister beklagen, eine Willkür, die auch ich konstatiere: Was würden Sie antworten, besonders Sie, auf jenen Bänken, wenn ich das Kabinett wäre und zu Ihnen sagte: „Sie haben das Prinzip der Verantwortlichkeit proklamiert, und in der Tat erklären Sie mich für alles verantwortlich, was noch im letzten Winkel der Monarchie geschieht. Nun gut, ich akzeptiere Ihre Prinzipien; akzeptieren Sie aber auch deren Konsequenzen! Die Konsequenzen sind die folgenden: Einer allgemeinen Verantwortlichkeit entspricht eine absolute Macht, denn absolute Macht und allgemeine Verantwortlichkeit gehören zusammen, sind notwendigerweise korrelativ. Eine absolute Macht muß, damit sie es auch sei, eine schnell wirkende Macht sein, und damit sie schnell wirkend sei, ist es notwendig, daß sie auf keinen Widerstand stößt. Früher, meine Herren, da gab es Vereinigungen, die durch die Bande der Liebe, die durch die Bande der Religion zusammenhielten. Diese Vereinigungen setzten einen Damm jedem Despotismus entgegen, der sich in der Nation erheben wollte. Diese Widerstand leistenden Vereinigungen sind mit meiner Verantwortlichkeit nicht zu vereinbaren, sind nicht zu vereinbaren mit der schnellen Wirksamkeit, die ich als Minister benötige; lassen Sie mich mit ihnen ein Ende machen! Die Ernennung aller öffentlichen Beamten ist ein gigantisches Werkzeug der Korruption, doch das tut nichts zur Sache. Denn wenn ich nicht alle Beamten, alle Angestellten ernennen kann, kann ich nicht verantwortlich sein: Wenn Sie von mir die Verantwortlichkeit fordern, müssen Sie mir die Ernennung aller Angestellten und Beamten übertragen. Das lokale Leben, das städtische Leben, das provinziale Eigenleben können gute und ausgezeichnete Dinge sein; doch wenn ich für alles verantwortlich bin, habe ich allein dafür zu leben, alles selber zu bewirken. Infolgedessen: Zentralisation, wie der Schlag treffende Zentralisation, absolute Zentralisation. Alle Akten, alle Rechtssachen haben ins Ministerium zu kommen, alles Gold muß in den Staatsschatz fließen. Das sind die notwendigen Konsequenzen. Wenn Sie mich infolgedessen der Willkür anklagen, antworte ich Ihnen, daß Sie mich willkürlich gemacht haben, indem Sie mir eine Verantwortung aufladen, die eine absolute Macht in mir voraussetzt und mir überträgt."

Nichts, meine Herren, scheint so leicht und nichts ist schwerer, als die Mittel den Zwecken anzupassen. Was will man? Will man, daß das Kabinett eine kluge, eine vorsichtige Macht besitzt, eine begrenzte, und nicht mehr als eine begrenzte? Dann dürfen Sie die Minister aber nicht als verantwortlich bezeichnen. Und sind nicht, durch die Gesetze des Königreiches, alle Minister verantwortlich gewesen, ohne Ihre feierlichen Erklärungen zu benötigen? Wollen Sie mehr? Wollen Sie, daß die Minister, diese Giganten, die Ihnen einen solchen Schrecken einjagen, sich in Pygmäen verwandeln? Nun, meine Herren, das Heilmittel liegt auf der Hand: Erklären Sie sie für unverletzlich. Von dem Augenblick an, da Sie sie für unverletzlich erklären, sind sie nichts als ein paar prachtvolle Nullitäten, die dort, auf dieser prachtvollen Bank, sitzen.

[Kommen wir zum zweiten Beispiel; dieses Beispiel werde ich aus der Welt der Zeitung, aus der Journalistik nehmen. Die Pressefreiheit, meine Herren, ist proklamiert worden, um drei große Prinzipien zu sichern, von denen eines die Individuen angeht, die beiden anderen die Gesellschaft.[120] Das, welches die Individuen betrifft, besteht in dem Recht, das jeder Mensch besitzt, den anderen mitzuteilen, was er denkt; die beiden anderen bestehen in dem Recht, das die Gesellschaft besitzt, daß alle Gedanken, daß alle Theorien, daß alle Systeme auf den Kampfplatz und in die Diskussion treten, und in dem Recht, das eben diese Gesellschaft besitzt, daß man alles, was die Völker interessiert, der Öffentlichkeit zugänglich macht. Das Zeitungswesen ist die Einrichtung, die dazu bestimmt ist, die Garantie und die Verwirklichung jenes individuellen Rechtes und dieser beiden gesellschaftlichen Rechte zu sein. Nun gut, ich werde Ihnen beweisen, daß diese Institution alles zerstört, was zu erhalten ihre

Aufgabe ist; daß sie ein Mittel ist, das seinem Zwecke entgegengesetzt ist. Wenn Sie logisch sein wollen, müssen Sie entweder auf Ihre Zwecke verzichten, oder Sie müssen auf Ihre Mittel verzichten.

Erstens hat das Zeitungswesen in der Praxis das Recht unmöglich gemacht, das jeder Spanier auf die Veröffentlichung seiner Gedanken mit Hilfe der Presse besitzt; und dies, meine Herren, mit Hilfe einer wahrhaft diabolischen Kombination: einerseits die Bücher tötend und andererseits die Zeitungen dem individuellen Vermögen aller Spanier, die nicht sehr reich sind, entziehend. Heute, meine Herren, kann ein Spanier, sofern er nicht Millionär ist, weder eine Zeitung schreiben noch ein Buch veröffentlichen. Für die Zeitung hat er kein Geld, und für das Buch findet er keine Leser. Daraus folgt, daß heutzutage die Spanier, um ihr Denken veröffentlichen zu können, es notwendigerweise aus einem individuellen in ein kollektives umwandeln müssen: nur die Parteien besitzen Freiheit, die Spanier besitzen keine. Nun, meine Herren, beachten Sie: Das mag alles gut sein oder übel sein, aber gut und übel ist nicht das, was Sie gewollt haben; ist nicht das, was der Gesetzgeber gewollt hat; ist nicht das, was das Gesetz gewollt hat. Weder das Gesetz, noch der Gesetzgeber, noch Sie selber kennen die Parteien, sondern nur die Spanier, individuell betrachtet. Die Freiheit, der die Verfassung nachstrebt, ist nicht die der Parteien, welche sie gar nicht kennt, sondern die der Bürger.[121] Doch gerade sie ist es, die durch das Zeitungswesen in jeder Beziehung unmöglich gemacht wurde.

Gehen wir zur Frage der Öffentlichkeit über. Hier, meine Herren, ist die Einrichtung des Zeitungswesens, betrachtet als das Mittel, um zu jenem Ziele zu gelangen, derart widersinnig, daß seine Absurdität in die Augen springt. Das Zeitungswesen, weit entfernt davon, alles zu enthüllen, was Sie wissen sollten, ist das wirksamste Mittel, das die Menschen erfinden konnten, um zu verbergen, was alle Welt wissen sollte, und was alle Welt weiß. Das ist, meine Herren, eine Frage des gesunden Menschenverstandes und der Zuverlässigkeit; ich appelliere an Ihre Zuverlässigkeit und an Ihren gesunden Menschenverstand, und ich beschwöre Sie, mir zu sagen, ob es nicht wahr ist, daß das einzige Mittel, über das Sie verfügen, um die Wahrheit zu erfahren, nicht dieses ist: daß Sie auf die Straße gehen und Ihre Freunde und Bekannten fragen, und ob das einzige Mittel, über das Sie verfügen, um in Unkenntnis zu bleiben, nicht darin besteht, die Zeitungen zu lesen. Noch mehr, meine Herren. In der Gesellschaft existiert eine große Institution, die dazu bestimmt ist, von einem Ort zum anderen Ort, von einer Person zu einer anderen Person, ein unverletzliches Geheimnis zu übermitteln; diese Institution ist die der Privatkorrespondenz. Nun gut, meine Herren, bewundern Sie mit mir einen überraschenden Gegensatz: die Einrichtung, die die Menschen im Interesse der Öffentlichkeit erfunden haben, um von öffentlichen Angelegenheiten zu sprechen, ist gerade die, die dazu dient, alle häuslichen Geheimnisse zu enthüllen, und jene, welche die Menschen erfunden haben, um häusliche Geheimnisse mitzuteilen, ist die einzige, die dazu dient, uns über die öffentlichen Angelegenheiten auf dem laufenden zu halten. Wollen Sie wissen, was in Paris geschieht? Dann müssen Sie die privaten Briefe lesen, die von dorther kommen! Will man dagegen in den Provinzen wissen, was in der Intimität unserer Häuser vorgeht? Dann sollten Sie eine unserer Zeitungen zur Hand nehmen, dann lesen Sie die *Gacetilla de la Capital*,[122] und schon wissen Sie von unseren Häusern so viel wie wir selber ... Meine Herren, ich frage mich und ich frage Sie: Wohin geht die Gesellschaft? Wohin geht das Menschengeschlecht, wenn so alle Begriffe vertauscht und wenn so alle Zügel ausgetauscht werden?

Zuletzt: das Zeitungswesen ist im Interesse der Diskussion erfunden worden. Nun, meine Herren, nichts ist leichter zu beweisen, als daß Zeitungswesen und Diskussion unvereinbare Dinge sind. Ich sage, daß sie unvereinbar sind, denn niemandem kann das als eine wirkliche

Diskussion erscheinen, was täglich einige Dutzend Zeitungsschreiber unter sich anfangen. Die Diskussion, soll sie von Vorteil sein, muß in größerem Maßstab stattfinden und muß größere Proportionen erreichen; sie muß von denen, die schreiben, zu denen, die lesen, übertragen werden. Es bedeutet wenig, wenn die diskutieren, welche schreiben, wenn nicht zu gleicher Zeit auch ihre Leser diskutieren. Nun gut, meine Herren, was geschieht mit dem Zeitungswesen? Was geschieht ist, daß jeder die Zeitung liest, die seine Meinung vertritt, daß heißt, daß jeder Spanier sich damit unterhält, mit sich selbst zu sprechen. Die fortdauernde Diskussion ist ein fortdauernder Dialog, und das Zeitungswesen, dazu geschaffen, fortdauernd diesen Dialog in der Gesellschaft lebendig zu halten, hat zum Ergebnis einen fortdauernden Monolog. Wollen Sie wissen, was eine Zeitung ist? Nun, eine Zeitung ist die Stimme einer Partei, die unaufhörlich zu sich selber sagt: „Heilig! Heilig! Heilig!"][123]

Sie sehen schon, meine Herren: alles, was Sie für Lügen halten, ist die Wahrheit, alles was Sie für Wahrheit halten, ist Lüge. Schauen sie, ob ich nicht recht habe, wenn ich sage, daß unsere Intelligenz so verderbt ist wie unser Herz, und unsere Ideen so korrupt wie unsere Gefühle.

Meine Herren, die Anatomie, die ich von diesen Prinzipien erstellt habe, könnte ich von allen erstellen: sie sind allesamt falsch; wissenschaftlich betrachtet sind sie absurd. Es ist die Pflicht der Regierungen, erblicken sie das Absurde und Widersinnige, es nach Kräften zu bekämpfen.

Nun gut, nachdem ich im Namen der Regierung wider ihre Gegner argumentiert habe, argumentiere ich jetzt im eigenen Namen gegen die Regierung, und ich sage ihr: „Du hast recht gehabt, an Deiner Verantwortlichkeit Deine Macht zu messen. Aber ich komme nun, um an Deiner Allmacht Deine Verantwortlichkeit zu messen. Da Du alles kannst, gib mir auf alles Antwort. Die Königin hört Deine Ratschläge und befolgt sie; die Wähler nehmen

Deine Kandidaten an und schicken sie zu Dir; die Cortes nehmen Deine Projekte entgegen und akzeptieren sie; in Spanien lehrt niemand eine Idee, trägt er nicht den Lehrertitel, und keiner trägt ihn, wenn Du ihn ihm nicht gabst. Verantworte Dich vor mir für die üblen Gefühle, verantworte Dich vor mir für die korrumpierenden Ideen, denn nichts ist so klar, als daß Deine Verantwortlichkeit Deiner Allmacht gleichkommt."

Zwei Worte über das Finanzsystem der Minister. Meine Herren, in diesen Angelegenheiten tut niemand etwas hinein, was er nicht hat; niemand hat etwas außer dem, was Gott ihm gibt; anderen hat Gott die Wissenschaft gegeben, und sie haben die Wissenschaft hierher gebracht.[124] Was ich hier beitragen kann, ist ein einziges Wort, ein wenig Klarheit und ein Korn gesunden Menschenverstands. Ich begreife, angesichts der Erläuterungen, die mitgeteilt wurden, zwei große Finanzsysteme. Es gibt Leute, die, ihre Augen auf unsere frühere Glorie richtend, auf unseren früheren Machtbereich, mit Scham und sogar mit Entrüstung den niedergedrückten und gedemütigten Zustand sehen, in dem wir uns befinden, und die ausrufen: „Es ist notwendig, daß wir wieder zu dieser Glorie, zu diesem Ruhme zurückfinden; dazu ist es notwendig, daß wir viel Geld ausgeben, und wir müssen viel ausgeben: wenn wir viel ausgeben, werden wir reich sein, denn der Reichtum geht auch den Weg des Ruhmes." Andere gibt es, die ihren Blick auf die Leiden des Volkes richten und die von Haus zu Haus gehen, um sich das Elend der unglücklichen Steuerzahler zu vergegenwärtigen, und die, alles übrige vergessend, ausrufen: „Wir sind arm, sehr arm, es sind Einsparungen nötig." Das sind die beiden Ausgangspunkte der beiden großen Systeme, die sich hier gegenseitig bekämpft haben.[125] Welches der beiden Systeme ist nun das System des Kabinetts? Sowohl die beiden als auch keines von beiden. Erheben sich hier die Freunde der Einsparungen, und erbitten sie für das Volk? Nun, sogleich erhebt sich die Regierung und antwortet: „Wer macht wohl größere Einsparungen als ich? Da habt Ihr 40 Millionen an Eingespartem!“

Erheben sich nun die, die allein auf den nationalen Ruhm und auf die nationale Macht schauen; die glauben, daß man viel ausgeben müsse? Sogleich erhebt sich das Kabinett und sagt: „Gerade das ist meine Stärke; da habt Ihr 300 Millionen Defizit!“

So schwankt, meine Herren, das Kabinett hin und her; dieses Kabinett ist wie das Pendel einer Uhr, die zittert, aber nicht geht. Und was soll ich von der Zielfertigkeit halten, die das Kabinett im Ausgeben wie im Einsparen besitzt? Um seine Zielfertigkeit auszumalen, muß ich das sagen, was man schon gesagt hat, was jedoch notwendigerweise wiederholt werden muß, weil es die Wahrheit ist. Was soll man von einer Regierung sagen, die glaubt, für ein Theater das vergeuden zu müssen, was sie am Kult und am Klerus einspart?[126] Am Kult und am Klerus, meine Herren! Für alles in der Welt hätte ich nicht der Mann sein wollen, der die Einsparungen unterzeichnete, der diese Verminderung gutgeheißen hat.[127] Der Klerus, der vor Hunger stirbt; der Kult, dessen Glanz dahingegangen ist; die Seminarien, die noch nicht einmal geboren sind; die Kirchen, die zerfallen: Was ist das? Wo befinden wir uns überhaupt, meine Herren?

Man wird sich vielleicht wundern, daß ich noch einmal auf das Theater zu sprechen komme. Man wird sich wundern, und sogar mit Recht darüber wundern, daß dieses Wort so oft auf die Lippen der Abgeordneten kommt. Dieselben, die es aussprechen, wissen vielleicht nicht einmal warum. Ich weiß es und ich werde es sagen. Man spricht so häufig das Wort Theater aus, weil das Theater, das dieses Kabinett errichten ließ, und die Lage, in die uns dieses Kabinett gebracht hat, ein und dasselbe sind; man kann nicht vom Theater reden, ohne an die Lage zu denken, man kann nicht von der Lage reden, ohne an das Theater zu denken. Und auch das hat seine Erklärung, und zwar eine Erklärung, die alle die überzeugen wird, die mir zuhören. Meine Herren, es gibt keine geschichtliche Periode, die sich nicht, sagen wir es so, in einem Monument symbolisiert hätte. Wenn ich nicht fürchtete, mich gänzlich in die alten Zeiten zu verlieren, würde ich hier an die Geschichte vieler Imperien erinnern, und würde dies, meine Herren, wie das Licht des Mittags beweisen. Aber mir genügt es, nur von unserem Spanien zu reden und hier an die habsburgische Dynastie zu erinnern, von der ich am Anfang meiner Rede gesprochen habe. Welches ist die erste Periode dieser Dynastie? In der ersten Periode setzt die Monarchie alles andere in den Schatten, selbst das religiöse Prinzip, obgleich es in jener Zeit in Spanien so mächtig war. Und was wäre das Monument, das am besten diese Lage symbolisierte? Ganz sicher, meine Herren, wäre es ein Palast. In der Periode der Felipes, in der sich die Grundlage des religiösen Prinzips sogar über das monarchische Prinzip erhebt, obgleich dieses Prinzip in Spanien so mächtig ist; wie würde sich da der dominierende Gedanke der spanischen Monarchie symbolisieren? Er würde sich in einem Kloster symbolisieren. Wie würde sich dieselbe Monarchie in der Zeit von Karl II. symbolisieren? Was war damals der Thron? Was war Spanien? Ein Grab. Nun, meine Herren, alle diese drei Dinge sind im Escorial symbolisiert; der Escorial ist zugleich ein Palast, ein Kloster und ein Grab. Der Escorial ist die mit Granitstein geschriebene Geschichte der habsburgischen Monarchie.

Nun gut, meine Herren, unsere gegenwärtige Geschichte, unsere gegenwärtige Lage ist im *Teatro de Oriente* symbolisiert, in diesem Monument, das eigens für die materiellen Genüsse errichtet worden ist.

Meine Herren, ich will für einen Augenblick unterstellen, daß das Kabinett so glücklich in seinen Unternehmungen sei, wie es zu sein begehrt und wie ich es selbst begehre; ich unterstelle, daß die Regierung diese Nation bereits zur Macht und zum Ruhme erhoben habe, die ihr liebreizend zulächeln; ich gebe ihm alles, was es für Spanien in seinem Ehrgeiz begehrt; ich unterstelle, daß es alle Heere besitzt, die der Selbstherrscher der Reußen sein eigen nennt, und alle Geschwader Großbritanniens; ich gebe ihm überdies, damit es seinen hohen Namen, seinen großen Ruhm, seine vielen Geschwader und seine mächtigen Heere unterhalten kann, alles Gold, das sich im Sande Perus und Kaliforniens nur findet.[128] Nun gut, meine Herren, nachdem es dies alles hat, bestätige und versichere ich immer noch, daß seine ganze Macht mit Getöse zu Boden stürzt, bleibt diese Nation weiterhin korrupt in ihren Gefühlen und pervertiert in ihren Ideen; ich sage immer noch, daß diese so opulente, so glänzende, so große Gesellschaft der Ausrottung übergeben werden wird, denn niemals hat es korrumpierten Völkern an Würgeengeln[129] gefehlt.

Meine Herren, wir dürfen uns keinen Illusionen hingeben; die Zukunft ist trübselig und bis zu einem gewissen Grade ängstigend; ich kann, ohne mit der Gabe der Prophetie beschenkt zu sein, Sie Ihre Zukunft in geschehener Geschichte sehen lassen.

Es gab einen König in einer Nation, die, ich weiß nicht ob zu unserem Glücke oder ob zu einer uns klugmachenden Bestrafung, Gott zu unserer Nachbarin gemacht hat. Dieser gute König, meine Herren, war ob seiner Klugheit und seiner Weisheit so etwas wie der Odysseus der europäischen Dynastien. Die Welt hätte ihn in einer einfacheren, einer glücklicheren Zeit Louis Philippe den Guten, den Friedfertigen, den Milden genannt. Die Männer Frankreichs jedoch, die ihre eigenen Laster auf ihn projizierten, nannten ihn den Egoisten, den Geizigen. Dieser König kam auf den Thron durch eine große Revolution, die hinter manchen anderen Revolutionen und Umstürzen hergekommen war und die ganze Gesellschaft tief aufgewühlt und ihre Gefühle, ihre Ideen und ihre Sitten gründlich pervertiert hatte. Da er sich, weil er nicht legitim war,[150] zu schwach fühlte, um einen Damm gegen diese allgemeine Verderbtheit zu bauen und um eine Mauer gegen jene Sintflut von Irrtümern zu errichten, stürzte er sich in Unternehmungen, die ihm leichter schienen. Die Unternehmung, die er so begann, war die, die materielle

Ordnung wieder herzustellen und den materiellen Interessen einen Impuls zu geben. Kein Fürst, meine Herren, ist in seinen Unternehmungen glücklicher gewesen; nach wenigen Jahren war er der friedliche König Frankreichs, ohne daß auch nur das unmerklichste Geräusch von vergangenen und kommenden Aufständen seinen Schlaf störte. Wenige Jahre später erfuhren der Handel, die Industrie, alle materiellen Interessen einen unerhörten Aufschwung. Unterdessen, meine Herren, war seine Regierung eine Regierung geworden, der die Krone alles Vertrauen entgegenbrachte, die die Zustimmung der Wähler besaß, die von den Kammern unterstützt wurde, die über den Gehorsam der Truppe verfügte und schließlich auch die Sympathie und die Freundschaft aller europäischen Kabinette genoß.

Doch, meine Herren, zur gleichen Zeit, da dies in der materiellen Ordnung geschah, wuchs, erhob und verbreitete sich in paralleler Bewegung die moralische Unordnung, die alles auflösende Korruption, der alles vergiftende Irrtum. Eines Tages geschah es, daß diese beiden Kräfte zugleich ihren Gipfel erreichten. Damals, meine Herren, stellte sich die große, stets alte und stets neue Frage von selbst, ohne daß jemand sie hätte zu stellen brauchen; sie stellte sich, sage ich, ganz von sich aus, so wie ich sie hier stelle, die Frage, die darin besteht, ob die Gesellschaft sicherer und stärker ist, wenn sie sich auf die materielle Ordnung stützt oder auf die moralische Ordnung, auf die Tugend oder auf die Industrie. Frankreich, meine Herren, löste zu einer bösen Stunde dieses Problem zugunsten der Industrie und im Sinne der Ordnung auf den Straßen; jeder Schritt, den es auf diesem Pfade einschlug, war ein Schritt, der es von seinem Gott entfernte, und jeder Schritt, mit dem es sich von seinem Gott entfernte, war ein Schritt, der es näher an den Schlund des Abgrundes führte. Und Gott holte es ein, als es an diesem Schlund anlangte; Gott holte es ein am 24. Februar, am Tag der großen Abrechnung, am Tage der großen Verfluchungen. Was geschah damals, meine Herren? Was geschah? Daß dieses Volk, hoffärtig ob seiner Macht, trunken ob seines Reichtums, verrückt ob seiner Industrie, alles miteinander, seine Industrie, seinen Reichtum und seine Macht in der großen republikanischen Sintflut untergehen sah. Alles, meine Herren, alles ging da zu Ende; das große Volk und der große König, der Arbeiter und sein Werk.

Der Kongreß möge sehen, wo die Dinge enden, achtet man nur auf die materiellen Interessen: die Völker, die sich ihrem Kulte weihen, geraten in Not, stehen vor dem Nichts: der moralischen Güter beraubt, weil sie sie weggestoßen haben; der materiellen Güter beraubt, weil die Revolution sie ihnen nahm.

Nun gut, meine Herren, wenden Sie wieder die Augen auf unser glückloses Volk. Schauen sie die Krisen an, durch die es gegangen ist, die Krise, in der es sich befindet, und die Krise, die es erwartet.

Die legitime Königin von Spanien (und sie legt Wert, meine Herren, auf dieses Wort, denn dieses Wort wird zur Anklage gegen das Kabinett dienen), die Königin von Spanien wurde für volljährig erklärt nach einer großen Volkserhebung,[131] die auf große Verwirrungen und auf große Umwälzungen gefolgt war; seit damals bis heute haben fast stets die gleichen Männer diese Nation regiert. Sie hielten sich für schwach, obgleich sie im Namen der Legitimität regierten; sie hielten sich für zu schwach, um einen Frontalangriff zu unternehmen gegen die Korruption und die Perversion der Ideen, die bitteren Früchte der Revolution. Was nahmen sich die Minister der legitimen Königin von Spanien vor?[132] Sie mißtrauten sich selber, als wenn sie nicht im Namen des erhabenen und mächtigen Prestiges einer legitimen Königin arbeiteten; sie mißtrauten sich selber und nahmen sich nichts anderes vor, als aus dem allgemeinen Schiffbruch die materielle Ordnung und die materiellen Interessen zu retten. Und man muß notwendigerweise zugeben, daß sie darin auf ihre Art eine glückliche Hand hatten: in kurzer Zeit besiegten sie vier furchteinflößende Aufstände: den in

Galizien, den in Madrid, den in Sevilla und den in Katalonien.[133]

Sowie der Aufstand hier wie dort besiegt war, setzte ein industrielles und merkantiles Fieber unser Blut in Flammen, das, so spanisch es ist, afrikanisches Blut ist; das Kabinett, statt diese gewaltsame Fieberattacke zu bekämpfen, ließ sich selbst von dieser wahnsinnigen Hitze beherrschen, und zur selben Zeit, da es angesteckt ward, leitete es die Ansteckung weiter. Unterdessen wuchsen die Korruption und der Irrtum, und verbreiteten sich langsam und schweigend. Heute, meine Herren, sind alle diese drei Dinge – die Korruption, der Irrtum, das industrielle Fieber – auf ihrem Höhepunkt angelangt.[134]

Jetzt frage ich: was wird die Lösung sein? Was für ein Ende wird das nehmen? Ich werde es nicht sagen, denn mir fehlen dazu das Herz und der Mut; doch schon werden die Herren Abgeordneten es ohne Zweifel mit Entsetzen vorhersagen. Trotzdem kann hier ein Einwand gemacht werden. In Frankreich, so wird man sagen, gab es hinter dem Thron sozialistische Sturmtruppen, und in Spanien gibt es sie nicht. Aber was würden Sie sagen, meine Herren, wenn ich Ihnen versichern würde – und hoffentlich durch die Erfahrung widerlegt würde! –, daß das Land des Sozialismus nicht Frankreich, sondern Spanien ist?[135] Vergessen wir nicht, meine Herren, daß, wenn bei uns eine Partei befiehlt, es scheint, daß allein sie am Leben wäre, und daß man keiner der anderen auf der Straße begegnet; daß aber, wenn die besiegte Partei an die Macht gelangt, es scheint, daß sie alles erfüllt, daß sie alles besetzt, daß allein sie in Spanien lebendig ist. So ist es nicht verwunderlich, daß wir keine Sozialisten sehen; doch horchen Sie, denken sie nach über das, was ich Ihnen sagen will.

Der Sozialismus verdankt seine Existenz einem Problem, das menschlich gesprochen, unlösbar ist. Es handelt sich darum, herauszufinden, auf welche Weise man in der Gesellschaft die Verteilung des Reichtums am gerechtesten regeln könnte. Das ist ein Problem, das kein einziges System der politischen Ökonomie gelöst hat. Das System der alten politischen Ökonomie landete zum Schluß beim Monopol mit der Hilfe von Einschränkungen. Das System der liberalen politischen Ökonomie landete beim gleichen Monopol auf dem Wege der Freiheit, auf dem Wege der freien Konkurrenz, die fataler- und unvermeidbarerweise das gleiche Monopol hervorbringt. Zuletzt landet das kommunistische System bei dem gleichen Monopol mit Hilfe der allgemeinen Konfiskation, nachdem es alle öffentlichen Güter in die Hände des Staates legt. Dieses Problem ist jedoch vom Katholizismus gelöst worden. Der Katholizismus hat seine Lösung im Almosen gefunden. Die Philosophen mühen sich vergeblich, die Sozialisten ereifern sich vergeblich; ohne das Almosen, ohne die Nächstenliebe, gibt es keine gerechte Verteilung des Reichtums, und kann es keine geben. Allein Gott war würdig, dieses Problem zu lösen, das das Problem der Menschheit und der Geschichte ist.[136]

Nach der Februarrevolution verlangten die Kommunisten, die sich im Palais du Luxembourg unter dem Befehl Louis Blancs versammelt hatten, mit dem sicheren Instinkt, wie ihn alle Parteien besitzen, wenn es sich um ihre Geschäfte handelt, ein besonderes Ministerium, das dieses unermeßliche Problem zu lösen hätte; denn sie sagten, und darin irrten sie sich nicht: „Ein derart großes Problem benötigt ein besonderes Ministerium zu seiner Lösung."[137] Ihr Irrtum jedoch bestand darin zu glauben, daß dieses Ministerium nicht existiere. Dieses Ministerium war nicht vakant; dieses Ministerium wurde seit neunzehn Jahrhunderten durch die katholische Kirche verwaltet.

Die Kirche, meine Herren, ist bewunderungswürdig in allem; aber sie ist es hauptsächlich, weil sie als Mittlerin zwischen den Armen und den Reichen dient, weil sie teilhat an der Natur der einen wie der anderen; sie hat Teil an der Natur der Armen, weil sie selber nichts ihr eigen nennt und alles durch die Liebe Gottes empfängt; sie hat Teil an der Natur der Reichen, weil die Reichen in anderen Jahrhunderten ihr aus Liebe zu Gott alles gaben. Und welche Rechenschaft hat die Kirche über dieses heilige, nicht übertragbare Ministerium gegeben? Urteilen Sie selber darüber, durch sich selbst, meine Herren! In der großen Klasse der Bedürftigen gibt es eine obere Zone, eine mittlere Zone und eine unterste Zone; wie in den oberen Klassen, gibt es hier eine Aristokratie, eine Mittelklasse und eine Plebs; die Aristokratie der Bedürftigen setzt sich aus den Siedlern zusammen, die Mittelklasse aus den Arbeitern, und die Plebs aus den Bettlern. Nun gut, die Kirche gab einem jeden, was ein jeder benötigte: den Siedlern gab sie Land und machte sie zu Landeigentümern; für die Arbeiter übersäte sie Europa mit Bauwerken; für die Bettler hatte sie Brot, und niemanden ließ sie vor Hunger umkommen.

Wo aber die Mildtätigkeit der Kirche am meisten erstrahlte, meine Herren, das war in Spanien. Spanien ist eine von der Kirche geschaffene Nation gewesen, die von der Kirche zugunsten der Armen geformt wurde; die Armen waren in Spanien Könige. Die, welche Siedler waren, erhielten Land zu einem äußerst niedrigen Pachtzins, und waren in Wirklichkeit Eigentümer. Alle frommen Stiftungen, die es in Spanien gab, waren zugunsten der Armen. Die Tagelöhner hatten genügend, um ihren Kindern aus den Tagelöhnen Brot zu geben, die sie durch die ruhmreichen und glänzenden Bauwerke verdienten, von denen Spanien voll ist. Und welcher Bettler hatte nicht ein Stück Brot, solange ein Kloster offenstand?

Nun gut, meine Herren, die Revolution hat hier alles auf den Kopf gestellt. Mit der Ausraubung der Kirchen stiegen die Pachtzinse der Ländereien; mit der Beseitigung des Zehnten kam es zu einer neuen, noch beunruhigenderen Steigerung. Auf diese Weise ist die aufwärtsführende Bewegung, die der Katholizismus den bedürftigen Klassen eingeprägt hat, durch die Revolution in eine entgegengesetzte Bewegung verkehrt worden, in eine abwärtsführende Bewegung. Die Siedler, niedergedrückt durch die enorme Pacht, die sie jetzt zu zahlen haben, gehen in ganzen Gruppen aus der Klasse, der sie angehören, in die mittlere Klasse der Arbeiter über; die Arbeiter ihrerseits, bei der großen Einströmung der Siedler in ihre Klasse, gehen kontinuierlich in die Plebs, die sich aus Bettlern zusammensetzt; die Bettler schließlich beenden ihre Tage im Elend und im Hunger. Hier sehen Sie auf der einen Seite das Werk der Revolution; hier sehen sie auf der anderen das Werk der Kirche![138]

Die Dinge sind unter uns auf einem Punkt angelangt, an dem die Gesellschaft, früher in heiliger und glücklicher Union vereint, heute in zwei Klassen zerteilt ist, von denen die eine die der Besiegten genannt werden kann und die andere die siegende; diese, welche vom Glück begünstigt worden ist, hat als Wahlspruch und als Kennzeichen: „Alles für die Reichen!" Wie wollen Sie, meine Herren, verhindern, daß diese These nicht ihre Antithese erzeugt, daß die besiegte Klasse nicht ihrerseits den Kriegsruf ausstößt: „Alles für die Armen!"? Es gibt also, meine Herren, zwischen den Klassen der Gesellschaft (und die Regierung ahnt es nicht einmal, sie hat das Problem nicht einmal untersucht, obgleich sie die Pflicht hat, es zu studieren und zu kennen), es gibt also, sage ich, zwischen allen Klassen der Gesellschaft einen latenten Krieg, der angesichts der ansteckenden Kraft, die bestimmten Ideen in Europa eignet, bei der erstbesten Gelegenheit zu offenem Krieg führen könnte.

Ich habe, meine Herren, trotz der engen Freundschaft, die mich mit den Ministern Ihrer Majestät verbindet, nicht weniger tun können, als meine Trennung von ihnen zu erklären. Denn, meine Herren, angesichts des Grades der Übertreibung, zu der Sie Ihr System der materiellen Ordnung und der materiellen Interessen vorangetrieben haben, halte ich eine Katastrophe für unabwendbar. Sie muß gezwungenermaßen kommen; es sei denn, daß hier zum ersten Mal die ewigen Gesetze der Geschichte außer Kraft gesetzt würden.

Ich weiß nicht, wie noch wann sie kommen wird; doch ich weiß, daß Gott den Wundbrand schuf für das faulige

Fleisch und daß Er das Brenneisen schuf für das vom Brande ergriffene Fleisch. Das Kabinett befindet sich immer noch in einer Periode, in der es zwischen zwei Wegen wählen kann. Es kann dem bisherigen Wege folgen, und dann brauche ich ihm nichts zu sagen. Oder es kann jenen wählen, den ich ihm soeben angegeben habe. Wenn es diesen letzteren Weg nimmt, zu seinem und zu unserem Glücke, dann ist es notwendig, daß es alles tut, was es bisher zu tun unterlassen hat, und daß es nicht all das tut, was es bisher getan hat; es ist notwendig, daß es sich mit allen seinen Kräften der Korruption entgegenzustellen entschließt, daß es sie bekämpft, daß es sie besiegt oder daß es untergeht; es ist notwendig, daß es nicht Theater baut, sondern wenigstens Stützbalken anbringen läßt an den Kirchen, die einzustürzen drohen; es ist notwendig, daß es Ordnung und Übereinstimmung in die Staatsfinanzen bringt, aber es ist auch notwendig, daß das Kabinett begreift, daß dies alles nicht genügt; daß es vor allem notwendig ist, den Begierden Zügel anzulegen, den Gelüsten Zügel anzulegen.

Es ist notwendig, daß es, wenn es die Diktatur will, sie auch proklamiert und verlangt, weil die Diktatur, bei den gegebenen Umständen, eine gute Regierungsform ist, eine ausgezeichnete Regierungsform, eine annehmbare Regierungsform. Aber, meine Herren, sie muß verlangt werden, sie muß proklamiert werden, denn wenn nicht, dann stünden wir zwischen gleichzeitigen Regierungen; wir hätten eine Regierung de facto, die eine Diktatur wäre, und eine Regierung de jure, die die Freiheit wäre; eine Situation, meine Herren, die die unerträglichste wäre, weil dann die Freiheit, statt als Schild zu dienen, als Falle diente.[159]

[Und man sage nicht, meine Herren, daß ich viel verlange. Ich weiß wohl, meine Herren, daß es hart ist, von einem Kabinett zu fordern, daß, wenn die Begehrlichkeit sich erhebt und zu ihm sagt: „Kaufe mich, ich verkaufe mich“, es antworte: „Ich kenne Dich nicht“; daß, wenn der Geist des Cliquenwesens und der Intrigue zu ihm sagt: „Folge mir, denn die Macht ist in meinen Händen", es unbewegt bleibt und seine Ohren vor dem Sirenengesang verschließe; daß, wenn die Furcht ihm sagt: „Erschrecke mich, und Du wirst mich zu deinen Füßen liegen sehen", es nicht der Versuchung anheimfalle, den Furchtsamen zu ängstigen; daß, wenn ihm alle üblen Leidenschaften, so es sich ihnen gegenüber nachsichtig zeige, die Herrschaft und das Reich anbieten, es allen üblen Leidenschaften die Herrschaft und das Reich nehme. Ohne Zweifel, meine Herren, das hieße viel fordern, wenn man es von dem forderte, der geboren wurde, um zu gehorchen und der zufrieden ist, wenn er nur tut, wozu er geboren wurde; aber es ist eine geringe Forderung gegenüber jenen, die nach der hohen, aber gefährlichen Ehre streben, das Volk zu regieren. Die Last wächst mit der Ehre; und wenn diese die höchste ist, ist es gerecht, daß jene nicht bloß gefährlich ist, sondern schwer; anders wäre die Welt auf den Kopf gestellt. Das öffentliche Ministeramt ist keine Sinecure, sein Name sagt, daß es ein Dienst ist, und zwar ein mühseliger Dienst. Regieren heißt nicht, bedient werden, es heißt dienen; es heißt nicht genießen, es heißt schuften und leben und sterben mit dem Ruder in der Hand. Diesen Preis muß zahlen, wer Minister sein will, und nur die, die ihn zahlen, sind es auch wirklich. Wie viele Minister, glauben Sie, hat es in dieser Epoche in Spanien gegeben? Die *Gaceta* sagt, viele, und ich behaupte, keinen; denn um wirklich Minister zu sein, genügt es nicht, durch das Gesetz diesen Titel zu erhalten; das heißt zudem und vor allem, von der Geschichte als Minister angenommen zu werden.[140] Nun gut, ich sage Ihnen, daß keiner von denen, die es bisher gewesen sind, von der Geschichte ohne Protest angenommen werden wird.

Einen hielt ich seiner großen Qualitäten wegen für ein höheres Ziel geboren; und weil ich es glaubte, setzte ich alle meine Hoffnungen und alle meine Illusionen in ihn; Illusionen und Hoffnungen, die der Wind mit sich fortgetragen hat. Sie alle werden ohne Zweifel erraten, daß ich vom Herzog von Valencia spreche. Ich möchte von dieser Persönlichkeit sprechen, denn wohl verdient sie es in Ihrer Gegenwart – mit der Zurückhaltung eines Zeitgenossen, doch mit der Unparteilichkeit der Geschichte. Der Herzog von Valencia[141] ist ein großer Soldat und ein Mann mit großem Verstand, den das eine Mal große Leidenschaften unterstützten, das andere Mal zu ihrem Diener machten. Der Herzog von Valencia erreicht mit Hilfe von Inspiration und Genie das, was andere mit Hilfe von Studien nicht erreichen. Das ist so gewiß, meine Herren, daß ich oft zweifelte (verzeihen Sie, meine Herren, einem Manne, der sein ganzes Leben lernt), daß ich oft zweifelte, ob Sie mich verstehen, aber niemals geschah mir, daran zu zweifeln, ob der Herzog von Valencia mich verstanden hätte. Und trotzdem, meine Herren, so groß auch sein Verstand ist, seine Aktivität ist noch viel größer. Der Herzog von Valencia ist ein Mann, der versteht, doch vor allem ist er ein Mann, der wirkt. Was sage ich, daß er wirkt? Er ist ein Mann, der nie, zu keiner Zeit, zu wirken aufhört; weder wenn er wach ist, noch wenn er schläft, dank einer Erscheinung, die weniger außerordentlich ist, als sie Ihnen auf den ersten Blick anmuten könnte; diese Aktivität, die seinen Tod beschleunigt, ist es, die sein Leben erhält. Da sein Verstand sich am Tempo seiner Aktivität auszurichten hat, hat der Herzog ihm verboten, stillzustehen, das heißt, nachzudenken, und hat ihm befohlen, zu improvisieren. Infolgedessen ist der Herzog ein universeller Improvisator, und alles was ihn unterbricht und was ihn den Faden seiner Improvisationen verlieren läßt, ist sein Feind. Deshalb ist sein größter Feind die Zeit, die auf eine hartnäckige und zähe Art und Weise sich all seinen Improvisationen widersetzt. Der Herzog sagt zum Beispiel: „Es muß eine Marine her!" Die Zeit sagt: „Dafür hast Du mich nötig, Du hast mich nötig, weil Du Finanzen brauchst. Damit Du aber Finanzen hast, ist es nötig, daß der Reichtum wachse, und damit dies wirklich eintrete, ist es nötig, mich arbeiten zu lassen, der ich der Minister Gottes bin, und der mir andere Minister dienen, mächtigere als die der Könige, die die Jahre als ihre Namen haben.“ Der Herzog erwidert: „Nun, wir werden gleich sehen!“ Und er befiehlt der Marine zu existieren, und sie ist da.[142] Doch die Frage geht dahin, herauszufinden, mit was diese Marine unterhalten werden könne, weil es doch eindeutig wahr ist, daß wir sonst eines Tages ohne Herzog, ohne Marine und ohne Finanzen dastehen. Bei einer anderen Gelegenheit, die Augen auf ein Subjekt richtend, das niemand kennt, das ihm aber bewunderungswürdig dient, sei es aus Berechnung, sei es aus Eifer, sagt er zu sich selber: „Warum soll ich nicht aus diesem Subjekt eine große Persönlichkeit machen?“ Die Zeit antwortet ihm: „Aus einem ganz einfachen Grunde: weil Du dafür, wie für alles, meiner bedarfst; denn Du willst aus jemandem eine große Persönlichkeit machen, aus dem ich bis jetzt nur ein Subjekt gemacht habe, weil ich es noch nicht wagte, aus ihm eine Person zu machen.“ Der Herzog weicht dennoch nicht zurück; er nimmt sich das Subjekt und macht es, nein, ich sage es falsch, bekleidet es mit einer Persönlichkeit. Die Frage ist damit aber noch weit davon entfernt, gelöst zu sein; mit der Lösung hat es noch nicht einmal angefangen. Denn jetzt geschieht es, daß die, die durch das Werk Gottes, und nicht durch des Herzogs Werk Persönlichkeiten sind, sich darüber beklagen, daß man ihnen ihre Kleider gestohlen habe, um damit das Subjekt zu bekleiden; während andererseits alle Subjekte der Nation herbeiströmen und zu ihm sagen: „Wenn wir doch auch Subjekte sind wie dieser da, weshalb haben wir dann nicht dieselben Kleider bekommen, um uns zu kleiden?“ Und damit, meine Herren, entstehen zwei Schlachtreihen, gegen die der Herzog zu kämpfen hat: gegen den Haß der einen und gegen die Begehrlichkeit der anderen. Ich weiß, daß er sich sogar in dieser Lage zu helfen weiß; Europa täuscht sich, wenn es glaubt, daß der Herzog nur oder hauptsächlich ein großer Heerführer sei. Der Herzog von Valencia ist dies, aber er ist außerdem und vor allem der erfahrenste und gewiegteste Mensch Europas in der heiklen Kunst der heikelsten, schwierigsten Verführungen; mich hat er zwanzigmal allein durch seinen bloßen Gruß bezaubert. Auf dieses ganz besondere und außerordentliche Talent vertraut er, wenn er daran geht, die Begierden zu befriedigen, ohne sie zu stillen, den Groll und die Rachsucht zu besänftigen, ohne sie auszulöschen. Doch die Probleme aufzuschieben, heißt nicht, sie zu lösen, und das ganze Talent des Herzogs genügt kaum, sie aufzuschieben. Der Tag wird kommen, und dieser Tag beeilt sich, zu kommen, da alle über ihn herfallen und von ihm die Kapitulation fordern oder den Tod.[143]

Diese unruhevolle und verzehrende Tätigkeit, dieser Zustand beständiger Auflehnung wider die Langsamkeit der Zeit, hat den Herzog von Valencia in die Irre gehen lassen. Weder in Spanien noch in Europa gibt es eine Person, die überzeugter wäre als er, daß die materielle Ordnung nichts ist ohne die moralische Ordnung, und daß die erstere nichts ist als eine Frist, die die Vorsehung den Regenten der Völker einräumt, damit sie die zweite wiederherstellen; niemand ist überzeugter als er, daß man die Güter, die man in übler Weise als die *positiven* bezeichnet, das heißt, die materiellen, nichts sind, wenn sie nicht mit der Wiederherstellung jener ewigen Prinzipien konform gehen, die die Fundamente der menschlichen Gesellschaften sind. Aber diese Wiederherstellung, diese Restauration ist langsam; so langsam, daß die Staatsmänner mit dem längsten Leben und dem größten Arbeitseifer sich gezwungen sehen, zwischen dem Beginnen, dem Durchführen und dem Beendigen zu wählen: keiner kann für sich allein das Beginnen, das Durchführen und das Beendigen besorgen. Es scheint, daß Gott uns hier hat zeigen wollen, daß diese Heldentat die individuelle Größe der Menschen übersteigt. Wenn der Herzog von Valencia diese Wiederherstellung mit einem Dekret hätte durchführen können, so wäre dies das erste gewesen (diese Gerechtigkeit muß man ihm erweisen), das er Ihrer Majestät vorgeschlagen und der *Gaceta* zugestellt hätte. Doch in diesen Dingen sind Improvisationen ganz und gar unmöglich; der Mensch kann nur säen; danach gibt Gott dem Samen die Fruchtbarkeit und das Wachstum. Doch an den materiellen Tätigkeiten, auch wenn sie in Wirklichkeit nicht von größerer Bedeutung sind, sieht man die Tätigkeit des Menschen besser; deshalb verführen sie den Herzog von Valencia mit einem unwiderstehlichen Zauber.

In summa, meine Herren: vom Kabinett, dem der Herzog von Valencia präsidiert, wird die Nachwelt sagen, daß es ein unheilvolles Kabinett war, dem ein hervorragender Mann präsidierte. Ich bin, dieses aussprechend, nichts als der Repräsentant des menschlichen Gewissens und das vorausgesandte Echo der künftigen Generationen.]

Meine Herren, der Kongreß möge mir glauben (denn wenn ich mich in einem versündige, dann durch zu große Offenheit), und die Herren Minister können mir glauben: wenn ich heute hier aufgestanden bin, dann weniger, um dem Kabinett auf Leben und Tod Paroli zu bieten, sondern um meinem Gewissen Frieden zu schenken, um zu sagen, daß ich das System nicht gutheiße, dem man folgt. Wenn ich mich erhoben habe, meine Herren Minister, dann, um Sie auf dem Wege des Verderbens aufzuhalten, auf dem Sie uns alle und die spanische Nation vorwärtsstoßen.

Ich weiß nicht, meine Herren, ob ich alleine stehen werde; es ist möglich, daß ich es sein werde. Doch allein und mit allem, was noch kommen mag, sagt mir mein Gewissen, daß ich außerordentlich stark bin; nicht nur durch das, was ich bin, meine Herren Abgeordneten, sondern durch das, was ich repräsentiere. Denn ich repräsentiere nicht nur die 200 oder 300 Wähler meines Distriktes. Was ist schon ein Distrikt? Was sind schon 200 oder 300 Wähler? Ich repräsentiere auch nicht bloß die Nation. Was ist schon die spanische Nation oder irgendeine andere, betrachtet man eine einzige Generation, an einem einzigen Tage der allgemeinen Wahlen? Nichts. Ich repräsentiere etwas mehr als das; ich repräsentiere viel mehr als das: ich repräsentiere die Tradition, durch die die Nationen das sind, was sie in der ganzen Ausdehnung der Jahrhunderte sind.[144] Wenn meine Stimme irgendeine Autoriät besitzt, dann nicht, meine Herren, weil es die meine ist; sie besitzt sie, weil sie die Stimme Ihrer Väter ist. Ihre Voten sind mir gleichgültig. Ich habe mir nicht vorgenommen, mich an Ihre Willensakte zu wenden, welche es sind, die abstimmen, sondern an Ihre Gewissen, welche es sind, die urteilen; ich habe mir nicht vorgenommen, Ihren Willen mir geneigt zu machen; ich habe mir vorgenommen, Ihre Gewissen zu verpflichten, mir Achtung entgegenzubringen.

ANMERKUNGEN

Abkürzungen der häufiger zitierten Werke

Antioche	Le Comte Raczynski et Donoso Cortés, Marquis de Valdegamas. *Dépêches et Correspondance politique 1848–1853*. Publiées et mises en ordre par le Comte Adhémar d'Antioche, Paris 1880 (Plon).
Comellas	José Luis Comellas, *Los moderados en el poder. 1844–1854*, Madrid 1970, C.S.I.C.
Maschke	Juan Donoso Cortés, *Essay über den Katholizismus, den Liberalismus und den Sozialismus und andere Schriften aus den Jahren 1851 bis 1853*. Herausgegeben, übersetzt und kommentiert von Günter Maschke, Weinheim 1989, VCH - acta humaniora; Sonderausgabe Berlin 1996, Akademie-Verlag, gleiche Paginierung; 3. Aufl., erweitert, Wien 2007, Karolinger.
A. Maier	Donoso Cortés, *Briefe, parlamentarische Reden und diplomatische Berichte aus den letzten Jahren seines Lebens (1849–1853)*. Herausgegeben und eingeleitet von Albert Maier, Köln 1950, J. P. Bachem.
Tierno Galván	*Leyes políticas españolas fundamentales (1808–1978)*. Recopilación y Prólogo por Enrique Tierno Galván, Madrid 1984 (zuerst 1968), Editorial Tecnos.
Valverde	*Obras completas de Juan Donoso Cortés, Marqués de Valdegamas*. Edición, introducción y notas de Carlos Valverde, S. J., 2 Bände, Madrid 1970, Biblioteca de Autores Cristianos (BAC).

Westemeyer P. Dietmar Westemeyer O.F.M., *Donoso Cortés – Staatsmann und Theologe. Eine Untersuchung seines Einsatzes der Theologie in der Politik.* Münster (Westfalen) 1940. Regensbergsche Verlagsbuchhandlung.
(Dies ist die Buchausgabe des zur gleichen Zeit erschienenen Dissertationsdruckes mit dem Titel *Die Theologie in der Politik des Donoso Cortés.* Dieser Dissertationsdruck besitzt die gleiche Paginierung und weist ebenfalls 262 Seiten auf.)

Zur
Rede über die Diktatur

Vorbemerkung

Übersetzt wurde nach dem spanischen Originaltext in: Juan Donoso Cortès, *Obras completas*, hrsg. von Carlos Valverde, S.J, Madrid 1970, Bd. II, S. 305–323. Hinzugezogen wurden noch andere, z. T. äußerst minimal abweichende Donoso-Ausgaben: *Obras*, hrsg. von Gabino Tejado, Madrid 1854, Imprenta de Tejado, Bd. III, S. 253–274; *Obras*, hrsg. von Don Juan Manuel Ortí y Lara, Madrid 1904, Casa Editorial de San Francisco de Sales, Bd. II, S. 109–132; *Ensayo sobre el catolicismo, el liberalismo y el socialismo/Otros Escritos*, mit einer Einführung von Manuel Fraga Iribarne und hrsg. v. José Luis Gómez, Barcelona 1985, Editorial Planeta, S. 241–261.

Der Anlaß der Rede war die parlamentarische Debatte zur im März 1848 von der Regierung Narváez erhobenen und durchgesetzten Forderung, bestimmte konstitutionelle Garantien zu suspendieren und 200 Millionen Reales zusätzliche Steuern für außerordentliche Aufwendungen erheben zu dürfen. Das von der Krone am 13. März 1848 eingebrachte Gesetz lautete:

„*Art. 1* – Die Regierung wird ermächtigt, daß

1) in Anbetracht der Umstände und gemäß dem, was der Art. 8 der Verfassung vorschreibt, in der gesamten Monarchie oder in Teilen von ihr die Garantien aufgehoben werden können, die der Art. 7 der Verfassung begründet.
2) Daß sie die Steuern erhebt und die Erträge anlegt auf Grund des rechtskräftigen, auf der gesetzgeberischen Ermächtigung v. 11.2.1848 beruhenden Haushalts.
3) Daß sie, mittels der ihr geeignet scheinenden Methoden, bis zu 200 Millionen Reales an zusätzlichen Steuern erheben kann, wenn die Umstände es erfordern.

Art. 2 – Diese Vollmacht gilt für die Zeit zwischen der gegenwärtigen und der kommenden Legislaturperiode, in der die Regierung den Cortes über den Gebrauch dieser Vollmacht Bericht erstatten wird." *(Diario de las Sesiones de Cortes – Congreso de los Diputados,* 1848, Apéndice primero al núm. 82, S. 1783).

Die erwähnten Artikel 7 und 8 der Verfassung vom 23. Mai 1845 lauteten:

„*Art. 7* – Kein Spanier darf festgenommen oder verhaftet werden oder von seinem Wohnsitz getrennt werden, noch darf in sein Heim eingedrungen werden; außer in den Fällen und unter Beachtung der Formen, die die Gesetze vorschreiben.

Art. 8 – Wenn bei außergewöhnlichen Umständen die Sicherheit des Staates in der gesamten Monarchie oder in einem Teil von ihr die zeitweise Aufhebung des im vorhergehenden Artikel Festgelegten erforderlich macht, wird dies durch ein Gesetz bestimmt werden." (Tierno Galván, S. 71 f.).

Das Gesetz über die Sondervollmachten (Ley de poderes extraordinarios) wurde mit 148 zu 45 Stimmen angenommen; es ist aufschlußreich, daß wenigstens hier die Regierung Narváez die konstitutionell vorgeschriebenen parlamentarischen Prozeduren achtete und nicht versuchte, auch diese Pläne mittels gesetzgeberischer Ermächtigungen, Königlicher Dekrete u. ä. durchzusetzen (vgl. dazu das unter FN 2 aufgeführte Werk von J. I. Marcuellos Benedicto). Am 22. März 1848 wurden die Cortes suspendiert und die jetzt entstandene „dictadura legal" Narváez' neun Monate lang ausgeübt. Grundlage für diese Dikatur war neben dem aufgeführten Gesetz das neue Strafgesetzbuch von 1848, das sich mit besonderem Nachdruck den Delikten gegen die innere Sicherheit des Staates und die öffentliche Ordnung widmete und am 1. Juli 1848 in Kraft trat. Zu den verschiedenen juristischen Aspekten der „dictadura legal“ Narváez’ vgl.: F. Fernández Segado, Las disposiciones de excepción en la década moderada, *Revista de Estudios Políticos* 205/1976, S. 81–117; ders., *El estado de excepción en el derecho constitucional español,* Madrid 1978, bes. S. 84–88; P. Cruz Villalón, *El estado de sitio y la constitución,* Madrid 1980, bes. S. 342–346; M. Ballbé, *Orden público y militarismo en la España constitucional* (1812–1983), Madrid 1985 (zuerst 1983), bes. S. 159–163. Eine ausführliche Untersuchung dieser Periode steht immer noch aus.

Die am 15. Dezember 1848 wiedereröffneten Cortes debattierten z. T. in äußerst heftiger Form die Ereignisse während der „dictadura legal“; am 3. Januar 1849 attakkierte Cortina die Regierung Narváez, worauf Donoso, über den unmittelbaren Anlaß weit hinausgehend, am 4. Januar antwortete. Zur europäischen Resonanz dieser und der beiden anderen von uns abgedruckten Reden vgl. u. a. E. Schramm, *Donoso Cortés – Leben und Werk eines spanischen Antiliberalen,* Hamburg 1935, S. 79–92 und die zahlreichen Hinweise und Erörterungen bei Carl Schmitt, *Donoso Cortés in gesamteuropäischer Interpretation,* Köln 1950.

Anmerkungen

1 Manuel Cortina Arenzana (1802–79), der Führer des rechten Flügels der Progressisten, der „legales“ bzw. „resellados“ („Umgestempelte“), muß als eher maßvoller Kritiker der Moderado-Regierung betrachtet werden. Er trat für eine Versöhnung zw. Progressisten und Moderados ein und pflegte gute Beziehungen zu deren linkem Flügel, den „puritanos“. Im Gegensatz zur herrschenden Strömung in seiner Partei war er Gegner der Nationalen Miliz und bekämpfte Republikaner und Sozialisten. Sein Hauptinteresse galt einer streng einzuhaltenden Legalität; als Parlamentarier widmete er sich besonders verschiedenen Kodifikationsvorhaben. – Seine Rede v. 3. Januar 1849 in: Diario de las Sesiones de Cortes. *Congreso de los Diputados,* 12/1849, S. 119–36.

2 Der linksliberale Partido Progresista geht auf die „exaltados“ der liberalen Ära 1820–23 („Trienio constitucional“) zurück. Die Trennung von den Gemäßigten („moderados“) erfolgte endgültig um 1834, nachdem diese unter Francisco Martínez de la Rosa die Regierung bildeten, eine oktroyierte Verfassung („Estatuto Real“) bejahten und ein enges Bündnis mit der Krone eingingen. Hauptprogrammpunkte der Progressisten, die z. T. in der Verfassung von 1837

ihren Niederschlag fanden, waren die nationale Souveränität (nach Auffassung der Moderados war diese zwischen Krone und Cortes geteilt), Presse- und Vereinigungsfreiheit, Dezentralisierung und Herabsetzung des Wahlzensus. Mit besonderer Verve verfochten sie den Verkauf der Kirchengüter („desamortización"), der unter der progressiven Regierung Mendizábal 1836 begann. Sie stützten sich auf die Nationale Miliz, die sie als bewaffneten Arm einsetzten; deshalb wurde diese durch die von Donoso redigierte Verfassung von 1845 aufgehoben. In den Jahren 1844/54 („década moderada") gelang es den Moderados, die Progressisten weitgehend auszuschalten: die mit den Moderados verbündete Krone suspendierte den Kongreß nach Belieben, schloß die Legislaturperiode willkürlich oder löste den Kongreß auf; die anschließenden, auf massiven Wahlbetrug (s. FN 115) beruhenden Neuwahlen zeitigten die gewünschten Ergebnisse. Auf diese Weise gelang es auch, mißliebige Debatten, u.a. über die Haushaltsgesetze, zu verhindern und durch gesetzgeberische Ermächtigungen oder Königliche Dekrete zu entscheiden. Die Progressisten konnten z.T. nur mittels pronunciamientos eine öffentliche Diskussion erzwingen oder einzelne Forderungen durchsetzen; dazu bes.: Juan Ignacio Marcuello Benedicto, *La práctica parlamentaria en el reinado de Isabel II,* Madrid 1986. Vgl. a.: G. de Azcárate, *El partido progresista,* Madrid 1886; F. Cánovas Sánchez, Los partidos políticos, in: *Historia de España* (B. Menéndez Pidal), XXXIV, Madrid 1981, bes. S. 411–45; Dokumente in: M. C. García-Nieto, *Moderados y progresistas, 1833–1868,* Madrid 1971. Vgl. FN 60, 103.

3 Cortina hatte seine Rede mit den Worten eröffnet: „Meine Herren, bis zu welchem Punkte es ärgerlich und unangenehm ist, stets in der Opposition zu sein, das begreift jemand wie ich, der anscheinend dazu bestimmt ist, sie ewig zu betreiben. Obgleich ich schon lange Abgeordneter bin, habe ich niemals die Freude gehabt, der Mehrheit anzugehören und meine Prinzipien triumphieren zu sehen. Liegt das vielleicht daran, daß mein Weg ein Irrweg ist? Ich bekenne, meine Herren, daß dieser grausame Zweifel mich schon öfters befallen hat... Doch wenn ich die von mir bekämpften Begierungen betrachte, so stelle ich fest, daß sie nichts für das Glück des Landes getan haben..., so daß mein Glaube wiedererwacht..." *(Diario,* FN 1, S. 120 f.). – Cortinas Behauptung, er habe „niemals" der Mehrheit angehört, ist falsch und mag sich aus der rhetorischen Situation erklären. Unter der progressistischen Regierung Espartero (11. September 1840–20. Mai 1841) amtierte C. als Innenminister und unterzeichnete sogar die Abdankung der Königin-Mutter María Cristina als Regentin zugunsten Esparteros. Immerhin war C. der Urheber eines Dekretes vom 14. Februar 1841, das die Ausrufung des Belagerungszustandes unter Androhung von Strafen davon abhängig machte, daß eine Stadt oder eine Gemeinde tatsächlich von aus- oder inländischen Streitkräften bedroht wurde (vgl. P. Cruz Villalón, *El estado de sitio y la constitución,* Madrid 1980, S. 343); ein Dekret, das freilich in einem fast peinlichen Gegensatz stand zu der Praxis Esparteros, die um vieles willkürlicher war als die Narváez'.

4 Cortina ging auf die Vorfälle in Rom ein, bezog sich dann auf die Gründung der französischen Republik und forderte, gute Beziehungen mit Paris anzustreben: dort sei nur noch die Republik möglich

und dieses Faktum sei realistischen Sinnes hinzunehmen. Schließlich plädierte er für die Wiederherstellung der Beziehungen mit London, die aufgrund der Bulwer-Affaire abgebrochen worden waren (FN 39). *(Diario,* FN 1, S. 120–125).

5 Innenminister Sartorius unterstrich in einer sehr kurzen Stellungnahme zu Cortinas Rede, daß die Regierung zur Festnahme aufständischer Personen und zu ihrer sofortigen Überstellung an die Gerichte keineswegs besonderer Vollmachten bedürfe (*Diario*, FN 1. S. 129). Außenminister Pidal antwortete hingegen sehr detailliert (ebd. S. 136–145). Er gab einige Übergriffe bei der Niederschlagung der Aufstände und bei Verhaftungen zu, hielt sie aber angesichts der Größe der Gefahr für irrelevant. Pidal forderte Cortina auf, sich klar von der progressistischen Linken und den Republikanern der Demokratischen Partei abzugrenzen und bezweifelte dessen Beteuerung, auf der Seite der Monarchie zu stehen, da er und sein Anhang den Umtrieben der Linken nur zugesehen habe. Zudem warf er der Opposition vor, keinerlei Programm zu besitzen: „Im vergangenen Jahr forderten wir von Ihnen ein Programm und es kamen vier oder fünf verschiedene Programme heraus, einige konfus, einige vage, aber letztlich alle verschieden.“ (S. 142). – Die Übergriffe der Behörden und der Polizei, die durch die Vollmachten nicht abgedeckten Verbannungen nach den Philippinen, die zahlreichen Todesurteile, usw., erscheinen freilich in einem anderen Licht, bedenkt man, daß kein einziges Todesurteil vollstreckt wurde, daß durch ein Königliches Dekret vom 9. Juni 1849 eine Generalamnestie verkündet wurde und alle Verbannten ohne weitere Belästigungen zurückkehren konnten. Vgl. D. Sevilla Andrés, *Historia política de España (1808–1973)*, I, Madrid 1974, S. 187 f. Diese Mischung von Härte und Generosität war typisch für den Regierungsstil Narváez’.

6 Die Forderung nach Einhaltung der „Legalität“ und die Kritik an den „ilegalidades“ und „irregularidades“ der regierenden moderados waren typisch für dic progresistas. Tatsächlich jedoch mißachteten und mißbrauchten sie die Legalität mindestens ebenso wie die moderados, gleichgültig, ob sie an der Macht waren oder in der Opposition kämpfen mußten; im letzteren Falle waren sie stets zu pronunciamientos und Aufständen bereit. Die progressistische Partei „benötigt in der Presse Maßlosigkeit, im Parlament Unruhe, auf der Straße Zusammenrottung; sie muß alle sechs Monate eine Regierung vernichten, möglichst oft die politische Stituation umstürzen und die Gewalten zerstören, stets mit neuen politischen Formen experimentieren: sie ist der legitime Erbe der Väter der Revolution und sie bewahrt treu, wie ein kostbares Depositum .der Prinzipien, ihre revolutionären Gewohnheiten und Instinkte.“ (Jaime Balmes, Origen, carácter y fuerzas de los partidos políticos en España (1844), in: *Obras completas*, VI, Madrid 1950, S. 472–499). Spätestens ab 1834, seit der endgültigen Spaltung der spanischen Liberalen in moderados und progresistas, war die Beschwörung der Legalität entweder betrügerisch oder illusionär. Zum einen bestand praktisch nie eine normale Situation; die Probleme konnten allenfalls kurzfristig durch exzeptionelle Maßnahmen gelöst werden. Zum anderen verstand jede Partei unter „Legalität“ etwas anderes: „Strikte Legalität; treue, rigorose Beachtung des Gesetzes, sagen andere – das ist

das einzige Heilmittel. Von welchen Gesetzen sprecht ihr? Eure Gegner erklären, daß diese Gesetze Gewaltakte seien. Von denen, die die Gegner machten? Daraufhin werdet ihr dasselbe sagen. Von denen, die eine Macht verkündet, die sich über euch alle erhebt? Diese Macht existiert nicht..." (Balmes, El remedio de nuestros males (1844), in: *Obras completas,* VI, a.a.O., S. 401–410, 407). Wie kein anderer Publizist z. Zt. Donosos hat Balmes die damalige „Legalität", dieses „eitle, leere Wort", analysiert; die Ursache sah er letztlich im unversöhnlichen Pluralismus der Legitimitäten, was zu einem endlosen Kampf um die Verfassungsinterpretation und zu häufigen Verfassungswechseln führte; vgl. die Bde. VI und VII von Balmes' *Obras completas.* – Zum hier anschließenden Problem der legalen Revolution schrieb Donoso in einer Depesche vom 1. August 1851: „Die Geschichte lehrt eine schreckliche Wahrheit, sie lehrt, daß die Legalität die Revolutionen unbesiegbar macht, während sie umgekehrt die legitimen Regierungen um so verletzlicher macht... Noch mehr: während die legitimen Regierungen, die eine unstrittige und klare Legalität besitzen, unterliegen, benötigen die Revolutionen zu ihrem Sieg nicht mehr als eine zweifelhafte Legalität. Eine zweifelhafte Legalität bescherte 1830 in Frankreich der Revolution den Sieg; 1848 hatte die Revolution zu ihrem Siege gar keine Legalität nötig." (Valverde, II, S. 812).

7 Die Gesellschaft kann lt. Donoso nicht existieren ohne „ein gemeinsames Zentrum, von dem soziale Aktivität *ausstrahlt*...; das Nebeneinander der Individuen kann niemals ein harmonisches Ganzes ergeben, das eigenes Leben besitzt. Und ohne eigenes Leben hat die Gesellschaft kein Sein, sondern ist eine Bezeichnung, ein Aggregat. Die Regierungen sind diese Zentren der sozialen Aktivität und sie sind so notwendig wie die Gesellschaften selbst." (*Lecciones de Derecho político*, 1836/37, in: Valverde, I, S. 327–445, 439 f.). Dieser von Comte beeinflußte „soziologische Funktionalismus" des frühen Donoso, sich verbindend mit der Überzeugung der französischen doctrinaires von der Notwendigkeit der Leitung der Gesellschaft durch die „Intelligenz" (vgl. L. Díez del Corral, *Doktrinärer Liberalismus. Guizot und sein Kreis,* 1964, S. 320–342, „Donoso Cortés als Doktrinär") prägt auch Donosos späteres, sich zum Katholizismus hinwendendes Denken über die Gesellschaft, vgl. a.: P. Domínguez Castañeda, Una concepción teológico-filosófica de la sociedad. El orden social según Donoso Cortés, *Studium Legionense* (León), 1/1960, S. 157–255. Den zur gesellschaftlichen Stabilität nötigen *pouvoir spirituel* findet Donoso jetzt in der katholischen Tradition, die Comte zwar nicht mehr für tragfähig hielt, die ihm jedoch als Modell diente. Um es überpointiert zu sagen: Donoso ist ein Joseph de Maistre, der inzwischen die Schriften seines „Schülers" Comte las, aber zu dem Ergebnis kommt, daß es keines neuen *pouvoir spirituel* bedarf, sondern nur der Wiederentdeckung des alten. Vgl. Maschke, S. 261; Comte, *Le pouvoir spirituel* (Texte 1819–1855), Paris 1978; H. de Lubac, *Die Tragödie des Humanismus ohne Gott,* aus dem Französ., 1950, bes. S. 111–216, 357–382; H. Barth, *Die Idee der Ordnung*, 1958, S. 132–175, 249–252; J. T. Graham, wie FN 74.

8 Seit 1848 gab es in Spanien mehrfach Überlegungen, Donoso zum Regierungschef zu ernennen. Am 10. Dezember 1851 schrieb er von

Paris aus an Raczynski: „Daß ich dazu komme, das Ministerium (= das Kabinett) zu bilden, ist unter den gegebenen Umständen schwer vorstellbar; ich würde das Amt jedoch, so es mir angetragen wird, ablehnen. Ich bin zu eigensinnig, zu absolut, zu dogmatisch, um mit anderen zu einer Übereinstimmung zu gelangen..." (Valverde, II, S. 953 f.). – Aufschlußreich ist, wie Donoso in seiner Rede „Diktatur" und „Regierung" quasi ineinssetzt; die Diktatur ist ihm eine radikale Aktualisierung der Souveränität, die Souveränität eine latente Diktatur (vgl. dazu: G. Fernández de la Mora, *Schmitt y Donoso ante la dictatura*, Razón Española, 17/1986, S. 311–322, 319). – Das mag seinen Grund in der Verfassungswirklichkeit Spaniens 1844–54 finden: die moderados konnten die üblichen parlamentarischen Prozeduren und Kontrollen mittels gesetzgeberischer Ermächtigungen, Suspendierungen oder Auflösungen des Kongresses, Königlichen Dekreten u. a. beinahe beliebig umgehen, so daß von einem normalen Repräsentativ-System kaum die Rede sein konnte; vgl. dazu das unter FN 2 genannte Werk von J. 1. Marcuello Benedicto.

9 Die Gesellschaft gegen die Invasion der menschlichen Individualität, gegen die *fuerzas invasoras* zu schützen, ist für Donoso bereits in seiner doktrinär-liberalen Phase die wichtigste Aufgabe auch der nicht-diktatorialen Regierung: „Die Regierung regiert allein durch Wirken, denn... für sie bedeutet Wirken Sein und sie wirkt nur, wenn sie dem eindringenden Prinzip *(principio invasor)* Widerstand leistet; Wirken heißt für die Regierung, Widerstand zu leisten. Da die Regierung ein Handeln ist und da dieses Handeln Widerstand ist, ist auch die Regierung Widerstand." *{Lecciones de Derecho político*, 1836/37, in: Valverde, 1, S. 333). Damals glaubte Donoso noch davor warnen zu müssen, daß die Regierung dabei die Maßstäbe verlieren könne: „Wenn die Individuen invadieren und dabei siegen, stürzt die Gesellschaft in die Anarchie; wenn die Regierungen, statt Widerstand zu leisten, invadieren und dabei siegen, erhebt sich der Despotismus; wenn sie dabei unterliegen, sehen sie sich einer Revolution konfrontiert, die ihr Grab sein wird." (Ebd., S. 334). Die Formel „gobernar es resistir" war in der Zeit Narváez' proverbial; sie stammt von Narváez selbst.

10 Der Ostrakismos war eher ein Mittel, mit dem der Demos die Rolle des Tyrannen übernahm, denn das Instrument einer Diktatur. Der Ostrakismos (das Scherbengericht) wurde vermutlich von Kleisthenes um 487 v. Chr. in die athenische Demokratie eingeführt, vgl. Aristoteles, *Staat der Athener*, 22. Jährlich konnte bei mindestens 6.000 Stimmen (auf Tonscherben), ein Politiker auf zehn Jahre verbannt werden. Angeblich zum Schutz gegen eine drohende Tyrannis angewandt, diente das Verfahren zur Diffamierung und Ausschaltung politischer Konkurrenten. Jacob Burckhardt, *Griechische Kulturgeschichte* I, Ges. Werke, V, 1978, S. 205 ff., sah den O. vor allem als Maßnahme gegen den Einfluß talentvoller Persönlichkeiten: „Hier äußert sich der ewige Haß... der impotenten Eitelkeiten gegen das Seltene und Einzige, der Ostrakismus ist eine Erfindung der Strebermasse". Die Bedeutung des Neides beim O. unterstreicht: H. Schoeck, *Was ist politisch unmöglich?*, 1959, S. 75–81. – Daß Donoso den Ostrakismos mit der *bill of attainder* (FN 14) vergleicht, geht wohl auf Montesquieus *De l'esprit des lois* zurück. Dort wird

(1, XII, 19) behauptet, bei beiden Methoden ginge es darum, die Freiheit eines Einzelnen zu verletzen, um die aller zu bewahren (éd. G. Truc, 1956,1, S. 213 f.) Zu dieser Textstelle vgl. a. C. Schmitt, *Die Diktatur*, 1921, S. 107.

11 Offiziell beruhte die Charte vom 4. Juni 1814 auf dem monarchischen Prinzip und präsentierte sich „comme un acte unilatéral émané du seigneur“ (Fr. Olivier-Martin, *Histoire du droit français des origines à la Révolution,* 2ᵉ tirage, 1951, S. 164); die Verfassungswirklichkeit war jedoch eher von einem System der Vereinbarungen und Verhandlungen bestimmt. Der Art. 14 lautete: „Le Roi est le chef suprême de L'État, il commande les forces de terre et de mer, déclare la guerre, fait les traités de paix, d'alliance et de commerce, nomme à tous les emplois d'administration publique, et fait les règlements et ordonnances nécessaires pour l'exécution des lois ...“ Als Charles X. im August 1829 den Ultra Prince de Polignac (1780–1847) an die Spitze des Kabinetts stellte, obgleich die Kammermehrheit ihn ablehnte, kam es zum Konflikt. Der König löste daraufhin die Kammer auf und regierte mittels des Art. 14 [vgl. P. Rosanvallon, *La Monarchie impossible. Les chartes de 1814 et de 1830*, Paris 1994, S. 93 ff.]; auf diesem gründete er seine Ordonnanzen (die u. a. in die Pressefreiheit, das Wahlverfahren und den Zensus eingriffen). Der Sinn des Art. 14 war es jedoch, die bestehende Verfassung zu schützen, nicht, die geltende durch einen Umsturz von oben zu beseitigen; Charles' X. Verhalten wurde als Verfassungsbruch gesehen und die Folge war die Juli-Revolution (vgl. E. R. Huber, Legitimität, Legalität und juste milieu, 1954/55, in: ders., *Nationalstaat und Verfassungsstaat,* 1965, S. 71–106). Man darf hier Donosos Beispiel als höchst unglücklich ansehen. – Die „Charte constitutionnelle“ vom 14. August 1830 war eine nur in wenigen Punkten veränderte Reprise; u. a. wurde die katholische Kirche nicht mehr als Staatskirche betrachtet. Der entscheidende Unterschied wird gern darin gesehen, daß sie, im Gegensatz zu der Charte von 1814, nicht oktroyiert war (so G. Burdeau, *Manuel de Droit Constitutionnel,* 1947, S. 138); P. Bastid, *Les Institutions politiques de la Monarchie parlementaire française (1814–1848),* 1954, S. 139–164, betont hingegen mit guten Gründen die Ähnlichkeit beider Charten. Die Diktatur hier, wie Donoso, in der Präambel zu sehen, ist u. E. nach irrig, diese lautete: „Louis-Philippe, Roi des Français, à tous présents et a venir, salut. – Nous avons ordonné et ordonnons que la Charte constitutionnelle de 1814, telle qu'elle a été amendée par les deux Chambres le 7 août et acceptée par nous le 9, sera de nouveau publiée dans les termes suivants: ...“. Die „Diktatur“ fand sich eher im neuen Art. 14 (bzw. 13), der wie der alte lautete, in dem freilich die Schlußworte „et la sûreté de l'Etat“ ersetzt waren durch: „sans pouvoir jamais ni suspendre les lois elles-mêmes ni dispenser de leur exécution.“ Entscheidend war aber letztlich die Regelung des Belagerungszustandes vom Juni 1832 durch königliche Ordonnanz (vgl. C. Schmitt, *Die Diktatur,* 2. A., 1928, S. 195). – Mit der „gegenwärtigen Republik“ meint Donoso, denkt man an das Datum seiner Rede, wohl noch die Regierung General Cavaignacs (24. Juni-20. Dezember 1848); dazu: P. Bastid, *Doctrines et institutiones politiques de la Seconde République,*

II, 1945, S. 5–149. Vgl. a. Fr. A. Luna, *The French Republic under Cavaignac,* New Jersey 1969.

12 Teodoro Gálvez Cañero (1775–1858), Mitglied der Progressisten, General, in der verfassungsgebenden Versammlung von Cádiz 1812 Vertreter der „exaltados".

13 Bezieht sich auf das dem Genfer Verfassungsrechtler Jean-Louis de Lolme (1740–1807) zugeschriebene Bonmot: „It is a fundamental principle with English Lawyers, that Parliament can do everything, but make a woman a man, und a man a woman." Die Wendung wurde in Europa proverbial, vgl. u. a. Tocqueville, *De la démocratie en Amérique,* I, (1835), Tb.-Ausg. 1986, S. 619; A. Alcalá Galiano, *Lecciones de Derecho político* (1843), Ndr. Madrid 1984, S. 295; A. V. Dicey, *Introduction to the study of the law of the constitution,* 5. ed., 1897, S. 41. De Lolme dachte dabei freilich an das englische Parlament vor der Reform von 1832; „Parlament" bedeutete hier das Zusammenwirken von König, Ober- und Unterhaus. In verschiedenen, auch englischen und deutschen Ausgaben von de Lolmes Hauptwerk „Constitution de l'Angleterre" (zuerst Amsterdam 1771) konnte der Satz nicht gefunden werden.

14 Donoso hat hier vor allem die Zeit der „Parlamentssouveränität" (1832–1867) vor Augen, in der das House of Commons gegenüber der Krone und dem Hause of Lords die Suprematie errang, exekutive und legislative Vollmachten in sich vereinigte und zum „true sovereign" (Bagehot), zum „real sovereign of the state" (J. St. Mill) wurde. – Die Habeas-corpus-Akte wurde mehrfach durch das Parlament suspendiert, u. a. 1689, 1696, 1708, 1744, 1745, 1777 bis 1779, 1794 bis 1801 (zur Abwehr der französischen Revolution und ihrer Sympathisanten) und im Juli 1848 zur Abwehr des Chartismus; vgl. a. Th. E. May, *The constitutional history of England, since the accession of George the third,* London 1863, II, S. 263 ff. – Die „bill of attainder" war zu Donosos Zeiten nicht mehr üblich; ihre berühmteste Anwendung erfuhr sie gg. den Ratgeber Karls I., Thomas Westworth Strafford, der am 12. Mai 1641 hingerichtet wurde, weil er die königlichen Interessen gegenüber dem Langen Parlament verfocht, dessen „impudence" Hobbes geißelte; vgl. seine Schilderung in: *Behemoth,* Molesworth-Edition, English Works, VI, S. 245–254. B. Guttmann, *England im Zeitalter der bürgerlichen Reform*, 1923, bemerkt S. 65 treffend: „Straffords Blut und das derer, die ihm folgten, war der Kitt des Parteiwesens, lieh ihm den tragischen Ernst. Es stand nun der Tod darauf, gegen das Parlament dem König zu dienen." – Die Dynastie Stuart wurde 1714 durch die welfische Dynastie Hannover (Georg I.) ersetzt.

15 Vermutlich angeregt von Jacques-Bénigne Bossuet, *Politique tirée des propres paroles de l'ecriture sainte* (zuerst 1709, postum), der die Macht Gottes und die des Königs vergleicht: der eine hält das Weltall, der andere hält den Staat zusammen: „La puissance de Dieu se fait sentir en un instant de l'extrémite du monde a l'autre: la puissance royale agit en même temps dans tout le royaume. Elle tient tout en état comme Dieu y tient tout le monde. – Que Dieu retire sa main, le monde retombera dans le néant: que l'autorité cesse dans le royaume, tout sera en confusion." (éd. J. Le. Brun, Genf 1967, V, 4,1, S. 178).

16 P. D. Westemeyer, *Donoso Cortès – Staatsmann und Theologe*, 1940, S. 35, schreibt zu Donosos Konzeption der Zweitursachen: „...(Donoso) unterscheidet... den direkten Eingriff im Wunder theoretisch von dem natürlichen Ablauf der Gesetze und der Eigenentwicklung der Zweitursachen. Auf der anderen Seite nähert er freilich den natürlichen Ablauf sehr stark dem direkten Eingriff, weil sein Blick stets auf dem Wirken Gottes im Tun der Zweitursachen ruht. Er erkennt ihnen die Eigenständigkeit, die in sich selbst ruhende Festigkeit, die der Theismus ihnen trotz ihrer ständigen Abhängigkeit von Gott ebenso einräumt und einräumen muß wie der Deismus, nicht voll zu. Der naturrechtliche Selbstand und Eigenwert der Dinge werden, wie es scheint – die ständige Sicht von Gott her erschwert die Beurteilung – nicht ganz gewahrt." – Donosos Neigung, die Eigenständigkeit der Zweitursachen zu relativieren, erklärt sich wohl – wie auch seine Tendenz zum Supranaturalismus – aus dem Einfluß der traditionalistischen Theologie Frankreichs; zu ihr: N. Hötzel OMI, *Die Uroffenbarung im französischen Traditionalismus*, München 1962. Vgl. auch Donosos „Essay", Ausg. Maschke, S. 41–49: „Das Wunderbare, das Übernatürliche und das Natürliche sind unter sich wesenhaft identische Phänomene wegen ihres Ursprungs, der der Wille Gottes ist... die Menschen nennen die alltäglichen Wunder natürlich, die nur zuweilen auftretenden heißen sie Wunder." (S. 47)

17 Die „leyes fundamentales" sind hier nicht als „leges fundamentales" im juristischen Sinne und damit auch als Rechtsschranken (vgl. H. Quaritsch, *Staat und Souveränität*, 1,1970, S. 364 ff.; allgemeiner: H. Mohnhaupt, *Verfassung* (gemeinsam mit D. Grimm), 1995, S. 62 ff.) zu verstehen, sondern als allgemeine Gesetze der politischen und gesellschaftlichen Stabilität und Ordnung.

18 Dazu C. Schmitt, *Die Diktatur*; 1928, S. 138 f.: „Man hat von der Diktatur gesagt, sie sei ein Wunder und das damit begründet, daß man sie als Suspendierung der staatlichen Gesetze mit der Suspendierung der Naturgesetze beim Wunder verglich. In Wahrheit ist nicht die Diktatur dieses Wunder, sondern die Durchbrechung des rechtlichen Zusammenhangs, die in einer solchen neubegründeten Herrschaft liegt." Auch ebd., S. 146 f. S. auch Schmitt, *Politische Theologie*, 1922, S. 37: „Der Ausnahmezustand hat für die Jurisprudenz eine analoge Bedeutung wie das Wunder für die Theologie. Erst in dem Bewußtsein solcher analogen Stellung läßt sich die Entwicklung erkennen, welche die staatsphilosophischen Ideen in den letzten Jahrhunderten genommen haben. Denn die Idee des modernen Rechtsstaates setzt sich mit dem Deismus durch, mit einer Theologie und Metaphysik, die das Wunder aus der Welt verweist und die im Begriff des Wunders enthaltene, durch einen unmittelbaren Eingriff eine Ausnahme statuierende Duchbrechung der Naturgesetze ebenso ablehnt wie den unmittelbaren Eingriff des Souveräns in die geltende Rechtsordnung. Der Rationalismus der Aufklärung verwarf den Ausnahmefall in jeder Form. Die theistische Überzeugung der konservativen Schriftsteller der Gegenrevolution konnte daher versuchen, mit Analogien aus einer theistischen Theologie die persönliche Souveränität des Monarchen ideologisch zu stützen." – Die Analogie Donosos hat freilich ihre Tücken: „Wunder verweisen auf Gottes Allmacht, sie sind nicht notwendig, um seine Souveränität erst zu

etablieren, denn das würde einen vorangegangenen Mangel an Souveränität voraussetzen ... diese Suspension natürlicher Gesetze (bedeutet) nicht eine Machterweiterung, sondern allenfalls eine Machtdemonstration." (Martin Thoemmes, *Freiheit und Diktatur in der Geschichtsphilosophie des Juan Donoso Cortés,* Magisterarbeit Freiburg i. Br. 1985, S. 52 f.)

19 Daß die Februarrevolution überraschend und unerwartet kam, haben viele damalige Beobachter betont. F. S. Bamberg, *Geschichte der Februar-Revolution des ersten Jahres der französischen Republik,* Braunschweig 1848, meinte: „Die Februar-Revolution hat etwas zu Ueberraschendes, daß sie fast mehr ein zufälliges Ereigniß, als eine berechnete That zu sein scheint..." (S. 18). Tocqueville hatte zwar in einer Kammer-Rede am 29. Januar 1848, die Donoso mit Sicherheit bekannt war, vor der kommenden Revolution gewarnt; gleichwohl hielt er sie für „jedermann" überraschend (vgl. Tocqueville, *Erinnerungen,* 1954, S. 51 ff., 110). Jaime Balmes, der am 9. Juli 1848 starb, erklärte in seiner letzten, postum erschienenen Artikelserie „República francesa": „Eine plötzlichere, eine demütigendere Katastrophe kennt die Geschichte nicht; eine so ungeheure Veränderung in so kurzer Zeit wäre nicht einmal der Vorstellungskraft der Sieger möglich erschienen" (Balmes, *Obras Completas,* VII, Escritos políticos, Madrid 1950, S. 1025). Auch L. v. Stein, *Geschichte der sozialen Bewegung in Frankreich* (1850), III, Ausg. 1921, schrieb: „...die tiefste Ruhe schien zu herrschen" (S. 102).

20 Zu diesem Erstauntsein aller beteiligten Parteiungen: Tocqueville, *Erinnerungen,* 1964, S. 122; K. Hillebrand, *Geschichte Frankreichs von der Thronbesteigung Louis Philippe's bis zum Falle Napoleon's III.* II, 1879. S. 788.

21 Louis Bonaparte trat am 20. Dezember 1848 die Präsidentschaft an, führte am 2. Dezember 1851 seinen Staatsstreich durch und wurde am 2. Dezember 1852, aufgrund des Plebiszits vom 21. Dezember 1851, zum Kaiser ausgerufen. – Daß Donoso in seiner Rede auch noch der Monarchie eine Chance gibt, erklärt sich aus den damaligen Bemühungen Guizots, mittels einer „Fusion" zu einer Verschmelzung der dynastischen Ansprüche der Häuser Bourbon und Orléans zu gelangen, um auf diese Weise sowohl das Empire als auch die Republik zu verhindern; vgl. A. L. v. Rochau, *Geschichte Frankreichs vom Sturze Napoleons bis zur Wiederherstellung des Kaiserthums Í8I4–1852,* II, Leipzig 1858, S. 298; M. Agulhon, *1848 ou l'apprentissage de la république,* Paris 1973, S. 154 f.; erschöpfend dazu: C. N. Desjoyeaux, *La fusion monarchique 1848–1873,* Paris 1913, der auch die Bemühungen um Einbeziehung der Bonapartisten nach 1871 darlegt. Vgl. FN 70.

22 Daß Freiheit, Gleichheit und Brüderlichkeit christlichen Ursprunges sind und ihre Verkündung durch den Sozialismus als unheilvolle Irreführung und Verfälschung gelten müssen, hat Donoso häufig betont; vgl. ders., Pió IX. (1847), Valverde II, S. 202: „Auf die Stimme von Jesus Christus hin, der die Brüderlichkeit und die Gleichheit lehrte, verschwand die Sklaverei und alle Einwohner der immensen, der heiligen Stadt, anerkannten sich als gleiche und freie Brüder." Vgl. auch: Estudios sobre la Historia (Bosquejos históricos) (1847), Valverde II, S. 261: „Der Katholizismus, der im Namen der Freiheit,

Gleichheit und Brüderlichkeit bekämpft wird, ist die Religion der menschlichen Freiheit, Gleichheit und Brüderlichkeit." Damit erübrigt sich für Donoso der Kampf um einen *Nouveau christianisme* (so der Titel von Saint-Simons Schrift von 1825, abgedruckt in: *Oeuvres choisies,* III, Brüssel 1859, S. 315–382), der, die überlebten Formen des Christentums beiseitestoßend, den angeblichen „but unique du christianisme", nämlich die Sorge um die Armen und die Herstellung der Brüderlichkeit, verwirklicht. Dies vermag das „alte" Christentum, wird mit ihm Ernst gemacht, nach Donosos Überzeugung weitaus besser als das „neue", das, ohne Gott, Jenseits, Dogma, Kult und theologische Reflexion nur die atheistische Maske und die teuflische Karikatur des „alten" ist; im „Essay" wertet Donoso solche Ideologien als Häresien, die sich – wie die christlichen Häresien bis hin zum Protestantismus – der göttlichen und katholischen Sprache bedienen; vgl. Maschke, S. 172 f., 246, 346; auch FN 44. – Zum *Nouveau christianisme* vgl. a.: C. Schmitt, *Donsoso Cortés in gesamteuropäischer Tradition;* 1950, S. 95 f.

23 Alexandre Auguste Ledru-Rollin (1807–74), 1848 Innenminister der provisiorischen Regierung und Mitglied der Exekutivkommission, schickte im März/April 1848 sogen, *commissaires de la République* in die Provinzen, um die Verwaltung des Landes mit den Grundsätzen der revolutionären Republik in Einklang zu bringen, d. h. notfalls Beamte und höhere Offiziere auszuwechseln. Bei der Besetzung freiwerdender Posten sollten die *républicains de la veille* gegenüber den *républicains du lendemain* bevorzugt werden. In einem Zirkulär vom 8. April 1848 empfahl Ledru-Rollin zudem, bei der Kanditaten- aufstellung zu den Wahlen die ersteren zu bevorzugen. Vgl. P. Bastid, *Doctrines et institutions politiques de la Seconde République,* 1, Paris 1945, S. 162 ff.; M. Agulhon, *1848 ou l'apprentissage de la République 1848–1852,* Paris 1973, S. 52 ff.

24 Als Ödipus „aus Theben vertrieben ward, und seine Söhne Eteocles und Polynices ihm nicht beistanden, verfluchte er sie zu ewigem Hader. Dieser Fluch ging in Erfüllung; sie waren übereingekommen, abwechselnd jeder ein Jahr zu regieren; als E. aber das erste hindurch geherrscht hatte, weigerte er sich, das Reich seinem Bruder abzutreten und hieraus entstand der Krieg der sieben Helden gegen Theben. Polynices traf in demselben mit seinem Bruder zusammen, sie tödteten sich gegenseitig; so dauernd war ihre Feindschaft, dass selbst der Rauch des Scheiterhaufens, auf dem beide Leichen verbrannt wurden, sich theilte, selbst ihre Asche sich nicht vermischen wollte." (Nach: Dr. Vollmer's *Wörterbuch der Mythologie aller Völker,* Ausg. Stuttgart 1874, S. 193 f.).

25 Gemeint ist die außerordentlich verlustreiche Erhebung der Pariser Arbeiter vom 24.-26. Juni 1848, deren Anlaß die im Mai einsetzende Schließung der Nationalwerkstätten war; die Ursache war die beträchtliche Verelendung und die Enttäuschung über die Ergebnisse der im Februar so euphorisch begrüßten Revolution. Vgl. u. a.: Ch. Schmidt, *Les Journées de Juin 1848,* Paris 1926; R. Ikor; *L'insurrection ouvrière de Juin 1848 ou la première commune;* Paris 1936; R. Price, *The Second French Republic*, London 1972, S. 155–192, „The June Insurrection". General Louis Eugène Cavaignac (1802–1857) gelang es nur mit äußerster Mühe, den Aufstand niederzuschlagen;

dabei kam es zu Massakern an den Insurgenten; vgl. den erst 1906 veröffentlichten Bericht von L. Ménard, *Prologue d'une révolution*, Ndr. Paris o. J. (1957). Die tiefen, traumatisierenden Auswirkungen der Ereignisse und ihre Behandlung in der Literatur untersucht Dolf Oehler, *Ein Höllensturz der Alten Welt*, 1988. – Cavaignac übernahm am 28. Juni die Exekutive und trat im Dezember, nach der Wahl Louis Bonapartes, zurück. Nicht zuletzt die Erfahrungen der Junischlacht führten zur *Loi sur l'état de siège* v. 9. August 1849; vgl. C. Schmitt, *Die Diktatur*, 2. A., 1928, S. 197 f.; H. Boldt, *Rechtsstaat und Ausnahmezustand*, 1967, S. 47–59, 254 ff. – Vor der Junischlacht kam es zu zwei großen Heerschauen der Nationalgarde, durch die die „Umsturz-Partei" eingeschüchtert werden sollte und bei denen bis zu 300.000 Bewaffnete defilierten; diese Veranstaltungen hießen *Fête de la Fraternité* (20. April 1848) und *Fête de la Concorde* (21. Mai). Die beklemmende Atmosphäre des ersten Festes schildert Ch. Schmidt, a.a.O., S. 25 ff.; die des zweiten der Augenzeuge Tocqueville {*Erinnerungen*, 1954, S. 195 ff.). Von der „fraternité" war im Februar 1848 oft die Rede gewesen; im Juni zeigte sich „ihr wahrer, ihr unverfälschter, ihr prosaischer Ausdruck, ... der – *Bürgerkrieg*, der Bürgerkrieg in seiner fürchterlichsten Gestalt, der Krieg der Arbeit und des Kapitals" (Marx, Die Junirevolution, 29. Juni 1848, in: *Marx-Engels-Werke*, 5, 1959, S. 134). Zum Motiv der Brüderlichkeit, des Brudermords, Kain und Abel etc. vgl. Oehler, a.a.O., S. 73–80.

26 José María Ordax y Avecilla (1813–1856), zunächst Vertreter der äußersten Linken der Progressisten, hatte im Februar/März 1848 energisch auf revolutionäre Aktionen seiner Partei gedrängt; es kam jedoch nur zu einer Mobilisierung von Teilen der Parteilinken im März und Mai 1848 (vgl. FN 31). Nachdem es zu keiner Übereinkunft der Partei über eine Strategie gegen die „moderados" kam (vgl. F. Cánovas Sánchez, Los partidos políticos, in: R. Menéndez Pidal, *Historia de España*, XXXIV, 1981, S. 370–499, 492 ff.), arbeitete er auf die Gründung einer neuen Partei hin, des *Partido Demócrata*. O. formulierte maßgeblich das Gründungsmanifest vom 6. April 1849, Text in: M. Artola, *Partidos y programas políticos 1808–1936*, II, Madrid 1975, S. 37–45. In seinen bald verbotenen Zeitungen *La Asociación* und *La Creencia* näherte er sich dem Sozialismus. Über diese ideologisch stark zerklüftete, sich aus Linksprogressisten, Republikanern und Sozialisten zusammensetzende Partei vgl.: A. Eiras Roel, *El Partido Demócrata Español (1849–1868)*, Madrid 1961.

27 Pierre Joseph Proudhon (1809–1865) war von allen damaligen Sozialisten Donosos Hauptfeind. Bes. im „Essay" (1851) widmet D. ihm zahlreiche, nicht selten irrige Polemiken; vgl. die Hinweise bei Maschke, bes. S. 249–255. D. betrachtete P. als Atheisten, P. war jedoch weit eher Antitheist. Er sah die Existenz Gottes als erwiesen an; der Mensch war jedoch dazu verpflichtet, gegen Gott ebenso einen (letztlich aussichtslosen?) Kampf zu führen wie gegen den Staat und das Kapital. Proudhon lehnte auch die Divinisation des Menschen à la Feuerbach ab, da sie auf dem Irrtum einer ursprünglichen Güte des Menschen beruhe und nur zu einem neuen Unterwerfungsverhältnis führe. Vgl. vor allem: P. Haubtmann (kath. Priester), *P. J. Proudhon – Genèse d'un antithéiste*, Tours 1969 und ders., *P J. Proudhon – Sa vie et sa pensée*, Paris 1982, bes. S. 667–704.

28 Gemeint ist der z. T. als „Zweiter Carlisten-Krieg" bezeichnete Aufstand unter Ramón Cabrera y Griñó (1806–1877), dessen Niederwerfung z. Zt. von Donosos Rede absehbar war. Cabrera kapitulierte am 27. Februar 1849.

29 Als „cuestión religiosa" wurde – etwas irritierend – die „desamortización eclesiástica" bezeichnet: die Enteignung von Kloster- und Kirchengütern und deren Verkauf zugunsten der Staatskasse. Grund dafür war die durch den Krieg mit Napoléon, den Bürgerkrieg und die Losreißung der Kolonien katastrophale Finanzlage des spanischen Staates. Mit besonderer Energie betrieben die progresistas unter Mendizábal (1835–37) und Espartero (1840–43) diesen Prozeß; die moderados mäßigten ihn und versuchten ab 1845 zu einem Arrangement mit der Kirche zu kommen; Ergebnis war das Konkordat vom 17. Oktober 1851, mit dem die Grundlagen geschaffen wurden, den Klerus zu entschädigen, den Kult zu finanzieren und die Desamortisation zu beenden; 1854–67 kam es freilich noch einmal zu großangelegten Desamortisationen. Donoso stand der D. lange vermittelnd, z. T. sogar positiv gegenüber; ein Brief vom 26. November 1851 an die Königinmutter María Cristina kam freilich zu dem Schluß: „Letzten Endes ist die Revolution von den Reichen und für die Reichen gemacht worden... sie (haben) mittels des Wahlzensus die Armen in die gesellschaftlichen Vorhöllen verbannt... und... mittels der parlamentarischen Prärogative die Prärogative der Krone usurpiert... Erstarkt in dieser uneinnehmbaren Stellung, haben sie auf schamlose Weise die Beute der Klostergüter unter sich verteilt, was heißen will, daß sie, nachdem sie die politische Macht aufgrund ihrer Eigenschaft als Reiche für sich allein beansprucht hatten, ein Gesetz schufen, das ihren Reichtum verdoppelte aufgrund ihrer Eigenschaften als Gesetzgeber. Seit dem Tage der Schöpfung hat die Welt kein schimpflicheres Beispiel so wilder Vermessenheit und Habgier gesehen." (Maschke, S. 288). – Die Ergebnisse der D. waren eher bescheiden; wegen der Bildung neuer Latifundien, bei der viele Pächter depossediert wurden, kam es zu keiner wirklichen Mobilisierung des gesellschaftlichen Reichtums. Zwar zog der liberale Staat große Teile der Bourgeoisie in sein Lager, doch auf Kosten eines zermürbenden Dauerkonflikts mit der Kirche. Der damals bedeutendste Ökonom des Landes, Álvaro Flórez Estrada (1786–1853), lehnte das (stark mit Korruption verbundene) System der öffentlichen Versteigerungen ab und forderte vergeblich, daß der Boden Staatseigentum bleiben solle und den Siedlern in Pacht gegeben werde. Die beiden Standardwerke zu der die spanische Gesellschaft jahrzehntelang aufwühlenden Frage: F. Tomás y Valiente, *El marco político de la desamortización en España*, Barcelona 1971; F. Simón, *La desamortización española del siglo XIX*, Madrid 1973. Vgl. FN 138.

30 Am 10. Oktober 1846 heiratete Isabella II. ihren Schwager Francisco de Asís de Borbón (1822–1902) und ihre Schwester Luisa Fernanda (1832–1897) den fünften Sohn Louis Philippes, den Duc de Montpensier (1824–1890). Den Heiraten gingen ausgedehnte politische Verwicklungen und Dispute voraus. Louis Philippe wünschte zunächst eine Verbindung eines seiner Söhne mit Isabella, stieß aber auf englischen Widerstand. Er setzte sich jedoch, was die Schwester der Königin betraf, durch; freilich nur dank der Zusage, daß diese

Ehe erst geschlossen würde, wenn aus Isabellas Ehe Kinder hervorgegangen seien: im Falle der Kinderlosigkeit Isabellas wäre seinem Sohn der Thron zugefallen. Der Wortbruch Louis Philippes bzw. Guizots wurde mit einer massiven englischen Verärgerung bezahlt und war mitursächlich für den Bruch der „entente cordiale"; nicht zuletzt dadurch wurde die Juli-Monarchie ins konservative Lager gezwungen (vgl. FN 34). Die von Isabella gewünschte Heirat mit dem Prinzen von Coburg scheiterte an Frankreichs Einspruch wegen der damit drohenden Vergrößerung Spaniens; die u. a. von Jaime Balmes und dem konservativen Flügel der moderados unter Viluma (vgl. FN 71) propagierte Verbindung Isabellas mit einem Sohne Don Carlos' zwecks Beendigung des Bürgerkrieges scheiterte an den Bedingungen Don Carlos' – insgesamt gab es für Isabella sieben Kandidaten. Da sie Francisco de Asís, dem sowohl Impotenz als auch Homosexualität nachgesagt wurden, heftig ablehnte, pflegte sie ständig Liebesaffairen mit „generales bonitos" (hübschen Generälen), was die Monarchie stark diskreditierte. – Vgl. a.: K. Hillebrand, FN 20, S. 618–638; María Teresa Puga, *El matrimonio de Isabel II.*, Pamplona 1964. Grundlegend auch: E. Jones Parry, *The Spanish Marriages 1841–1846,* London 1936. Zu Donosos Haltung und Aktivität in dieser Frage: J. T. Graham, *Donoso Cortés – Utopian romanticist and political realist*, Columbia 1974, S. 63–72.

31 Am 26.–27. März 1848 kam es in Madrid zu einem Aufstand der Progressisten und Republikaner; am 13. Mai 1848 erhoben sich in Sevilla das Regiment Guadalajara und Teile der Kavallerie des Infanten; auch in Valencia und Barcelona kam es zu Unruhen. All diese Versuche, die vom britischen Botschafter Henry Lytton Bulwer Unterstützung erfuhren, wurden von Narváez mit großer Energie unterdrückt. Vgl. Sonsoles Cabeza Sánchez-Albornoz, *Los sucesos de 1848 en España*, Madrid 1981 und die Skizze bei Comellas, S. 260–268. – Eine gern übersehene Pointe dabei war, daß dieser schwache Widerhall der Februarrevolution nicht auf die revolutionäre Republik in Paris, sondern auf England zurückzuführen war. Aufschlußreich ist auch die Vorgeschichte: Narváez begann seine Regierung mit einer Öffnung zu den progresistas hin und liebäugelte sogar mit deren Vorschlag eines regelmäßigen Regierungswechsels der beiden Parteien. Dementsprechend generös und versöhnlich fiel die Kronrede vom 15. November 1847 aus; sie war „die liberalste Rede, die je unserer Königin von einer moderado-Regierung auf die Zunge gelegt wurde". (Andrés Borrego, *De la situación y de los intereses de España en el movimiento reformador de Europa (1848)*, Ndr. u. d. T. *El 48: La autocrítica del liberalismo,* 1970, S. 101). Narváez war genau über die revolutionären Umtriebe bei den Linksprogressisten informiert: er wollte den gemäßigten Flügel umarmen, um den radikalen politisch zersetzen und notfalls militärisch vernichten zu können. Die Sondervollmachten zielten denn auch auf den „sector duro" der Partei und ermöglichten Narváez' „dictadura legal"; sie stellten sich aber doch als entscheidendes Hindernis für die Versöhnung mit den Gemäßigten um Cortina heraus, da sie auf eine systematische „contrarrevolución preventiva" hinausliefen. Vgl. u. a.: F. Fernández de Córdova, *Mis memorias íntimas,* II, Madrid 1966, S. 158 ff. (Bericht des wohl engsten Vertrauten Narváez'); A. Pirala, *Historia Contemporánea,*

1, Madrid 1892, S. 458 ff.; V. Palacio Atard, *La España del siglo XIX, 1808–1898*, Madrid 1978, S. 268–71.

32 Trotz seiner konstanten Feindseligkeit gegenüber England (vgl. FN 38), erklärte Donoso in einem Schreiben an Raczynski vom 24. Januar 1852: „Quand je vous ai dit qu'il est nécessaire de détruire l'Angleterre, il y avait exagération dans l'expression. La disparition de l'Angleterre romprait l'équilibre du monde, et le but que nous devons poursuivre consiste précisément ä prévenir la rupture de cet équilibre par la disparition totale ou par la domination absolue de cette puissance." (Antioche, S. 280).

33 Die *Magna Carta Libertatum* wurde am 15. Juni 1215 zwischen König Johann Ohneland (John Lackland, 1167–1216) und den englischen Baronen geschlossen. Die 63 Artikel wandten sich u. a. gegen die starke Fiskalisierung der Lehnspflichten, gegen Verhaftungen ohne Urteilsspruch, sie begründeten ein Widerstandsrecht, usw. Papst Innozenz III. (1160–1216) hob die Carta kurzfristig auf, da sie König Johann, ab 1213 sein Lehnsmann, abgepreßt worden sei; setzte sie aber 1216 wieder ein. Öfters modifiziert und ergänzt, wurde die Urkunde, die nur korporative Rechte begründete, zu einem Ausgangspunkt der englischen Verfassung und der modernen Grundrechte. Vgl.: *Magna Carta Libertatum*, lat.-dt.-engl. Textausgabe, Bern 1951; J. A. P. Jones, *King John und Magna Carta*, London 1971; G. Oestreich, *Geschichte der Menschenrechte und Grundfreiheiten im Umriß*, 2. A., 1977, S. 25 ff.

34 Nicht zuletzt aufgrund der „spanischen Hochzeiten" am 10. Oktober 1846 (FN 30) zerbrach die stets prekär gewesene Entente cordiale zwischen England und Frankreich und Guizot näherte sich der konservativen Außenpolitik Metternichs an (zumal seine diesbezüglichen Versuche gegenüber Preußen scheiterten). „Das seines Ursprungs, seines Charakters, seines eigentlichen Lebenselementes vergessende Julikönigthum hatte sich selbst dahin gebracht, seinen Stützpunkt in den Principien seiner Gegner suchen zu müssen." (Th. Flathe, *Das Zeitalter der Restauration und Revolution*, 1883, S. 473). Vgl. zum internationalen Kontext: Hillebrand, FN 20, S. 579–706; P. Renouvin, *Histoire des relations internationales*, V, Paris 1954; bes. S. 181–192.

35 Bezieht sich vor allem auf Palmerstons Außenpolitik, die in Europa die konstitutionellen Bestrebungen unterstützte; daher Palmerstons Spitzname „Lord Firebrand". Nach Josef Edmund Jörgs Einschätzung ist „der Kern der englischen Politik... der selbstgewählte Beruf, die fälschlich sogenannten politischen Freiheiten, d. i. den Parlamentarismus, überall in Schutz zu nehmen, und durch dieses constitutionelle Apostelthum ist England in einer schauderhaften Kette diplomatischer Immoralitäten die Geisel Gottes über Europa geworden." (Glossen zur Tagesgeschichte, *Historisch-politische Blätter*, 31/1853, S. 485–516, 502). Daß Palmerston „überall" die Revolte predigte, ist freilich übertrieben, vgl. u. a. K. Weisbrod, *Lord Palmerston und die Europäische Revolution von 1848*, Diss. Heidelberg 1967. Freilich waren in Spanien die britischen Einmischungen recht massiv; der britische Botschafter Henry Lytton Bulwer (vgl. FN 39) versuchte nicht nur, die Regierung Narváez zu einer Rückkehr zum „legalen und konstitutionellen System" zu bewegen, sondern unter-

stützte auch, wohl teilweise über die Londoner Instruktionen hinausgehend, die progressistischen Aufständischen von 1848.

36 Anspielung auf die berühmte Komödie von Luis Belmonte Bermúdez (1587–1650?) *El diablo como predicador.* Darin gelingt es dem Teufel, die Einwohner von Lucca gegen die Franziskaner so aufzuhetzen, daß sie ihnen keinerlei Almosen mehr geben; die Mönche sind nahe daran, zu verhungern. Der Teufel wird jedoch in einen Franziskaner verwandelt, der höchst erfolgreich Almosen für „sein" Kloster sammelt und eine Versöhnung herbeiführt.

37 Donoso spielt hier möglicherweise auf den „Bund der Kommunisten" an, in dem Marx und Engels eine führende Rolle spielten und der auf den vor allem in Paris tätigen „Bund der Geächteten" zurückgeht; am 29. November–8. Dezember 1847 fand in London ein Kongreß dieses Bundes statt; vgl. dazu verschiedene Texte und Materialien in: *Marx-Engels-Werke*, IV, 1959. Denkbar sind auch die Sympathieerklärungen führender Mitglieder der provisorischen Regierung Lamartine (24. Februar–4. Mai 1848) gegenüber Vertretern der Chartisten und der irischen Aufständischen, die in Paris Unterstützung suchten. Die in größerem Stil erfolgende Emigration führender Revolutionäre des Kontinents (u.a. Kossuth, Ruge, Mazzini) setzte erst im Laufe des Jahres 1849 ein.

38 Donoso spricht hier als vorsichtiger Diplomat. Er war jedoch, trotz seines Respekts vor der „Weisheit" der politischen Institutionen Englands, stets dessen erbitterter Feind. „Englands System ist es nicht, mittels des Sieges zu gewinnen, sondern mittels der Desorganisation der anderen Staaten", „England wird stets... die revolutionären Interessen protegieren", „es scheint seine teuflische Aufgabe zu sein, die europäischen Verhältnisse zu verwirren", „sein oberstes Interesse ist es, den Kontinent uneins zu halten", „es ist in Zeiten des Krieges stets Propagandist der Revolution", „es ist das Übel"; die Textstellen bei: Valverde, I, 245; II, 142, 440, 842, 857 f., 939). Vgl. FN 32.

39 William Henry Lytton Bulwer (1801–1872), seit 1843 Botschafter Englands in Madrid, Bruder des berühmten Romanciers Edward George Bulwer (1803–1873), wurde aufgrund seiner Unterstützung der progressistischen Aufständischen und seines außergewöhnlich provozierenden Verhaltens (vgl. FN 35) im Mai 1848 von der Regierung Narváez ausgewiesen; Palmerston beendete daraufhin am 12. Juni 1848 die Beziehungen mit Spanien. Detailliert: C. Mencia, Expulsión del embajador inglés Henry Litton Bulwer, *Boletín de la Real Academia de la Historia*, Bd. CLXXX/1II, 1983, S. 496–550. – Im Archiv der Familie Donoso Cortés in Don Benito (Extremadura) befinden sich Privatbriefe Bulwers an Donoso aus dem Jahre 1846; Donoso sprach mit Bulwer im November 1845 länger über die „spanischen Hochzeiten" (Valverde, II, S. 123 ff.; Bulwer, *The Life of Henry John Temple, Viscount Palmerston*, London 1870–74, III, S. 220). Vgl. FN 30.

40 Cortina hatte in seiner Rede auf seine Freundschaft zu Bulwer hingewiesen und behauptet, daß dieser ihm niemals Anlaß zu dem Verdacht gegeben hätte, er würde gegen die spanische Regierung konspirieren. Er wandte sich gegen eine Erklärung der Regierung, Bulwers Leben sei in Madrid bedroht, mit der Bulwer zur freiwilligen

Ausreise bewegt werden sollte (FN 1, S. 124). Auf die Verharmlosung der Aktivitäten Bulwers durch Cortina antwortete Pidal (FN 5) mit dem Vorwurf, dieser habe sich „zum Anwalt nicht nur der englischen Nation gemacht, sondern bis zu einem bestimmten Grade auch zu dem Anwalt des Mannes, der das Objekt der betreffenden Maßnahmen (der Ausweisung – G. M.) gewesen sei" (FN 1, S. 137).

41 Donoso hält sich an die Chronologie der revolutionären Ereignisse, Die Schweiz wird wegen des Sonderbundkrieges erwähnt, der „tatsächlich alle grundsätzlichen Fragen des Zeitalters (aufwarf)..., der Ausgang des Kampfes mußte für ganz Europa symbolisch, ja selbst realpolitisch entscheidend werden..., ein Vorpostengefecht war geschlagen worden" (W. Näf, *Die Epochen der Neueren Geschichte*, II, 1946, S. 189). Hinzu kam die Bedeutung der Schweiz als Zentrum der revolutionären Propaganda; noch 1853 war sie für Donoso ein „laboratorio de todas las conspiraciones demagógicos" (Depesche vom 24. Februar 1853, Valverde, II, S. 908 ff.).

42 Donosos Sprachgebrauch könnte von Helvetius angeregt sein, der darauf hinweist, daß unsere Wertschätzung der anderen von der Übereinstimmung ihrer Ideen mit den unsrigen abhängt: die „perpétuelle variation du thermomètre de son estime" des Menschen ist auf die Widersprüche zurückzuführen, die im täglichen Umgang der Menschen nicht zu vermeiden sind. Vgl.: *De l'esprit* (1758), *Oeuvres complètes*, I, Paris 1795, Discours II, chap. VII, S. 99. – Simona Draghici, die Übersetzerin der ersten beiden von uns vorgestellten Reden ins Englische, schreibt zu der berühmten Metapher: „As a figure of speech, a metaphor, the term ‚thermometer' had been in circulation in Spain für over two decades already. Thus, für instance, the radical exaltados had been using it in their appeals against those constitutional amendments that would have restored the old taxes." (Donoso Cortés, *On order*, with an introduction und notes by S. Draghici, Washington 1989, S. 32). Ein Beleg für diese These konnte bisher nicht gefunden werden. – Die Idee, daß durch die Schwächung der religiösen Grundlage der Gesellschaft politisch-staatlich organisierter Zwang notwendiger wird, findet sich vor Donoso schon bei Bonald und Franz v. Baader; vgl. dazu P. Kondylis, *Konservativismus – Geschichtlicher Gehalt und Untergang*, 1986, S. 278 f.

43 Donoso unterstrich des öfteren die seiner Überzeugung nach bedeutende Rolle des Christentums bei der Aufhebung der antiken Sklaverei; beeinflußt war er dabei von den Ausführungen Jaime Balmes' (1810–48) in dessen Werk *El protestantismo comparado con el catolicismo* (zuerst 1844), Ndr. Madrid 1967 (Bd. IV der *Obras completas)*, S. 134–193. – Donosos Ansicht ist fragwürdig: zumindest das frühe Christentum steht der Frage gleichgültig gegenüber. Angesichts des neuen Seins der Christen, durch das sie alle zu Brüdern werden, sind die sozialen Unterschiede bedeutungslos (vgl. Galater, 3, 28; Philemonbrief, 16). Hinzu kam die Parusieerwartung. Vgl.: A. Steinmann, *Sklavenlos und alte Kirche*, 2. A., Mönchen-Gladbach 1922.

44 Die französischen Sozialisten zwischen 1830 und 1848 sahen sich eher als Künder eines neuen, sozialen Christentums, denn als dessen Feinde; der Atheismus drang erst ab 1845 durch die „invasion allemande" ein. Die Revolution von 1848 bediente sich stark der

christlichen Bilder- und Ideenwelt; hinzu kam der Einfluß Lamennais' und der eines – vage bleibenden – christlichen Sozialismus. Das leidende Frankreich war danach der „Christus der Nationen", Paris das „neue Jerusalem", Christus Barrikadenkämpfer, usw. Victor Meunier, *Jésus-Christ devant les Conseils de guerre,* 1849, versuchte „nachzuweisen", daß die Lehren der Sozialisten christlichen Ursprunges seien, usw. Vgl. u. a.: Lorenz v. Stein, *Geschichte der sozialen Bewegungen in Frankreich,* (1850), Ausg. 1921, II, S. 419–464; J. B. Duroselle, *Les débuts du Catholicisme social en France,* Paris 1951; F. P. Bowman, *Le Christ romantique,* Genf 1973, bes. S. 87–139; P. Pierrard, *1848, les Pauvres, l'Évangile et la Révolution,* Paris 1977. Dieser „transfert messianique" (Bowman) mußte Donoso, weil er implicit mit der Leugnung der Erbsünde verbunden war, besonders empören und schien ihm gefährlicher zu sein als der offene Atheismus, vgl. a. Maschke, S. 116–124, 246–255. Vgl. FN 22.

45 Die Schiedsgerichtsbarkeit der frühen Kirche sollte verhindern, daß Christen gegeneinander vor heidnischen Richtern prozessieren; sie beruhte auf 1. Kor. 6,1: „Wie darf jemand unter euch, so er einen Handel hat mit einem anderen, hadern vor den Ungerechten und nicht vor den Heiligen?" Vgl.: *Dictionnaire de droit canonique,* éd. R. Naz, I, Paris 1935, S. 895–901.

46 Der Affekt gegen die „Vereisenbähnung" (Radowitz), die die Einheit der Welt, die Entortung und den Sieg des Materialismus „will" – und so dem Bösen neue Möglichkeiten eröffnet – ist typisch für die christlich-konservative Zeitkritik um 1850 und ihren Affekt gegen die Beschleunigung der Geschichte. Vgl. u. a. Kierkegaard, *Tagebücher 1834–1855,* 4. A., 1953, S. 452; v. Lasaulx, *Über die theologischen Grundlagen aller philosophischen Systeme,* 1856, S. 23, oder zahlreiche Schriften von Donosos engem Freund, dem französischen Theologen Jean-Joseph Gaume (1802–1879). Vgl. auch Donoso selbst, in: Maschke, S. 343 oder von einen dem Spanier wesensverwandten Denker wie Joseph Edmund Jörg (1819–1901): „Die unübersehbaren Erfolge des Kampfes gegen die alten Regulatoren der Weltlage..., ich meine: Zeit und Raum – sie haben der Halbinsel Europa arg mitgespielt... Die europäischen Fragen werden Weltfragen" (1853, *Histor.-polit. Blätter,* S. 495). Über die Folgen der neuen Verkehrsmittel und des Telegraphen für Politik und Staatsrecht vgl.: R. v. Mohl, *Staatsrecht, Völkerrecht und Politik,* III, 1869, S. 605–658. – Donosos Gedankengang steht in einem strikten Gegensatz zum Enthusiasmus der Saint-Simonisten, die in den Eisenbahnen das Unterpfand allgemeiner Verbrüderung sahen, vgl. H. Wallon, *Les Saint-Simoniens et les chemins de fer*; thèse, Paris 1908, oder auch Victor Hugo (1845): „Damit der ewige Friede möglich und aus der Theorie zur Wirklichkeit wurde, bedurfte es zweier Dinge: eines Vehikels für den schnellen Austausch der Bedürfnisse und eines Vehikels für den schnellen Austausch der Ideen... Das erste ist die Eisenbahn, das zweite die französische Sprache." (zit. nach: D. Tschizewskij/D. Groh, Hrsg., *Europa und Rußland,* 1959, S. 119). – Das spanische Eisenbahnnetz bestand z. Zt. von Donosos Rede nur aus der Strecke Barcelona-Mataró (eröffnet am 28. Oktober 1848). Bei den Konzessionsvergaben (ab 1843) kam es zu betrügerischen Spekulationen und zu massiver Korruption, vgl. J. L. Comellas, S. 305 ff.

47 Franz Josef Ritter v. Buß (1803–1878), der bekannte katholische Politiker aus Baden, der 1850 die erste deutsche Auswahl der Reden und Schriften Donosos herausbrachte (in: Zur katholischen Politik der Gegenwart – Donoso Cortes und F. J. Buß, S. 3–74) und nicht müde wurde, die „Opiumvergiftung der Willen" durch de Maistre und Donoso zu kritisieren, schrieb dazu: „Sie geben die Bekehrung Einzelner zu, Sie leugnen aber die Bekehrung der Völker. Das Christenthum kennt keine Völker, sondern nur Mensch und Menschheit. Diesen aber die Bekehrungsfähigkeit abzusprechen, heißt Christi Erlösungswerk Ziel und Ausnehmen. Das kann, das darf ich als Christ nicht Nein – diese Verzweiflung weise ich zurück, (so im Orig. – G. M.). – Im 16. Jahrhundert war mehr als die Hälfte des österreichischen Kaiserstaates vom katholischen Glauben abgefallen. Wer hat sie zur Kirche zurückgeführt? Eine Handvoll Jesuiten. – So wenig darf man in allen Zeiten der Geschichte an der Bekehrung der Völker verzweifeln." (ebd., S. 94; Text verstümmelt). – Zu Donoso-Buß vgl. u. a.: Schmitt, *Donoso Cortès,* S. 43 f.; H. Gollwitzer, *Europabild* und *Europagedanke,* 2. A., 1964, S. 284–87.

48 Anspielung auf die Ermordung des Premiers des Kirchenstaates, Pellegrino Rossi (* 1787), der am 15. November 1848 erdolcht wurde. Der Mord löste Papst Pius' IX. Flucht nach Gaeta aus, vgl. E. E. Y. Hales, *Pius IX. – Europäische Politik und Religion im 19. Jahrhundert,* Graz 1957, S. 112–139. – Rossi, aus Carrara stammend, wurde in der Schweiz Professor für Politische Ökonomie und befasste sich stark mit Verfassungsfragen. Er war befreundet mit Guizot und gehörte zum Kreis der „doctrinaires". Mit seiner „Polémica con el Dr. Rossi y juicio crítico acerca de los doctrinarios" (Juli 1838) löste sich Donoso vom doktrinären Liberalismus, dessen führender Vertreter er bis dahin in Spanien war (Text in: Valverde, II, S. 492–510).

49 Donoso fordert hier eine militärische Intervention zur Niederschlagung der Römischen Republik und zur Wiedereinsetzung des Papstes. Sie wurde durch Truppen Frankreichs, Österreichs, Neapels und Spaniens durchgeführt. Nach einem gescheiterten Versuch im April 1849 eroberten die Franzosen unter General Oudinot am 3. Juli 1849 Rom; das spanische Korps unter General F. Fernández nahm Terracina ein. Vgl. u. a.: E. Bourgeois/E. Clermont, *Rome et Napoléon III.,* Paris 1907, S. 3–196; L. Sandri, L'intervento militare spagnolo contra la Repubblica Romana, *Rassegna Storica del Risorgimento,* 37/1950, S. 456–64; General F. Fernández de Córdova, *Mis memorias íntimas,* Ausg. Madrid 1966,1, S. 188–247; G. Martina SJ, *Pió IX,* Roma 1974, S. 331–349.

50 Cortina hatte in seiner Rede erklärt, daß er die Bewahrung der geistlichen Macht des Papstes bejahe; die Wiederherstellung seiner weltlichen Macht wollte er jedoch nur mittels „medios morales" unterstützt sehen, auf keinen Fall mittels „medios materiales", d.h. einer militairischen Intervention. Pius IX. war zu dem ihm öfters angeratenen Verzicht auf seine weltliche Macht nicht bereit und betrachtete den Kirchenstaat als Patrimonium des hl. Petrus zwecks Wahrung der geistlichen Unabhängigkeit des Papsttums. In Gaeta gab er am 20. April 1849 die Allokution *Quibus quantisque,* in der diejenigen verurteilt wurden, die behaupteten, die Abschaffung der zeitlichen Herrschaft des Papstes würde der Kirche dienlich sein

(Text in: Acta Pii IX, 1, 167). Diese Verurteilung wurde im *Syllabus Errorum* von 1864 wiederholt (Proposition 76). – Auch Mazzini sah den Konflikt mit Pius IX. nicht nur politisch; seine ekklektizistisch-pantheistische Menschheitsreligion, gemäß der das Papsttum von Gott verurteilt sei, begriff Rom als Hauptstadt einer *dritten* Welt, die über den erloschenen Welten des Römischen Reiches und der Römischen Kirche aufsteigen sollte, vgl. Hales, FN 48, S. 146–157.

51 Pius IX. sah die Erklärung Roms zur Hauptstadt Italiens (27. März 1861) und dessen Eroberung (20. September 1870) stets als Unrecht an und beharrte, wenn auch so erfolg- wie machtlos, auf seinen Rechten; auch, als ihm im sogen. „Garantiegesetz" (13. Mai 1871) Freiheit und Unabhängigkeit und die Vorrechte eines Souveräns konzediert wurden. Er betrachtete sich fortan als „Gefangenen im Vatikan" und akzeptierte nie die Besetzung des Kirchenstaates und dessen Eingliederung in das neue, vereinigte Italien. Die „römische Frage" erledigte sich erst mit den Lateranverträgen zwischen Pius XI. und Mussolini (11. Februar 1929). Vgl.: A. C. Jemolo, *La questione romana,* Mailand 1938; J. Lortz, *Geschichte der Kirche in ideengeschichtlicher Betrachtung,* 21.A., II, 1964, S. 327–333 („Das Ende des Kirchenstaates").

52 Pius IX. (Conte Giovanni Maria Mastai-Ferretti, 1792–1878), am 16. Juni 1846 zum Papst gewählt, begann als von den Liberalen gefeierter Reformer des Kirchenstaates (u. a. Modernisierung der Verwaltung, Einrichtung eines Staatsrates, Eisenbahnbau) und führte eine großzügige Amnestie durch; die Begeisterung für ihn legte sich, als er eine durchgreifende Konstitutionalisierung des Kirchenstaates ablehnte und die Teilnahme seiner Armee am Krieg gegen Österreich verweigerte. Vgl. u. a.: J. Zunzunegiu, Pió IX y la revolución de 1848, *Arbor,* 41/1949, S. 93–110; G. Martina S.J., *Pió IX (1846–1850),* Rom 1974. – Metternich kritisierte die Amnestie (Gott gewähre niemals Amnestien, Gott vergebe, der Papst aber sei „minister Dei in bonum") und die zahlreichen Konzessionen Pius' IX.: „Eine Konzession setzt... immer einen Akt des Verzichtes auf ein *Recht* voraus, und wenn sie etwas Materielles betrifft, den Verzicht auf ein *Eigentum...* Stehen solche Konzessionen denn in der freien Verfügung des regierenden Souveräns?" *(Aus Metternichs nachgelassenen Papieren,* VII, 1883, S. 250 f.). Ausgerechnet zwei Konservative, Jaime Balmes und Donoso Cortés, bejahten Pius' IX. Reformeifer und handelten sich damit Ärger bei Gesinnungsgenossen ein; vgl. Balmes, Pió IX. (1847), in: *Obras completas,* VII, Madrid 1950, S. 947–1003; Donoso, Pió IX. (1847), in: Valverde, II, S. 195–225. Beide sahen hier die Chance, die moderne Welt mit der Kirche zu versöhnen. Balmes erlebte die Vertreibung des Papstes nicht mehr, Donoso nahm schon vor der hier abgedruckten Rede von seinen Illusionen Abschied („Los sucesos de Roma", 30. November 1848, in: Valverde, II, S. 301–304).

53 Innerhalb der Führung der moderados entwickelte sich 1848 ein Disput darüber, inwieweit man revolutionären Bestrebungen mittels massiver Gewalt entgegentreten müsse oder sie durch Konzessionen besänftigen könne. Innenminister Pidal und der 1848 noch zum konservativen Flügel zählende Antonio de los Ríos y Rosas (der später zu den „puritanos" überlief) plädierten für eine Politik der Repres-

sion. Francisco Martínez de la Rosa (1787–1862), Ministerpräsident von 1834/35 und inzwischen, als Präsident des Kongresses, Anhänger Narváez', glaubte hingegen, durch Konzessionen und eine streng legale Politik die progresistas moralisch entwaffnen (und auch spalten) zu können. Auch Narváez argumentierte *anfangs* ähnlich: die progresistas seien nur gefährlich, wenn man ihnen „alle Ausgänge verschließe". Vgl. Antonio Pirala, *Historia Contemporánea,* I, Madrid 1876, S. 457 ff.

54 Gegenüber der sich ausweitenden kaiserlichen Verwaltung verblieb diesen Institutionen und Ämtern nur noch eine dekorative Bedeutung, bis sie im 3. Jhdt. v. Chr. verschwanden; vgl. Ernst Meyer, *Römischer Staat und Staatsgedanke,* 1948, S. 389 ff.

55 Cortina hatte in seiner Rede (Diario, FN 1, S. 131) auf das Schicksal Napoleons, Charles' X. u. a. hingewiesen und zu den „Irrtümern der Regierungen" gesagt: „Die Geschichte gibt sie uns kund, und die Geschichte ist wertvoller als alle Theorien." Die zur Katastrophe führenden Irrtümer wurzelten nach Meinung Cortinas immer in der Geringschätzung der Legalität.

56 Mit 148 Stimmen gegen 45 akzeptierte der Kongreß das Verhalten der Regierung während der Gültigkeit der Sondervollmachten; also mit dem gleichen Ergebnis wie im März 1848 (vgl. o.; S. 120). Der einzige Moderado, der gemeinsam mit den Progresistas, gegen die Vorlage im März 1848 wie gegen die „Entlastung" der Regierung stimmte, war Andrés Borrego (1802–91), ein Gegner Narváez'. Obwohl Mitbegründer der moderados und an deren Erfolgen aufgrund der vom ihm verbesserten Organisation beteiligt, trat B. für eine Versöhnung mit den Progresistas ein. Er war wohl der einzige moderado, der energisch für Sozialreformen kämpfte und es als Hauptaufgabe der „clase media" ansah. Bildungsniveau und Lebensumstände des vierten Standes zu heben; dazu: D. I. Mateo del Peral, Andrés Borrego y el problema de las clases medias, *Revista de Estudios Políticos,* 126/1962, S. 279–319. Aufgrund zahlreicher Publikationen (vor allem: *De la organización de los partidos en España*, Madrid 1855) darf B. als Pionier der Parteiensoziologie gelten, dazu: G. Fernández de la Mora, *La Partitocracia,* Madrid 1977, S. 225–37. – Borrego hatte gegen das infragestehende Gesetz ausgeführt: „... zu zeigen, daß in Spanien die Freiheit alle wünschbaren Errungenschaften verwirklicht hat, wäre der beste Beweis für das Vorhandensein der Ordnung bei uns ... Unser wirkliches Terrain des Widerstandes (gegen die Revolution – G. M.) liegt in der treuen Beachtung unserer verfassungsmäßigen Institutionen..." (nach: F. Fernández Segado, Las disposiciones de excepción en la década moderada, *Revista de Estudios Políticos,* 205/1976, S. 81—117, 90 f.). Detailliert brachte Borrego seine Kritik an Narváez' Regime vor in: *De la situación de los intereses de España en el movimiento reformador de Europa,* 1848, Ndr. u. d. T. *El 48: Autocrítica del liberalismo,* Madrid 1970. – Allgemein zu B.: A. Oliva María López, *Andrés Borrego y la política española del siglo XIX,* Madrid 1959; D. Negro Pavón, in: *Historia de España* (Menéndez Pidal), XXXV, 1985, S. 610–15.

Zur
Rede über die allgemeine Lage Europas
30. Januar 1850

Vorbemerkung

Übersetzt wurde nach der Ausgabe Valverde (s.o.), Bd. II, S. 450–466. Hinzugezogen wurden die o.a. Ausgaben von Tejado, Bd. III, S. 303–325; Ortí y Lara, Bd. II, S. 161–182 und Fraga Iribarne/Gómez, S. 262–281.

Anlaß der Rede war der Plan der Regierung Narváez, mittels einer gesetzgeberischen Ermächtigung den Haushalt (wie damals üblich, vgl. FN 2, 60 und 103) ohne parlamentarische Debatte selbständig auszuarbeiten, während die Progressistische Partei die Diskussion aller einzelnen Budgetposten forderte – wie immer ohne Erfolg.

Anmerkungen

57 Die Gründe für seinen Rückzug aus der spanischen Innenpolitik auf den Posten des Gesandten in Berlin legte Donoso in einem Brief vom 22. April 1849 an Raczynski dar: „Je vous ai dit la véritable cause que m'a décidé à accepter le poste que j'occupe à Berlin: j'ai vu dans cet éloignement un motif honorable pour quitter l'Espagne, où je croyais un bouleversement inévitable. Si une catstrophe devait avoir lieu, – et aujourd'hui encore je la regarde comme certaine, – je souhaitais n'y pas assister en témoin impuissant. Dieu sait quand et comment cela arrivera! La lassitude, l'irritation ou la mort de Narváez pourraient également en être la cause..." (Antioche, S. 82f.). Andererseits fühlte sich Donoso in Berlin auch gesundheitlich bald unwohl und schrieb am 28. August 1849 an sein Außenministerium, u.a. um Versetzung bittend: „Mir geht es seit Monaten schlecht, wirklich schlecht; so sehr es auch mein Wunsch ist, hier zu bleiben, so wenig werden es meine Kräfte gestatten; es würde mich die Haut kosten..." (zit. nach: S. Galindo Herrero, *Donoso Cortés y su teoría política*, Badajoz 1957, S. 109).

58 Während der Haushaltsdebatte im spanischen Parlament kam es, wenige Tage vor Donosos Rede, zu seinem Skandal, als seine Fraktionsgenossen Luis González Bravo (1811–71) und Antonio de los Ríos y Rosas (1812–75) aneinander gerieten. González, der 1843, als Mitglied der Progressisten, Regierungschef wurde, aber die erste Regierung Narváez (1844–46) vorbereitete und zu den Moderados überlief, wurde von Ríos als „infam" und „apostatisch" beschimpft; González forderte daraufhin Ríos, der vom linken Flügel der Moderados aus Narváez opponierte, auf, seine Ämter niederzulegen. Im

darauffolgenden Pistolenduell wurde González schwer verwundet; vgl. M. Lafuente/J. Valera, *Historia general de España*, VI, Barcelona 1882, S. 536.

59 Evaristo San Miguel y Valledor (1785–1862), General und Schriftsteller, gehörte zum rechten Flügel der Progressisten. Er organisierte die liberale Erhebung von 1820, war 1822–23 Regierungschef, sowie 1841 und 1854/56 Kriegsminister. Seine wichtigsten Schriften: *De la guerra civil de España,* Madrid 1836; *Vida de don Agustín Argüelles,* 4 Bde., Madrid 1851 (eher als Memoiren denn als eine Biographie des Vaters der Verfassung von Cádiz 1812 einzuschätzen). Eine treffende Charakteristik dieses Mannes: „...er (sah) alle spanischen Revolutionen seit vierzig Jahren in das Gegentheil ihrer Zwecke umschlagen, und doch betheiligte er sich bei allen wieder mit dem gleichen Enthusiasmus.“ (Anon., Die jüngsten Kinder der spanischen Geschichte, *Histor.-polit. Blätter für das kathol. Deutschland,* XXX1V/1854, S. 657).

60 Die Verfassung vom 23. Mai 1845 legte in den Art. 36, 75 und 76 (s. Tierno Galván, S. 73, 77) eine öffentliche parlamentarische Debatte als „Pflicht“ eigentlich fest (Präsentierung der entsprechenden Voranschläge, Prüfung und Genehmigung, Verbot von Steuern ohne gesetzliche Grundlage, usw.). Durch gesetzgeberische Ermächtigungen, Königliche Dekrete, Vertrauensvoten der Mehrheit, die imgrunde völlig freie Hand der Regierung gaben, usw., konnten die Moderados aber die Debatte zu einer Farce machen, weil alles schon entschieden war, oder die Debatte über den Staatshaushalt zur Gänze umgehen, weil die Krone den Kongreß suspendierte oder auflöste; in der Zwischenzeit jedoch durch Dekrete der Einzug und die Verwendung der Steuern geregelt wurden. Deshalb suchten die Progressisten ihr Heil des öfteren in – erfolglosen – Aufrufen zur Steuerverweigerung, zu Steuerboykotten u. ä.; vgl. dazu das unter FN 2 genannte Werk von J. I. Marcuellos Benedicto. Die typische Praxis wird erfaßt bei M. Lafuente/J. Valera, *Historia general de España,* VI, Barcelona 1882, S. 536: „...aufs Neue wurden die Cortes eröffnet und sie nahmen auf eine weder besonders brillante noch besonders nützliche Weise ihre Aufgaben wahr. Nicht wenige vernüftige Reformen wurden damals durch Dekrete, nicht durch Gesetze verwirklicht. Selbst die Haushaltsvoranschläge wurden nicht mehr diskutiert; die Regierung forderte Vollmachten, um die Steuern einzutreiben und sie begann sie einzutreiben, bevor ihr die Vollmachten gewährt wurden.“

61 Vgl. die Verfassung vom 23. Mai 1845, Art. 12: „Die gesetzgebende Gewalt beruht auf den Cortes gemeinschaftlich mit dem Könige.“ (Tierno Galván, S. 72.) Von den beiden „Cuerpos Colegisladores“, aus denen sich die Cortes zusammensetzten, dem Kongreß und dem Senat, besaß der Senat in der Verfassungswirklichkeit jedoch die größere Macht; die Gesetze entstanden meist aus Absprachen zwischen dem Hofe (und damit der „camarilla“ um die junge Königin) und den auf Lebenszeit von der Königin ernannten Senatoren. Die Verfassung sagte über das Procedere der parlamentarischen Debatte nichts aus; maßgebend war der „Reglamento del Congreso“ vom 10. März 1847; vgl. J. I. Marcuello Benedicto, s. FN 2, S. 15–26. Erst in dem Verfassungsentwurf Bravo Murillos vom 2. Dezember 1852 wur-

de die parlamentarische Aktivität auch auf dem Papier so eingeschränkt, wie sie es, dank der geschilderten Praktiken (FN 60), bereits war.

62 Donoso spielt hier wohl auf die französische Verfassung der Zweiten Republik vom 4. November 1848 an, die eine Fülle von Widersprüchen enthielt und als „cacaphonie politique" angesehen wurde; seine Schilderung zielt jedoch vorbei. Diese Verfassung zeichnete sich u. a. aus durch eine extrem strenge Trennung von Legislative und Exekutive und führte zum Machtdualismus zwischen der Gesetzgebenden Versammlung und dem Präsidenten. Dieser konnte sich zwar auf die Volkswahl stützen, aber die beliebte These, es hätte sich hier um ein präsidentielles Regime gehandelt, geht fehl, da seine Prärogativen stark beschnitten waren; überdies konnte er erst nach einer vierjährigen Pause wiedergewählt werden. Louis Bonapartes Staatsstreich vom 2. Dezember 1851 war schon aufgrund dieser Verfassung fast zwangsläufig. – Donosos Behauptung, die Versammlung könne den „Tyrannen" töten, „indem sie ihm die Subsidien verweigert", findet im Verfassungstext keine Stütze; möglicherweise gab es in den recht wirren Beratungen und Diskussionen um die Verfassung solche Pläne. Zur betr. Verfassung vgl. u. a.: P. Bastid, *Doctrine et institutions de la Seconde République*, 2 Bde., Paris 1945; F. Ponteil, *Les institutions de la France de 1814 à 1871*, Paris 1966, S. 269–352; K. v. Beyme, *Die parlamentarischen Systeme in Europa*, 1970, S. 133–150.

63 Vgl. die Verfassung vom 23. Mai 1845: „Die Cortes versammeln sich alljährlich. Es steht dem Könige zu, sie zusammen zu berufen, die Sitzungen zu suspendieren, zu schließen und den Kongreß der Deputierten aufzulösen; jedoch in letzterem Falle mit der Verpflichtung, innerhalb dreier Monate andere Cortes wählen zu lassen und einzuberufen." (Art. 26, Tierno Galvân, S. 73.) Bei den permanent tagenden „republikanischen Cortes" denkt Donoso an die französische Verfassung vom 4. November 1848, Art. 31/32: „L'Assemblée nationale est élue pour trois ans, et se renouvelle intégralement… Ellc est permanente. – Néanmois, elle peut s'ajourner à un terme qu'elle fixe." – Joaquín Francisco Pacheco (1808–1865), der Führer der linken Fraktion der moderados („puritanos") und zeitweise enge Freund Donosos schrieb zu den permanenten Versammlungen: „Alle diese Körper sind ihrem Wesen nach temporär…, alle diese Körper, der königlichen Autorität beigeordnet, haben ihre Perioden des Interregnum und der Suspension. Das konstitutionelle System unserer Tage erheischt Wahlen und erheischt Ruhepausen. Eine permanente Versammlung wäre,… nicht gut: eine permanente Versammlung würde den Staat zerrütten, anstatt zu helfen, daß er regiert werde. Die Erregung, die durch sie Platz griffe, würde auf die Dauer großen Schaden heraufbeschwören." *(Lecciones de Derecho politico* (1844/45), Ausgabe Madrid 1984; S. 76).

64 Ein für die Zeit typischer Gedanke, vgl. etwa Alexander Herzen: „… sie finden, daß der Sozialismus nur die Entwicklung und Fortsetzung der politischen Ökonomie ist und beschuldigen ihn des Undanks und Plagiats. Denn war nicht das Ideal von J. B. Say, wie er selbst sagt, das Nicht-Regieren? Ja. Allerdings ist der Sozialismus die Verwirklichung des Ideals der Nationalökonomie. Die politische

Ökonomie ist die Frage, der Sozialismus ihre Lösung." (Briefe aus Italien und Frankreich, 1850, zit. nach: *Vom anderen Ufer*; S. 211).

65 Vgl. FN 136.

66 Die Ratlosigkeit, Erschöpfung, der sich bis zum Ekel steigernde Überdruß, waren nach der Februarrevolution 1848 bei vielen Repräsentanten des Kampfes um die Sinndeutung dieser Jahre festzustellen, vgl. etwa Alexander Herzen 1849: „Fluch dir, Blut- und Wahnsinnsjahr, Jahr des Triumphs von Gemeinheit, tierischer Wildnis, Stupidität! Fluch dir! ... Was für Zeiten der Tränen und der Verzweiflung mußten wir erleben! ... Nur ein Trost bleibt... übrig: es ist sehr wahrscheinlich, daß die kommenden Generationen noch mehr entarten, noch seichter werden, noch ärmer an Verstand und Herz; ... Schwache, mickrige, dumme Kreaturen werden sich mit Ach und Krach bis zum nächsten Ausbruch, bis zu dieser oder einer anderen Lava hinschleppen, die einen steinernen Schleier über sie decken und der Vergessenheit der Chroniken verfallen wird. – Und dann? ... Lebe wohl, verschwindende Welt, lebe wohl, Europa!" (Herzen, *Vom anderen Ufer*, Ausg. 1969, S. 161 ff.). Vgl. dazu und zum ähnlichen Affekt bei Donoso, also auf der Gegenseite: Jesús Fueyo, *La vuelta de los Budas – Ensayo-ficción sobre la última historia del pensamiento y de la política*, Madrid 1973; S. 331–337. Vgl. auch die erschütternden Briefe von Proudhon aus dem Jahre 1860 (in: *Correspondance*, Langlois 1875, X, S. 187 f., 205 f.) oder die vielen Hinweise bei Oehler, FN 25 und bei W. Fietkau, *Schwanengesang auf 1848*, Reinbek 1978.

67 Statt „los fanáticos" steht im Original „los seides"; nach „Seíde" bzw. „Seïde", dem Diener Mohammeds in Voltaires Tragödie „Le fanatisme ou Mahomet le prophète" (1739).

68 Die Republik Venedig (ab März 1848) unter Daniele Manin (1804–57) wurde von den Österreichern im August 1849 zurückerobert. M., der den italienischen Einheitsstaat forderte, wurde von Cavour, der die Abschüttelung der Fremdherrschaft in Oberitalien als das Primäre sah, als Illusionist bezeichnet.

69 Thomas Robert Bugeaud, 1784–1849, führender General bei der Eroberung Algeriens, von Louis Napoléon 1849 zum Chef der Alpenarmee ernannt, war 1848 als militärischer Chef von Paris zu energischem Eingreifen bereit, wurde aber von Louis Philippe u. Thiers daran gehindert. Vgl. von ihm: Par l'épée et par la charrue [über Algerien], Paris 1848, Puf; über ihn u.a.: J. P. Bois, Bugeaud, Paris 1997, Fayard; Olivier de la Cour Grandmaison, Coloniser – Exterminer. Sur la guerre et l'état coloniale; Paris 2005, Fayard. Vgl. u. a. Ch. K. Adams, *Demokratie und Monarchie in Frankreich*, 1875, S. 138 f. – Giuseppe Mazzini (1805–72) wurde nach der Proklamierung der Römischen Republik am 9. Februar 1849, durch die Wahl vom 29. März 1849, das Haupt des regierenden Triumvirats (vor Aurelio Safii und Carlo Armellini). Seine Herrschaft endete am 3. Juli durch den Einmarsch der Franzosen (vgl. FN 48,49). Zur Römischen Republik: D. Demaro, *Una rivoluzione sociale: la repúbblica romana del 1849,* Napoli 1944; A. M. Ghisalberti, *Roma da Pió IX a Mazzini*, Milano 1958.

70 Erneut spielt Donoso hier auf die „fusion" Guizots an, vgl. FN 21. Dazu auch Guizot, Note sur la fusion (1850), in: *Lettres de M. Guizot*

a sa famille et a ses amis, Paris 1884, S. 508–21. Dort spricht Guizot sogar von der „fusion des deux branches de la maison de Bourbon", stellt also die Seitenlinie Orléans dem Hause Bourbon gleich (S. 320). Die Schwierigkeiten der „fusion" erörtert Donoso ausführlich in seiner Depesche an das spanische Außenministerium vom 10. Juli 1852. Hier vertritt er noch die Ansicht, es sei die „providentielle Aufgabe" von Louis Napoléons Staatsstreich, „den Boden Frankreichs für das Kommen der legitimen Monarchie zu bereiten". Eine Monarchie, die „bourbonisch im König, orleanistisch in den Prinzen" sei, wäre die für Spaniens Interessen günstigste Lösung; vgl. Despachos inéditos de Donoso Cortés (1852–1852), ed. C. Valverde SJ, in: *Miscelánea Comillas,* 1969, S. 193–240, 213–17.

71 Weder die Bedrohung durch den Carlismus noch die durch die Revolution von 1848 wirkten einigend auf den spanischen Liberalismus. Sowohl die moderados als auch die progresistas zerfielen in mehrere, oft heftig einander befehdende Gruppen, die ob ihren z. T. grundsätzlichen Differenzen fast als selbständige Parteien betrachtet werden können. Die mächtigste Gruppe der moderados war die „tendencia moderada", deren Chefs Pedro Pidal als „Hirn" und Narváez als „Degen" waren. Die Dominanz dieser Fraktion, zu der man Donoso zählen kann, war aber nur dann gesichert, wenn sich Pidal und Narváez einigten. Wenn nicht, kam es zu Kämpfen der Untergruppen, etwa den „monistas" (Anhängern des zeitweisen Finanzministers Alejandro Mon, der ein Feind Narváez' war), den „pidalistas", den von Sartorius geführten und stets Narváez unterstützenden „polacos" (FN 101), usw. Die „tendencia puritana" wurde u. a. von Joaquín F. Pacheco, Pastor Díaz und Andrés Borrego geleitet; sie trat für eine Versöhnung mit den progresistas ein und wies die Verfassung von 1845 als zu autoritär zurück; Teile dieser Gruppe vereinigten sich 1855 mit Vertretern des rechten Progressisten-Flügels zur „Unión liberal". Schließlich ist noch die „tendencia conservatoria-autoritaria" zu erwähnen, hier sind besonders Bravo Murillo und der Marqués von Viluma wichtig. Bravo Murillo verfocht einen ‚technokratischen' Verwaltungsautoritarismus, Viluma forderte eine energische und definitive Abkehr von der Desamortisation (FN 29), eine tiefgreifende Versöhnung mit der Kirche und den Carlisten und wollte anstelle der Verfassung von 1845 eine oktroyierte Charte; er wurde bes. von Jaime Balmes publizistisch unterstützt. Seine Fraktion, heftig von den „puritanos" befehdet, löste sich Ende 1844 ganz aus dem Verband der moderados und nannte sich „Unión nacional". – Die progresistas zerfielen in einen rechten Flügel (unter Cortina und San Miguel), der engere Kontakte zu den puritanos unterhielt; in die „puros" unter Espartero und Olózaga und in einen linken Flügel, der 1849 z. T. in der neuen Demokratischen Partei aufging (FN 26). Das spanische Parteien-„System" der damaligen Zeit, von extremer Fragmentierung, Personalismus, Klientelwesen, Korruption und hybriden Ausschließlichkeitsanmaßungen geprägt, harrt wohl immer noch einer gründlichen Untersuchung, vgl. aber die Studien von M. Artola, *Partidos y programas políticos,* 1808–1936, 2 Bde., Madrid 1974/75; F. Cánovas Sánchez, Los partidos políticos, in: *Historia de España* (Menéndez Pidal), XXXIV, 1981, S. 370–499; ders., *El partido moderado,* Madrid 1982, und J. L. Comellas. Z. T. wurde das

gesamte politische System nur durch die Energie Narváez', als der tragenden „columna“ (Säule) aufrecht gehalten, was Donoso häufig betonte; vgl. FN 141.

72 Diese Wendung kommt in den politischen Schriften von Jaime Balmes sehr häufig vor. – Zu der anschließenden Aussage Donosos („... die wirkliche Ursache des tiefen, abgründigen Übels, das Europa quält, liegt darin, daß die Idee der göttlichen und der menschlichen Autorität verschwunden ist.“) bemerkt Dalmacio Negro Pavón: „... es handelt sich hier nicht um das hergebrachte reaktionäre, nicht einmal um das konterrevolutionäre Argument, sondern darum, daß der Nihilismus den Geist in der Form eines der europäischen Tradition entgegengesetzten Atheismus tiefgreifend durchsetzt hat: dies erklärt auch (Donosos) zunehmendes Mißtrauen in die Objektivität der Vernunft.“ (El pensamiento político, in: *Historia de España* (Menéndez Pidal), XXXV, 1989; S. 608).

73 Bei den Wahlen vom 13. Mai 1849 gewann der monarchistische Parti de l'ordre 450 von 750 Sitzen, die demokratischen Sozialisten (Montagnards) 180, die gemäßigten Republikaner lediglich 70 Sitze. Aufgrund der Erfolge der Montagnards bei den Nachwahlen (10. März 1850) wurde das Wahlrecht geändert, so daß die Zahl der Wahlberechtigten von 9,6 Millionen auf 6,8 Millionen sank. Vgl. P. Bastid, FN 62, II, S. 204 ff. – Zeitgenössische Belege aus Reiseberichten für die These, daß es der Zweiten Republik an Republikanern gemangelt habe, finden sich bei Adams, FN 69, S. 256.

74 Donosos „zwei Zivilisationen“ belegen den Einfluß des hl. Augustinus auf sein Werk, dazu auch: Diego Sevilla Andrés, El Impacto de San Agustín en Donoso, *La Ciudad de Dios,* II, El Escorial 1955, S. 621–645. In einem Brief an Montalembert vom 26. Mai 1849 skizziert Donoso den für seine Geschichtsphilosophie bedeutsamen Kampf zwischen zwei Zivilisationen, die durch einen „unauslotbaren Abgrund, einen absoluten Antagonismus“ voneinander getrennt sind; die eine, die katholische, „enthält das Gute ohne Beimischung des Schlechten“, die andere, die philosophische Zivilisation (= die aufklärerische) enthält „das Schlechte ohne Beimischung des Guten“: in: Valverde, II, S. 524–328 und (leider zu stark eingedeutscht statt übersetzt) A. Maier, S. 50–58. Dieser Kampf endet bei Donoso stets mit dem natürlichen Sieg des Bösen über das Gute, dem jedoch der übernatürliche Triumph Gottes über das Böse folgt. Die entscheidenden drei Geschichtsperioden sind dabei 1) die Zeit der Schöpfung bis zur Sintflut, 2) das Leiden Christi, 3) der Kampf des Antichrist, der mit dem Jüngsten Gericht endet. – Vgl. auch Westemeyer, S. 99 ff. – Zugleich darf man hier eine gewisse Anlehnung an Comtes Dreistadiengesetz vermuten; zu Comte-Donoso vgl. J. T. Graham, *Donoso Cortès – Utopian romanticist und political realist,* Columbia 1974, S. 97 f., 129 ff., 272 ff. u. ö.; vgl. a. FN 7.

75 Donoso entwickelt hier zum ersten Mal sein Schema einer „Politischen Theologie“, die den Zusammenhang zwischen religiöser Idee und konkretem politischen System aufzeigt. In seinem „Essay“ (1851) und in seinem Brief an den Kardinal Fornari hat er dieses Schema geringfügig verändert; vgl. die Texte in: Maschke, S. 108–137, 300–320. Dazu C. Valverde in der Einleitung zu seiner Donoso-Edition, I, S. 125–134. – Der Einfluß von Bonalds *Théorie du pouvoir*

politique et religieux dans la société civile (1796) ist hier deutlich; bes. aber von dessen Aufsatz *De la philosophie morale et politique du XVIII. siècle* (1805), wo Bonald den Deismus mit der Haltung der „*impartiaux,* modérés, constitutionnels de 89“ vergleicht und von ihnen sagt: „... se placent entre les démocrates et les royalistes, comme les déistes entre les athées et les royalistes,... Ils voulaient un roi; mais un roi sans volonté definitive, sans action indépendante... A ces traits, on peut reconnaître le Dieu idéal et abstrait du déisme, sans volonté, sans action, sans réalité. Ainsi, cette constitution politique n'étoit *qu'une démocratie déguisée;* comme le déisme n'est *qu'un athéisme déguisée.*“ (*Mélanges littéraires, politiques et philosophiques,* I, Paris 1838, S. 85–108, 105).

76 Unter „konstitutioneller Monarchie“ versteht Donoso hier ein System des monarchischen Prinzips, wie es imgrunde von den moderados verfochten wurde. Danach war die Souveränität zwar zwischen der Krone und den Cortes geteilt, die Krone war aber stets im Vorteil, weil sie a) den Senat vorschicken konnte, der die Intentionen des Kongresses zunichte machen konnte; der Senat war aber vollständig von der Krone ernannt und weil sie b) durch Suspendierung oder Auflösung des Kongresses, durch Akzeptierung gesetzgeberischer Ermächtigungen oder durch Dekrete die praktisch entscheidende Kraft des politischen Spieles war; vgl. J. I. Marcuellos Benedicto, FN 2. Im Gegensatz dazu vertraten die Progressisten als Anhänger der Volkssouveränität die parlamentarische Monarchie mit dem Monarchen als Neutralem. – Auffällig ist, daß hier Donoso seine für ihn typische Kritik des Absolutismus (jede unbegrenzte Macht ist eine antichristliche Macht, u. ä.) nicht ins Feld führt – wohl wegen der bei einer Rede notwendigen Vereinfachungen in der Beweisführung.

77 Bezieht sich auf Adolphe Thiers' berühmte Formel „Le roi règne, mais il ne gouverne pas“, die den Ausgangspunkt der parlamentarischen Doktrin in Frankreich bildete und die vermutlich auf das „Rex regnat, sed non gubernat“ der polnischen Reichstage um 1600 zurückgeht. Thiers prägte den Satz 1829 und kritisierte damit die Versuche Charles' X., seine Macht auszuweiten; er bekräftigte seine Formel 1846, diesmal die Ambitionen Louis Philippes zurückweisend (Rede vom 13. März 1846, *Discours parlamentaires,* Calmon, VII, S. 144). Guizot hingegen bejahte eine aktive Rolle des Königs, sofern dieser über einen verantwortlichen „Président du Conseil“ und eine Kammermehrheit verfüge; seine Formel lautete: „Le trône n'est pas un fauteuil vide“. Vgl. u. a.: J. Barthélemy/P. Duez, *Traité de Droit Constitutionnel*, 1933, S. 176 f.; Ch. Pomaret, *Un vrai chef d'Etat: Monsieur Thiers*, Genf 1944, S. 139–85; K. v. Beyme, *Die parlamentarischen Regierungssysteme in Europa*, 1970, S. 112 ff. – Thiers' Formel, die auch das Denken der spanischen Progressisten prägte, stieß in Spanien und in Deutschland auf lebhaften Widerspruch, vgl. J. Balmes, Examen de la máxima „El rey reina y no gobierna“ (1844), in: *Obras Completas*, VI, Madrid 1950; S. 511–24; H. Boldt, *Deutsche Staatslehre im Vormärz,* 1975, S. 120 ff.

78 Eine Anspielung auf Proudhons Grundthese während seiner anarchistischen, strikt anti-etatistischen Phase: Das Regierungssystem ist nur dazu da, die Vorrechte der Besitzenden gegenüber den Besitz-

losen aufrecht zu erhalten. Werden die von Proudhon vorgeschlagenen Reformen, bes. die Unentgeltlichkeit des Kredits verwirklicht, sind Regierung und Autoritätssystem überflüssig. An die Stelle von Gesetzen treten Verträge zwischen den unterschiedlichen Wirtschaftsgruppen, die „Constitution politique" wird obsolet durch die „Constitution sociale". Pointiert hat Proudhon diese Gedanken entwickelt in: *Idée générale de la Révolution au XIX siècle* (1851), Ausg. Paris 1923, éd. A. Berthod, S. 187–236 (Du principe d'Autorité) und S. 297–337 (Dissolution du Gouvernement dans l'organisation économique). Ab 1852 verließ Proudhon Schritt für Schritt diese Position, vgl. zu seiner Entwicklung in dieser Frage: G. Gurvitch, *L'idée du droit social,* Paris 1932, S. 327–406.

79 Hierzu schrieb Donoso am 24. Mai 1852 an Raczynski: „...wären Sie z.B. nicht gewesen, ich hätte mich wahrlich nicht gescheut, im spanischen Parlament gegen Preußen und seine Politik offene Anklage zu erheben. Denn in der Tat: ich liebe weder Preußen, noch seine Politik, noch seine Vergrößerung, ja nicht einmal seine Existenz. In Preußen sehe ich eine Macht, die von den ersten Tagen ihres Daseins an dem Satan geweiht war, und wenn ich die einzigartige und rätselhafte Entwicklung dieses Staates betrachte, gewinne ich die feste Überzeugung, daß dies auch in Zukunft so bleiben wird. Aber andererseits fühle ich mich durch die Macht persönlicher Sympathie und großer Liebe so stark an Sie gefesselt, daß ich Ihren Souverän eben deshalb niemals anders als den ‚Augustus Germaniae' genannt habe. Ist dies etwa nicht ein überzeugendes Beispiel für die besondere Kraft der Beeinflussung, die der persönliche Verkehr bei politischen Menschen erzeugen kann ...?" (A. Maier, S. 158).- Diese Einschätzung des preußischen Königs differiert beträchtlich von derjenigen, die Donoso in einer Depesche vom 12. April 1849 abgibt: „Friedrich Wilhelm IV. ist in der Religion Mystiker, in seiner Politik Absolutist. Er ist geistreich und verfügt über eine exaltierte und verführerische Beredsamkeit und wird bewundert von denen, die ihn sehen und verzückt jene, die ihn hören. In seiner Konversation sagt er Dinge und zeigt Kenntnisse, die alle verblüffen, weil sie nicht wissen, wo, wann und wie er sie sich erworben hat. Im Gegensatz zu diesen herausragenden Gaben steht sein völliger Mangel an gesundem Menschenverstand; seine Vernunft schwankt unaufhörlich zwischen dem Erhabenen und dem Extravaganten. Er glaubt, daß er prädestiniert sei und er ist es, wenn auch zu einem ganz anderen Zwecke als den, den er sich in seinen Träumen imaginiert. Er glaubt, er stünde in direkter Kommunikation mit Gott und daß er, wenn er spricht oder arbeitet, göttlichen Inspirationen gehorcht. Wenn er sich der Inspiration, die ihn bestürmt, überläßt, spricht er erstaunliche Worte aus und wenn ihn dann seine Umgebung dazu beglückwünscht, hebt er seine Augen zum Himmel und dankt dem Herrn für die Worte, die Er ihm auf die Lippen gelegt hat. Den Geist erhebend über die niederen Regionen, weilend in jenen erhabenen Gefilden, die von den menschlichen Leidenschaften, von ihrem Lärm und ihren Stürmen nicht erreicht werden, lebt er hienieden wie auf einem fremden Stern und schaut auf Menschen und Dinge, auf Abgeordnete und Minister, auf Parlamente und Massen, auf Fürsten und Revolutionen, auf Königstreue und Demagogen mit indiffe-

renten Augen. – Es ist klar, daß ein solcher Charakter jedem Rat unzugänglich bleibt." (Valverde, II, S. 376 f.). Vgl. auch: C. Schmitt, Donoso Cortés in Berlin (1849), in: ders., *Donoso Cortés,* 1950, S. 41–66. – Zur geistigen Welt und zur Psychologie Friedrich Wilhelms IV.: F. L. Kroll, *Friedrich Wilhelm IV. und das Staatsdenken der deutschen Romantik,* 1990; D. Blasius, *Friedrich Wilhelm IV. – Psychopathologie und Geschichte,* 1992.

80 Der Deutsche Bund, beruhend auf der im Rahmen des Wiener Kongresses ausgehandelten Bundesakte (8. Juni 1815) und der Schlußakte der Wiener Ministerkonferenzen (15. Mai 1820) kann kaum als Bündnis gegen Paris und zugunsten Petersburgs verstanden werden; er stellte eher die damals einzig mögliche Form deutscher ‚Einheit' dar, die das europäische Gleichgewichts- und Friedenssystem nicht gefährdete. Metternichs Eloge auf die Rede Donosos (*Mémoires,* VIII, Paris 1884, S. 250 f.:) „...un langage magnifique, un tableau parfaitement exact de la période de transition que travert l'Europe", usw.) enthält denn auch die Einschränkung: „La question allemande en 1814 et 1815 est la seule que l'auteur ait mal comprise. C'est une tache insignifiante dans un tableau fait de main de maître." – Die ablehnende Haltung Rußlands gegenüber einer deutschen Einheit dokumentieren die Depeschen des mit Donoso eng befreundeten Botschafters Rußlands in Berlin, Peter v. Meyendorff (vgl. die dreibändige Edition von O. Hoetzsch, 1923); allgemein: A. Scharff, *Die europäischen Grossmächte und die deutsche Revolution,* Leipzig 1942.

81 Sowohl Österreich als auch Preußen waren bereits seit dem 17. Jahrhundert absolute Monarchien und blieben es bis 1848. Der russische Einfluß auf beide Staaten ist freilich außerordentlich gewesen; Bismarck konnte rückblickend sogar schreiben: „Unter seiner Regierung (= der des Zaren Nikolaus I. – G. M.) haben wir als russische Vasallen gelebt..." (*Gedanken und Erinnerungen,* o. J., Cotta, S. 252).

82 Der Deutsche Bund erlosch erst am 14. Juni 1866, durch eine Erklärung Preußens als Antwort auf Österreichs Forderung vom 11. Juni, das Bundesheer gegen Preußen zu mobilisieren. Zu seinen Niedergang ab 1851: F. Hartung, *Deutsche Verfassungsgeschichte,* 9. A., 1969, S. 188–91.

83 In der Olmützer Punktation (29. November 1850) mußte Preußen auf seine Pläne zu seiner kleindeutschen Einheit, die Österreich ausschloß, verzichten; ausschlaggebend waren militärische Drohungen Österreichs und diplomatischer Druck Rußlands; vgl. u. a.: E. R. Huber, *Deutsche Verfassungsgeschichte seit 1789;* II,1960, S. 885–935; H. J. Schoeps, *Von Olmütz nach Dresden 1850/51. Ein Beitrag zur Geschichte der Reformen am Deutschen Bund. Darstellung und Dokumente,*, 1972.

84 Die „300.000 Mann" erklären sich wohl aus dem ursprünglichen Plan Zar Nikolaus' I., mit einem entsprechenden Heer Frankreich zu invadieren und die Republik von 1848 zu beseitigen, vgl.: N. K. Silder, *Imperator Nikolaj Pervyj, ego Žizn'i carstvovanie,* St. Petersburg 1903, S. 619 ff.; A. S. Nifontow, *Rußland im Jahre 1848,* Berlin 1954, S. 283 f. – Engels schätzte fünf Jahre nach Donosos Rede (während des Krimkrieges) die russische Offensivkraft höher ein: „260.000 Mann Infanterie, 70.000 Mann Kavallerie und 50.000 Mann Artillerie mit etwa 30.000 Geschützen..., außer etwa 30.000 Kosaken." (En-

gels, Die Armeen Europas, 1855, in: *Marx-Engels-Werke,* XI, 1961, S. 448).

85 Nach der Niederlage der revolutionären Ungarn durch österreichische und russische Truppen flohen 1849 ca. 5000 Aufständische, darunter auch zahlreiche Polen, in die Türkei. Österreich und Rußland forderten deren Auslieferung und drohten der Türkei, die sich hilfesuchend an England und Frankreich wandte, mit Krieg. Zwar kam es zu einer englisch-französischen Flottendemonstration vor der türkischen Küste, der Konflikt wurde jedoch, dank der russischen und französischen Zurückhaltung (unter Außenminister Tocqueville) beigelegt; die Flüchtlinge wurden 2 Jahre im Inneren der Türkei interniert. Vgl. Y. T. Kurat, *The European Powers in the Question of the Hungarian Refugees of 1849,* London 1958, bes. S. 292 ff.; zur vorsichtigen Politik Tocquevilles: H. Göring, *Tocqueville und die Demokratie,* 1928, S. 180 f.

86 Diese oft bewunderte Prognose Donoso von der erst nach dem Krimkrieg (1853/56) Gestalt annehmenden Verbindung von Sozialismus und Slawentum wurde vorweggenommen von seinem zeitweise engen Freund Nicomedes Pastor Díaz (1811–63), der in seinen Vorlesungen über den Sozialismus im Madrider „Ateneo" (1848/49) u. a. erklärte: „In der Tat gibt es Männer, die so besorgt, so umgetrieben sind vom Schrecken einer sozialen Auflösung, daß sie geglaubt haben, im gegenwärtigen Zustand Europas eine bemerkenswerte Analogie zur Auflösung des Römischen Reiches im 5. Jahrhundert erblicken zu können. Es gibt Leute... die, die Völker des Nordens erblickend, glauben, daß eine Invasion dieser nördlichen Völker möglich sei, ja, daß sie nötig sei, um die Autorität der staatlichen Gewalt zu befestigen, um die Kraft der erschlafften sozialen Bande neu zu stärken. Es gibt Geister, die die Idee verfechten, daß der von den Arbeitermassen bedrohten und bekämpften Zivilisation keine andere Hoffnung bleibt, als eine Restauration, die durch die Horden der Kosaken durchgeführt wird... Ja, meine Herren, die Kosaken können kommen. Die slawischen Rassen, zahlreicher als die germanischen der Großen Völkerwanderung, könnten bewirken, daß Heere und Völker aufs Neue einander gegenüberstehen, von der Wolga und von der Newa bis zum Bosporus, bis zum Tiber, bis hin zum Golf von Cádiz. Doch wissen Sie, was die Bewohner des Urals, was die Söhne von der Beresina inmitten Europas errichten und vollbringen werden, wenn es zu dieser großen Überschwemmung kommt? Was? Den Kommunismus, die Demokratie... Ich meinerseits will Ihnen nur sagen, daß ich mich bemüht habe, den Marsch des Geistes bei diesen Völkern des Nordens zu verfolgen... Ich habe mich bemüht, alle politischen Daten zu beachten, von der Hartnäckigkeits des Kabinetts in St. Petersburg was die Arbeit der Assimilation angeht, die man *Panslawismus* heißt, bis zu anderen Tendenzen, etwa der Parlamente Kroatiens, Ungarns und Böhmens. Ich habe mich darum bemüht, eine Synthese ihrer poetischen und ihrer philosophischen Bestrebungen zu finden, vom furchtbaren Programm der Krakauer Studenten des Aufstandes 1846 bis hin zu den Oden Puschkins, dem Byron des Nordens und Lieblingspoeten des Zaren, von den apokalyptischen Visionen Mieroslawskis, des Jeremias des proskribierten Polen, bis hin zu den philosophischen Theorien Kollárs, des Doktrinärs

des illyrischen Liberalismus...". (In: N. Pastor Díaz, *Los problemas del socialismo, Obras completas*, II, Madrid 1970, S. 87–262, bes. S. 134 ff.). – Jesús Fueyo, *La vuelta de los Budas – Ensayo-ficción sobre la última historia del pensamiento y de la política*, Madrid 1973, S. 323–41, weist daraufhin, daß Donoso mit seiner Diagnose der wahre Gegenspieler des Anti-Slawen Marx gewesen sei: der Sozialismus erfordert nicht, wie bei Marx, die Hegemonie des Okzidents über den Orient, sondern die des Orients über den Okzident. – Der um 1850 vorherrschende Panslawismus war meist austro-loyal, antirussisch und liberal-föderalistisch (Palacky); Bakunins Aktivitäten während des Prager Slawenkongresses (2.–12. Juni 1848) und des folgenden Prager Aufstandes wiesen freilich schon in die prognostizierte Richtung; vgl. H. Kohn, *Die Slawen und der Westen,* 1956, S. 69–84. – Wenige Jahre nach Donoso konnte Julius Fröbel bereits schreiben: „Es gibt in Rußland eine Partei welche ihre auf eine Beherrschung des Westens gerichtetes Streben auf eine förmliche culturhistorische Theorie – die Theorie von der Erschöpfung der abendländischen Bildung gründet. Diese Theorie enthält wenig Tröstliches für die österreichischen und preußischen Conservativen, und wenig Aufmunterung dazu im russischen Einflusse Schutz und Hilfe gegen die Revolution zu suchen. Der positive Theil der Ansicht beruht in dem Systeme welches der Slawismus an die Stelle der erschöpften um nicht zu sagen der „verfaulten" europäischen Bildung zu setzen vorhat: es ist der *Socialismus.* Unsere österreichischen und preußischen Conservativen kommen also bei Rußland aus dem Regen in die Traufe..." (*Theorie der Politik, als Ergebniss* [sic] *einer erneuerten Prüfung demokratischer Lehrmeinungen,* Wien 1864, II, S. 301 f.). – Zu Donosos Meinungsänderungen betr. Rußland vgl.: C. Schmitt, *Donoso Cortés in gesamteuropäischer Interpretation,* 1950, S. 59–63.

87 Zum russisch-englischen Weltgegensatz und zur betr. Literatur vgl.: D. Groh, *Rußland und das Selbstverständnis Europas,* 1962, bes. S. 162–66; H. Gollwitzer, *Geschichte des weltpolitischen Denkens,* I., 1972, S. 372–75; II, 1982, S. 133–37. – Donoso schrieb bereits 1839 in einer Artikelserie zur Orientalischen Frage: „Dieses unzugängliche Reich beherrscht heute alle Positionen, die den anderen Staaten als natürliche Grenzen dienen. Als Herr des Baltikums bedroht es Schweden. Als Herr Polens versetzt es Deutschland in Schrecken. Weil es Herr des Schwarzen Meeres ist, können seine Adler an einem Tage von Sebastopol aus Konstantinopel erreichen. Vom Kaukasus aus bedroht es Persien. Von Persien aus vermag es die Revolutionen in Zentralasien zu beeinflussen und die Grenzen des britischen Imperiums in Indien zu bedrohen. Und als ob ihm ein so gigantisches Fürstentum noch zu eng ist, streckt dieser Koloß seinen Arm über das Eismeer aus, um seine Hand in die eines anderen Kolosses, Amerika, zu legen... Was ich am meisten an Rußland bewundere, ist seine keinen Widerstand duldende Expansion." (Valverde, 1, S. 694). Freilich war sich Donoso auch der Schwächen Rußlands bewußt: „Dennoch benötigt dieses ungeheure Reich, um zu existieren, den Persischen Golf, das Mittelmeer und Konstantinopel. Es benötigt Konstantinopel als Hauptstadt, weil die Hauptstadt, die es jetzt besitzt, die am ungünstigsten placierte der Welt ist. Es benötigt das Mittelmeer, denn ohne dessen Besitz ist der Fleiß seiner mediterra-

nen Provinzen vergebens und falls ihm die Dardanellen verschlossen werden, ist es nicht Herr des Schwarzen Meeres, sondern dessen Gefangener. Es benötigt schließlich den Persischen Golf, denn der Persische Golf ist der Weg nach Indien.“ Nach: Estado de la relaciones diplomáticas entre Francia y España explicado por el carácter de las alianzas europeas (1838), in: Valverde, I, S. 581–618, 598. Zum stark geopolitisch geprägten Interesse Donosos an Rußland vgl.: A. Caturelli, *Despotismo universal y Katéchon paulino en Donoso Cortés,* Sapientia (Buenos Aires), 1958; S. 36–42, 109–127, bes. S. 114–119.

88 Damit weist Donso die These vieler Slawophiler und auch zahlreicher russischer Revolutionäre zurück, daß das dekadente Europa durch die Russen bzw. Slawen regeneriert werden müsse; Donoso lehnt so auch die im Zeichen der „Großen Parallele“ stehenden Vergleiche der Germanen der Völkerwanderung mit den „jungen“ Völkern des Ostens ab. Vgl. u.a.: D. Groh, FN 87, S. 282 f.; V. Christen, *Die große Parallele im Geschichtsdenken von Alexander Herzen,* Diss. Münster 1963, bes. S. 168–170; J. Freund, *La decádence,* Paris 1984, S. 291–94. – Zu den Germanen der Völkerwanderung, den „barbaros del Norte“, schrieb Donoso früher: „Vom Imperium sage ich nichts, außer, daß Rom das Hurenhaus der Cäsaren war. Dié Barbaren reinigten es.“ Sowie: „…wenn auch zum einen die Barbaren des Nordens nicht korrumpiert waren von den wollüstigen Vergnügungen, die Rom entnervten und verweichlichten, so waren sie zum anderen doch derart weit jeglicher Zivilisation entrückt, daß nicht zu verstehen wäre, auf welchen Wegen diese hätte zu ihnen gelangen können, hätten sie sie nicht vom Erlöser der Menschen empfangen.“ (Valverde, I, 367, 661).

89 Daß Rußland keineswegs ein Bollwerk der Legitimität darstelle, wie es auch deutsche Konservative meinten (vgl. P. Jahn, *Russophilie und Konservatismus,* 1980), sondern durch eine unabwendbare und besonders schreckliche Revolution bedroht sei, war bereits die Überzeugung von Donosos Vorbild Joseph de Maistre, vgl. dessen Briefe in: D. Tschizewskij/D. Groh, *Europa und Russland,* 1959, 57–72. Der Gedankengang wurde vor allem durch das in ganz Europa vielgelesene Werk *La Russie en 1839* (zuerst 1843) des Marquis de Custine populär; vgl. D. Groh, wie FN 87, S. 184–88. Donoso selbst hielt noch am 23. Mai 1849 die sich auf die Niederschlagung des ungarischen Aufstandes vorbereitende Armee Nikolaus’ I. für „die einzige Reserve der Ordnung in der Welt“ (Valverde, II, S. 407). – Die These von der Schnellfäule Rußlands durch seine Invadierung Europas fand u.a. Zustimmung bei Karl Vollgraff, vgl. H. J. Schoeps, *Vorläufer Spenglers – Studien zum Geschichtspessimismus im 19. Jhdt.,* 2. A., 1955, S. 23. Rein „machttechnisch“ argumentierte Frhr. A. v. Haxthausen in seinen berühmten *Studien über die inneren Zustände, das Volksleben und insbesondere die ländlichen Einrichtungen Rußlands:* „… die Eroberung hätten wir 1848 für leicht gehalten und werden sie auch später für leicht halten, wenn die socialen Zustände Europas sich mehr und mehr auflösen, die Regierungen immer schwächer werden…, besonders wenn auch der zweite mächtigste Landstaat Europas, Frankreich, durch fortschreitende Republikanisierung oder vielmehr durch socialistisch-communistische Umwälzun-

gen politisch völlig entkräftet wäre. – Aber wenn nun alles erobert ist, was weiter? – Wir haben schon oben bemerkt, daß Rußland, im Gegensätze des alten Roms, nur diejenigen Volksstämme sich zu assimiliren verstanden hat, welche desselben Bluts, desselben Sprachstamms und vor allem derselben Religion sind… Rußland vermag, seiner ganzen Natur nach, nicht die eroberten Culturländer Europas sich zu assimiliren… Einen anderen Character würde die Eroberung der europäischen Türkei haben… Allein Rußland kann die Türkei nicht erobern, wenn es zuvor nicht ganz Europa erobert hat." (III, 1852, S. 219 f.; geschrieben 1850).

90 Donoso greift hier wohl auf die Revolutionsprognose von J. de Maistre zurück; vgl. dazu: Groh, FN 87, bes. S. 105–109.

91 So forderte der Partido Demócrata (FN 26) in seinem Programm vom April 1849: „Keine Aushebungen mehr. – Das Heer, Zug um Zug reduziert, wird sich aus Freiwilligen zusammensetzen, währenddessen eine geeignete Organisation in Zusammenarbeit mit der Nationalen Miliz diese in eine numerisch starke und schlagkräftige Reserve umwandeln wird." (Artola, II, S. 44.) – Die Kritik am System der Aushebungen („quintas") war weit verbreitet, da Begüterte sich von der durch das Los auf sie zukommenden Wehrpflicht freikaufen konnten; diese Kritik zielte jedoch häufig auf die stehenden Heere selbst bzw. auf deren Größe. Die Wiedererweckung und sogar Stärkung der Miliz hätte nur den progresistas und noch radikaleren Gruppen gedient – und damit der Revolution.

92 Solche Hoffnungen waren z. Zt. Donosos nicht selten; sie erklären sich aus dem Aufschwung des englischen Katholizismus ab ca. 1840, aus der Oxford-Bewegung, aus den Aktivitäten Edward Puseys (1800–1882) und John Henry Newmans (1801–1890), usw.; vgl. J. Balmes, De la Inglaterra (1842), in: *Obras Completas,* VI, Madrid 1950, S. 203–18; vor allem aber aus der Wiederaufrichtung der Hierarchie durch Kardinal Wiseman (1802–1865) am 29. September 1850, die zum Zeitpunkt von Donosos Rede schon absehbar war. Donoso besaß Werke sowohl Wisemans als auch Newmans und mit einiger Wahrscheinlichkeit hat Newman Donoso in Paris besucht; vgl. J. Iriarte, Un Donoso románticamente filósofo, *Razón y Fe,* Sept.-Okt. 1953, Nr. 148, S. 128–142, 130.

93 Vgl. Daniel, 4, 22 und 33.

94 Zum Club(un)wesen in Paris 1848: F. S. Bamberg, *Geschichte der Februar-Revolution und des ersten Jahres der französischen Republik von 1848*, Braunschweig 1848, bes. S. 308 ff.; F. Ponteil, *1848*, Paris 1955, S. 38–45. Von großer Akribie das Standardwerk von Peter H. Amann, *Revolution and Mass Democracy- The Paris Club Movement in 1848,* New Jersey 1975 (Princeton).

95 Vgl. dazu auch die berühmte Rede Ernst v. Lasaulx' zum Militäretat in der Bayerischen Kammer vom 22. Januar 1852: „Der gegenwärtige Zustand von Europa … wird durch nichts anderes aufrechterhalten, als durch die Armeen. Nur so lange diese sich dafür schlagen, besteht er, keine Stunde länger." (Nach: D. Tschizewskij/D. Groh, Hrsg., *Europa und Rußland,* 1959, S. 308). Bruno Bauer, *Rußland und das Germanenthum,* Charlottenburg 1853, wies auf den „revolutionären Umschwung" hin, „wonach die Staaten sich nicht mehr auf die geistliche, sondern auf die militärische Disciplin stützen und die ste-

henden Heere jenes zusammenhaltende Sparrwerk des modernen Staatsorganismus bilden, welches im alten die Geistlichkeit bildete" (S. 63).

96 „Jene, welche in puncto Zivilisation den Griechen die Palme geben, statt den Römern, verwechseln sie mit der Kultur. Die Kultur ist die einem Volke von Poeten und Künstlern eigene Zivilisation. Die Zivilisation ist die Kultur, die einem Volke eigen ist, das sich damit befaßt, gravierende politische und gravierende soziale Probleme zu lösen. Die Kultur ist die Zivilisation eines Volkes in seiner Kindheit; die Zivilisation ist die Kultur eines nunmehr erwachsenen Volkes, befaßt mit männlichen Gedanken", schreibt Donoso noch 1839 in: Antecedentes para la inteligencia de la cuestión de Oriente (Valverde, I, S. 663–705, 676). Später versteht Donoso – so wie auch hier – unter „Zivilisation" die christliche mit ihrem spezifischen Drang zur Perfektibiliät. Offensichtlich ist der Einfluß von Augustinus' *De Civitate Dei:* Die Menschen der Antike besaßen Kultur, aber keine den Irrtum und die Verderbtheit überwindende Wahrheit = keine Zivilisation. Vgl. auch: J. Balmes, La civilización (1841), *Obras Completas,* V, Madrid 1949, S. 457–492. Generell zum Unterschied von „Kultur" und „Zivilisation" in diesem Sinne: Antonio Messineo S. J., *Civiltà,* Città del Vaticano 1949. Vgl. a. FN 74, 88.

97 Alexander Herzen empörte sich in seiner Polemik gegen Donoso (zuerst in Proudhons „La Voix du Peuple" vom 15. März 1850) über dessen Lob des Priesters und des Soldaten: „Er vergleicht den unschuldigen Mörder, den die Gesellschaft zu Untaten verurteilt, mit dem Mönch, diesem lebenden Toten. Welch fürchterliches Eingeständnis! Wie die beiden Feinde in Byrons „Finsternis" reichen sich die beiden Extreme einer untergehenden Welt, einander begegnend, die Hand. Auf den Trümmern einer versinkenden Welt findet sich der letzte Vertreter der geistigen Knechtschaft mit dem letzten Vertreter der physischen Knechtschaft zusammen: Natürlich sind der Geistliche und der Soldat Brüder, sind beide die unglücklichen Kinder der moralischen Finsternis, des irrsinnigen Dualismus, in dem sich die Menschheit herumschlägt... Doch warum hat Donoso Cortès den dritten Bruder, den dritten Schutzengel der stürzenden Staaten vergessen, den *Henker?* Etwa deshalb, weil der Henker mehr und mehr mit dem Soldaten eins wird, dank der Rolle, die man diesen zu spielen zwingt?" (*Vom anderen Ufer,* 1850, Ausg. München 1969, S. 197–199). Herzen spielt hier auf Joseph die Maistre an, der den Priester, den Soldaten und den Henker als die Garanten der Ordnung betrachtet; vgl. dazu u. a.: *Les Soirées de Saint-Pétersbourg* (1821), in: *Oeuvres complètes,* V, Lyon 1884, S. 5–14. – José Antonio Primo de Rivera (1903–56), der Gründer der Falange, bemerkte 1934 zu Donosos Ausführungen über den Priester und den Soldaten: „Tatsächlich, es gibt nur zwei Arten, auf ernsthafte Weise zu leben: die religiöse oder die militärische, oder, wenn ihr wollt, nur eine einzige, denn es gibt keine Religion, die nicht ein Kriegsdienst (milicia) wäre. Und keinen Kriegsdienst, der nicht angefeuert würde von einem religiösen Gefühl. Die Stunde ist jetzt da, zu begreifen, daß sich durch diesen religiösen und militärischen Sinn des Lebens Spanien wiederherzustellen (restaurarse) hat." (*Obras completas,* Madrid 1951, S. 276).

98 Das Frankfurter Parlament trat am 18. Mai 1848 zusammen, wurde am 30. Mai 1849 nach Stuttgart verlegt („Rumpfparlament") und am 18. Juni 1849 durch württembergische Truppen aufgelöst. Das preußische Parlament trat am 22. Mai 1848 zusammen, wurde am 8. November 1848 nach Brandenburg verlegt und am 5. Dezember 1848 durch Friedrich Wilhelm IV. aufgelöst, am gleichen Tage trat eine oktroyierte Verfassung in Kraft. Der Wiener Reichstag trat am 22. Juni 1848, nach dem Scheitern der oktroyierten Pillersdorfer Verfassung, zusammen; er wurde am 22. Oktober 1848 nach Kremsier verlegt und am 4. März 1849 aufgelöst. Vgl. u. a.: E. R. Huber, *Deutsche Verfassungsgeschichte seit 1789,* II, 1960, S. 502–884; D. Grimm, *Deutsche Verfassungsgeschichte 1776–1866,* 1988, S. 175–201. Donoso hat in seinen Depeschen aus Berlin und in seinen Briefen an Raczynski öfters zu den damaligen verfassungsgebenden Versammlungen Stellung genommen, vgl. die betr. Texte bei Valverde, II, S. 347 ff., 915 ff.; einige übersetzte Stücke bei A. Maier, sowie: Donoso Cortès und die deutsche Einheit (Depesche vom 14. März 1849), *Abendland,* 3/1948, S. 74 f., wo es u. a. heißt, daß das Paulskirchen-Parlament nur deshalb noch existiere, weil noch unklar sei, wer für seine Auflösung zuständig sei. Vgl. auch die abfälligen Kommentare von Friedrich Engels, Revolution und Konterrevolution in Deutschland (1851/52), in: *Marx-Engels-Werke,* VIII, 1960, bes. S. 44–48 (geistige Impotenz, „Frankfurter Narrenkollegium") und von Bruno Bauer, *Der Untergang des Frankfurter Parlaments,* 1849, bes. S. 257 ff., 307 (Affekt des Bürgers gegen die Entscheidung).

99 Der Ausspruch gefiel auch Friedrich Wilhelm IV., der ihn in einer Unterredung mit dem russischen Botschafter in Berlin, Peter v. Meyendorff (1796–1863) erwähnte; vgl. M. s. Bericht an Nesselrode vom 24. März/5. April 1850 in: O. Hoetzsch, *Peter von Meyendorff. Ein russischer Diplomat an den Höfen von Berlin und Wien. Politischer und privater Briefwechsel 1826–1863,* II, 1923, S. 283. M. sandte Nesselrode auch eine Übersetzung der vorl. Rede Donosos: „Pour Vous faire lire quelque chose de plus intéressant et de plus beau, mais non de plus gai que mes dépêches, je Vous envoie la traduction du discours de mon collègue... Vous verrez par l'extrait ci-joint d'une lettre du prince Metternich l'effet extraordinaire produit par ce discours sur le vieux chancelier", ebd., S. 274.

100 Donoso wendet sich hier an die „Unión nacional" des Marqués de Viluma, vgl. FN 71. Vgl, zu dieser Partei: F. Cánovas Sánchez, *El partido moderado,* Madrid 1982, bes. S. 192–203.

Zur Rede über die Lage Spaniens
30. Dezember 1850

Vorbemerkung

Übersetzt wurde nach der Ausgabe von Gabino Tejado (s. o.), Bd. III, S. 327–356. Diese Version setzt einige Teile des Textes, die Donoso in seiner Rede vor dem Kongreß vermutlich ausließ bzw. übersprang, in Klammern, was für den Leser angenehmer ist als der in fast allen Ausgaben seiner Schriften übliche Abdruck der betreffenden Passagen als Fußnoten in Petitdruck. Alle von uns präsentierten Reden Donosos differieren von den Abdrucken der parlamentarischen Protokolle (in: *Diario de las Sesiones – Congreso de los Diputados*, 1848/49, I, S. 83 1–87 r; 1849/50, S. 589 1–594 1; 1850/51, S. 314–319). Die Abdrucke im „Diario“ müssen aber keineswegs identisch mit den tatsächlich gehaltenen Reden sein, da die Abgeordneten redigieren durften. Auf alle Fälle aber überarbeitete Donoso seine Reden für die endgültige Drucklegung.

Der Anlaß für die Rede war wiederum der Plan der Regierung Narváez, freie Hand in der Haushaltspolitik zu erhalten. Sie präsentierte den Cortes am 14. Dezember 1850 den en detail ausgearbeiteten Etat und forderte, gemäß der schon Routine gewordenen Praxis, daß dieser Etat ab 1. Januar 1851 als Gesetz zu gelten habe. Weil die Moderados dank der Wahlen vom Spätherbst 1850 über eine erdrückende Mehrheit verfügten („Congreso de la familia“) schien der Erfolg dieses Vorhabens auch sicher. Da der Etat jedoch ein Defizit von 600 Millionen Reales aufwies, widersetzte sich der Finanzminister Juan Bravo Murillo dem Projekt und forderte massive Einsparungen, was zu seinem Rücktritt führte (vgl. S. 23 f.). Die Moderados, nunmehr scheinbar am Ziel ihrer Wünsche angelangt, weil ohne nennenswerte politische Feinde, zerfielen rasch in einander heftig befehdende Gruppierungen und Donoso nutzte die Gelegenheit, um sich von seiner Partei in denkbar schärfster Form zu distanzieren. Seine heftige Kritik an Narváez, dessen Diktatur er am 4. Januar 1849 noch mit so großer Verve verteidigt hatte, führte zu dessen Rücktritt. Martínez de la Rosa hatte auf Donosos Angriff mit einigen geistreichen Witzeleien geantwortet und dafür großen Beifall eingeheimst. Mit der für ihn typischen Eitelkeit erklärte er gegenüber Narváez: „Der Sieg verbleibt uns“, worauf Narváez aber erwiderte: „Sie werden es sein, der ihn genießt; ich werde heute Abend noch der Königin meine Demission überreichen.“ (nach M. Lafuente/J. Valera, *Historia general de España,* Barcelona 1882, Bd. VI, S. 538).

Narváez war in keiner Weise gezwungen, so zu handeln; hinzu kam, daß die Königin sich hartnäckig weigerte, den „starken Mann“ des Systems zu entlassen. Narváez aber, der Politik wohl müde und von seinen für ihn typischen Stimmungen heimgesucht, beharrte auf seiner Entlassung, die die Königin am 10. Januar 1851 gewährte. Die „große Regierung Narváez“ (ab 5. Oktober 1847) war beendet; damit war aber auch der Kulminationspunkt des Regimes der Moderados überschritten. Die Königin ernannte am 14. Januar 1851 Juan Bravo Murillo zum Nachfolger, der am 14. Dezember 1852 zurücktrat, nachdem seine Pläne zu einer tiefgreifenden Verfassungsreform, dic dic „autoritäre Anarchie“ der Moderados in eine dauerhaftere und nach dem Vorbild Napoléons III. organisierte Diktatur transformiert hätten, an der Opposition sowohl der eigenen Partei als an der der Progressisten und der Armee scheiterten.

Anmerkungen

101 In dem von Donoso hier attackierten Kabinett von Ministerpräsident Ramón María Narváez waren z. Zt. seiner Rede verantwortlich für Äußeres: Pedro José Pidal; für Inneres: José Luis Sartorius; für Finanzen: Manuel Seijas Lozano; für Krieg: Francisco de Paula Figueras; für Marine: Mariano Roca de Togores; für Handel: Saturnino Calderón Collantes; für Justiz: Lorenzo Arrazola. Zumindest die beiden zuerst Genannten muß man als einflußreiche und wichtige Politiker der 40er und 50er Jahre ansehen: Pidal (1800–65) als das

eigentliche „Gehirn“ der moderados, als bedeutenden Redner, Verfechter einer strikten Verwaltungszentralisierung und entschiedenen Feind der progresistas; Sartorius (1819–72) als Chef der „polacos“, einer Fraktion der moderados, benannt nach dem Herkunftsland der Familie S.; als Organisator von Wahlfälschungen größten Stils, als Meister der Korruption, der aber auch die Polizei reorganisierte, für Madrid eine moderne Wasserversorgung schuf und energische Maßnahmen zum Naturschutz durchsetzte; S. war der letzte Ministerpräsident der moderados (19. September 1853–19. Juli 1854) vor der Rückkehr der progresistas an die Macht durch die Revolution von 1854. Donoso überwarf sich schon früh mit S.: im Winter 1842 wegen Problemen betr. der Leitung der Zeitung der moderados, dem „Heraldo“ (vgl. F. Suárez, *Donoso Cortés y la fundación de El Heraldo y El Sol,* Pamplona 1986, bes. S. 119–146). Die Streitigkeiten trugen bedeutend zur schon damals beginnenden Distanzierung Donosos von den moderados bei (vgl. ebd. S. 194 ff.).

102 Das Jahr 1834 ist für Spanien in mehrfacher Hinsicht bedeutend. Am 29. September 1833 stirbt Fernando VII. und mit ihm das Antiguo Régimen. Seine Witwe, María Cristina, übernimmt die Regentschaft und ist bald auf die Unterstützung der „moderados“ angewiesen, die am 15. Januar 1834 die Regierung übernehmen (Francisco Martínez de la Rosa) und allmählich eine eigenständige, sich von den „progresistas“ unterscheidende Partei werden. Am 10. April 1834 tritt mit dem Estatuto Real eine (oktroyierte) Verfassung im Sinne der „moderados“ in Kraft. Um die Jahreswende 1833/34 beginnt auch der Erste Carlisten-Krieg; am 22. April/18. August 1834 kommt es zur Quadrupelallianz zwischen England, Frankreich, Spanien und Portugal zwecks Abwehr der Thronansprüche von Don Carlos und Dom Miguel. Überdies wütete 1834 in Spanien die Cholera und bei verschiedenen Aufständen kam es zu Kirchenschändungen und zum Mord an Mönchen und Priestern.

103 Auf die möglichen katastrophalen Folgen einer Steuerverweigerung wies besonders eindringlich Antonio Alcalá Galiano (1789–1865) hin, der neben Donoso und Joaquín Francisco Pacheco bedeutendste Verfassungstheoretiker der moderados; vgl.: *Lecciones de Derecho político* (1843), Ausg. Madrid 1984, S. 161 f., 191 f. Alcalá stellte zwar klar, daß „das Recht, zu bewilligen, die Befugnis, abzulehnen supponiert“, bezeichnete aber die Ablehnung bzw. die Budgetverweigerung als eine „Tochter des Irrsinns oder der Perversität“ (S. 161). Donoso hingegen lancierte bereits 1839 Vorschläge, die die parlamentarische Kontrolle über die Steuern in ein leeres Spiel verwandelt hätten und erklärte: „Der Staat hat das Recht, zu existieren und dieses Recht bezieht weder seine Ausdehnung noch seine Grenzen vom instabilen Willen der Individuen, sondern von der unwandelbaren Natur der Dinge. Dieses Recht erstreckt sich auf alles, was nötig ist, um die Existenz zu erhalten… Wenn die Repräsentanten des Volkes für sich das Recht fordern, die Haushalte abzulehnen, weil das Recht, sie zu bewilligen, das Recht sie abzulehnen einschlösse, so duldet es keinen Zweifel, daß sie eine illegitime Macht einfordern, denn ein solches Recht ist inkompatibel mit dem notwendigen Recht des Staates auf Existenz. Wenn sie ihre Handlungen in Einklang bringen mit ihren Prinzipien und die Sus-

pension oder die Streichung aller Steuern anordnen, dann duldet es keinen Zweifel, daß sie… der Gesellschaft den Krieg erklären und sich, als Feinde der öffentlichen Ruhe und Ordnung und des Staates, jenseits jeglichen Rechts und jenseits jeglichen Gesetzes befinden." (De la intervención de los representantes del pueblo en la imposición de las contribuciones, in: Valverde, I, S. 720–742, 734 f.). Über die damals in Spanien gängige Praxis vgl. FN. 60. – Ausführlich zur damaligen Steuer- und Finanzpolitik: M. Artola, *La Hacienda del siglo XIX – Progresistas y moderados,* Madrid 1986.

104 Die „intereses materiales" zu schützen und zu fördern war – neben der Aufrechterhaltung der öffentlichen Ordnung – ein Hauptziel der „moderados"; die Propagierung dieses Zieles nahm oft geradezu inbrünstige Formen an; vgl. u. a.: F. Cánovas Sánchez, *El partido moderado,* Madrid 1982, S. 334–344. Die moderados glaubten z.T. sogar, daß durch Prosperität Politik „irrelevant" werden könnte, vgl. R. Carr, *Spain, 1808–1939,* Oxford 1966, S. 244. – Ein bedeutsamer Aspekt dieser „intereses materiales" war, daß die einst günstig erworbenen Kirchen- und Klostergüter im Besitz der Bourgeoisie blieben; die moderados suchten – im Gegensatz zu den progresistas – den Ausgleich mit der Kirche, indem sie die „desamortización" (vgl. FN 29) beendeten, dafür aber Sicherheit für die „erworbenen Rechte" verlangten und im Konkordat von 1851 erhielten. Hier wird der vielleicht bedeutsamste Charakterzug der moderados sichtbar: eine neue Elite will den friedlichen Genuß der revolutionär gewonnenen Beute für sich reservieren und versucht, unter dem Motto von Ordnung und innerem Frieden, alle Konkurrenten um die Macht auszuschalten; zu diesem Behufe wird die Partei der Revolutionsgewinnler „konservativ"; dazu viele Hinweise bei Comellas, bes. S. 131 ff.

105 Zur Sicherung der durch den Katholizismus offenbarten Ordnung muß diese subjektiv bewahrt und anerkannt werden. „Will der Mensch die Ordnung in der Schöpfung nicht gefährden, dann muß sein Blick stets auf Gott, in dem diese Ordnung garantiert ist, gerichtet sein. Die Ordnung ist wesenhaft so gebaut, daß sie ohne die bewußte Anerkennung der Vorrangstellung Gottes, ohne die bewußte Pflege des Kontaktes mit ihm und ohne das ständige Aufstreben des Menschen zu Gott nicht erhalten werden kann." (P. D. Westemeyer OFM, *Donoso Cortés – Staatsmann und Theologe,* Münster 1940, S. 40; vgl. a. ebd., S. 148–153). Vgl. auch Donosos grundsätzliche Ausführungen über die allgemeinen Gesetze der Ordnung, die „göttlich, ewig und unwandelbar" sind: Valverde, II, S. 272 ff.; Maschke, S. 224 ff. (die Konklusion des „Essay"). – Zum Zusammenhang und zu den Analogien zwischen göttlicher, absoluter Ordnung und menschlicher, relativer Ordnung vgl. a.: P. Domínguez Castañeda, FN 7, bes. S. 166–86; C. Valverde S. J., Presupuestos metafísicos en la Filosofía social y política de Donoso Cortés, *Miscelánea Comillas,* 1958, S. 7–81, bes. S. 17–21; Bernardo G. Monsegú OP, *Clave teológica de la historia según Donoso Cortés;* Badajoz 1958, ö.

106 Vermutlich angeregt von Jaime Balmes, La civilización, 1841, Ndr. in: *Obras Completas,* V, Madrid 1949, S. 457–492, 468: „Im Jahrhundert Louis' XIV. waren die erhabenen Intelligenzen religiöse Intelligenzen; es gab Unterschiede in den Meinungen, Unterschiede des

Talentes und des geistigen Naturells, unterschiedliche Gesichtspunkte. Doch daraus resultierten nur unterschiedliche Zentren der allgemeinen Bewegung innerhalb des gesamten Systems; das allen gemeinsame Zentrum blieb erhalten und in ihm war der Regulator des Ganzen zu finden: *die Religion.* Freilich ließ sich unterhalb dieser Bewegung eine andere Strömung endecken: die zum *Unglauben* hin."

107 Zum ökonomischen Niedergang Spaniens vgl. die umfängliche Forschungen zusammenfassende Skizze von J. Vicens Vives: The Decline of Spain in the Seventeenth Century, in: C. Cipolla, Hrsg., *The economic Decline of Empires,* London 1970, S. 121–167.

108 Im Original: „en su vuelo sin segundo, / debajo de sus alas tuvo al mundo." Der Vers wird Lope de Vega (1562–1635) zugeschrieben.

109 Mit Karl II. (1661–1700), einem kranken und schwachen König, der die Franche-Comté und Grenzgebiete der spanischen Niederlande an Frankreich abtreten mußte, erlosch die spanische Linie der Habsburger. Über ihn: Julian Judérias, *España en tiempo de Carlos II,* Madrid 1912; Ludwig Pfandl, *Karl II. – Das Ende der spanischen Machtstellung in Europa,* München 1940.

110 Donosos Ansicht über die Bourbonen (in Spanien ab 1700 mit Philipp V.) wird in der neueren Literatur des öfteren bekräftigt, vgl. Joaquín de Encinas, OFM, *La tradición española y la revolución,* Madrid 1958, S. 13 f.: „Das Haus Bourbon importierte aus Frankreich eine zentralistische Politik und den Eifer für materielle Fortschritte; zum guten Teil geschah dies auf Kosten des katholischen Einflusses... Die Cortes von Cádiz sollten diese Praxis bestätigen... Auf .diese Weise beginnt die Tragödie des spanischen 19. Jahrhunderts." – Zum bourbonischen Wirtschaftsinterventionismus und administrativen Zentralismus (bes. unter Karl III., 1716–88) und der bourbonischen Propaganda gegen die für die Dynastie Habsburg bedeutsamen scholastischen Doktrinen einer christlich gebotenen Einschränkung der monarchischen Macht vgl. u. a.: A. de la Hera, *El regalismo borbónico,* Madrid 1963, L. Sánchez Agesta, *El pensamiento político del despotismo ilustrado,* Sevilla 1979; D. Negro Pavón, *El liberalismo en España – Una antología,* Madrid 1988, Einleitung, S. 11–111, bes. S. 29–37.

111 Der Hang zum ostentativen Konsum und Luxus und die „Notwendigkeit" für die jungen, in die spanische Hauptstadt strömenden Karrieristen, mehr zu scheinen als zu sein, lassen sich besonders für die Zeit der Herrschaft der moderados zwischen 1844 und 1854 mit ihrem Glücksritter- und Spekulantentum feststellen. Die „costumbristas" haben dazu ein volkskundlich und soziologisch reiches, oft stark satirisch geprägtes Material bereitgestellt; vgl. bes. die Klassiker dieser beschreibenden, eine detaillierte soziale Typologie leistenden Literatur: Modesto Lafuente, *Teatro social del siglo XIX,* 2 Bde., Madrid 1846; Antonio Flores, *Ayer, hoy y mañana o la fe, el vapor y la electricidad,* 3 Bde., Madrid 1863/64 und die Auswahl von F. Correa Calderón, *Costumbristas españoles,* 2 Bde., Madrid 1964. Vgl. FN 134.

112 Vgl. Shakespeare, Macbeth, 1. Aufzug, 3. Szene: „You shall be King." (Banquo zu Macbeth).

113 Im Original: „Arroyo, ¿ en qué ha de parar / tanto anhelar y subir / tu por ser Guadalquivir / Guadalquivir por ser mar?", aus einem satirischen Gedicht von Luis de Góngora y Argote (1561–1627), in: Góngora, *Letrillas,* edición de Roberto Jammes, Madrid 1984, S. 102.

114 Eine satirische Bemerkung zum politischen Konformismus. Die revolutionäre Verfassung von Cádiz (1812) schuf die Milicia Nacional, die rasch zum bewaffneten Arm der Progressisten wurde und deshalb von der Verfassung der moderados 1845 aufgehoben wurde. Der Duque de la Victoria ist Baldomero Espartero (1793–1879), Führer der Progressisten, der 1839 den Ersten Carlisten-Krieg beendete, 1840–43 die Regentschaft ausübte und 1854–56 wieder Regierungschef war; der Duque de Valencia ist Ramón María Narváez, als Chef der moderados schärfster Gegenspieler Esparteros. „La Benemérita" (= die Verdienstvolle) war zunächst eine volkstümliche Bezeichnung für die Miliz; später wurde die von den moderados 1844 geschaffene Guardia civil so genannt, die z. T. eine Gründung gegen die Miliz war. – Über die oft atemberaubenden Kurswechsel und Meinungsänderungen von Politikern während der Zeit Isabellas II. vgl.: F. J. Fernández de la Cigoña, La versatilidad de los políticos españoles (II) – Reinado de Isabel II, *Razón Española,* 11/1986, S. 303–335.

115 Ein bedeutender Schauplatz der Spanien durchdringenden Korruption war der systematische Wahlbetrug, den die Regierungen, meist über das Innenministerium, zu organisieren wußten; im Ruf besonderer „Virtuosität" stand hier José Luis Sartorius (FN 101). Die Fälschung der Wählerverzeichnisse und der Ergebnisse, oft über den amtlichen Telegraphen befohlen, die Streichung unerwünschter Wähler, die Auszählung nie abgegebener Stimmen u. a. m., waren gang und gäbe. Vgl. u. a.: Luis María Pastor, *El fraude electoral,* Madrid 1863; R. Macías Picavea, *El problema nacional. Hechos – Causas – Remedios,* Madrid 1899, S. 242–271: M. Artola, FN 26, Bd. I, S. 119–129; L. Sánchez Agesta, *Historia del constitucionalismo español (1808–1936),* 5. A., 1984, S. 150–155. Der Wahlschwindel war auch ein beliebtes Sujet der satirischen Literatur, bes. in den Erzählungen von Serafín Estébañez Calderón (1799–1867).

116 Wortspiel: „los reales" sind sowohl „die Königlichen" als auch die damaligen Silber- und Goldmünzen. Zur Zeit Isabellas II. gab es in Spanien Silbermünzen zu 1,2, 4, 10 und 20 Reales, Goldmünzen zu 20, 40, 80 und 100 Reales. Vgl. *Catálogo general de la Moneda española,* II, Madrid 1975, S. 416–431 (Edit. J. A. Vicenti).

117 Die *jefes políticos* (später: *gobernadores civiles*) waren die Repräsentanten der Zentralregierung in den Provinzen; die Institution geht auf die 1833 durch den Innenminister Francisco Javier de Burgos (1778–1846) erfolgende Einteilung Spaniens in 48 Provinzen zurück und war von großer Bedeutung für die von den Moderados mit Nachdruck verfochtene Politik der Zentralisierung. Die Führer der Pronunciamientos kamen hingegen meist aus den Reihen der Progressisten, die so u. a. auf den organisierten Wahlschwindel der Moderados (s. FN 115) reagierten. Dennoch gab es hier oft Arrangements; Donoso will jedoch vor allem darauf hinweisen, daß beiden Gruppen die gleiche, korrupte Mentalität zueigen ist. – Zwischen 1844–1848 gab es in Spanien 38 größere pronunciamientos, die

durchwegs von den Progressisten initiiert wurden; hinzu kamen zahlreiche Aufstände, „motines", usw.; J. L. Comellas, *Historia de España moderna y contemporánea*, Madrid 1967, S. 404 f., schätzt, daß es während dieser Jahre durchschnittlich alle 17 Tage zu einem Versuch kam, das Regime zu beseitigen. – Zum pronunciamiento vgl. u. a.: J. Cepeda Gómez, *Teoría del pronunciamiento*, Diss. Madrid 1967; M. A. Baquer, *El modelo español de pronunciamiento*, Madrid 1983.

118 Anspielung auf den *Gran Oriente* der spanischen Freimaurerei, dessen Einfluß auf die Liberalen, besonders die Progressisten, außerordentlich hoch einzuschätzen ist. Vgl.: Iris Zavala, *Masones, comuneros y carbonarios,* Madrid 1971; J. A. Ferrer Benimeli, *La masonería en la historia de España,* Saragossa 1985. Die große Bedeutung der Freimaurer bei der Entstehung der Verfassung von Cádiz 1812 schildert Antonio Alcalá Galiano in seinen berühmten Memoiren „Recuerdos de un anciano", Ndr. in: *Obras escogidas,* I, Madrid 1955, S. 3–248. Die Freimaurerlogen bildeten in Spanien – neben den von ihnen zu unterscheidenden Geheimgesellschaften – den „embrión de los partidos"; vgl. L. Sánchez Agesta, El origen de los partidos políticos en España del siglo XIX, in: J. L. Aranguren et. al., *Historia social de España*, Siglo XIX, Madrid 1972, S. 171–183, S. 176 ff.

119 Die Verfassung vom 23. Mai 1845 erklärte zur Ministerverantwortlichkeit nur knapp und unbestimmt: „Die Person des Königs ist geheiligt und unverletzlich und der Verantwortlichkeit nicht unterworfen; verantwortlich sind die Minister." Der Art. 64 lautete: „Alles, was der König in Ausübung seiner Macht befiehlt oder anordnet, muß durch den zuständigen Minister gegengezeichnet sein; kein Beamter darf beim Fehlen dieses Erfordernisses Folge leisten." (Tierno Galván, S. 74, 76). Ausführlich behandelt Antonio Alcalá Galiano das Thema in: *Lecciones de Derecho Político* (1843), Ndr. Madrid 1984, S. 205–17, der stark auf die juristisch nicht faßbare politische Verantwortlichkeit abhebt und angesichts der spanischen „Tradition", legalen Befehlen der „autoridad" den Gehorsam zu verweigern, ein gewisses Verständnis für die von Donoso erwähnte ministerielle Willkür entwickelt und sie unter bestimmten Umständen als kleineres Übel ansieht. – J. I. Marcuello Benedicto, s. FN 2, weist S. 184–190 auf die damals bestehende strafrechtliche Verantwortlichkeit der Minister hin, die aber keinerlei Rolle spielte. Demgegenüber gab es nach der Verfassung keine Möglichkeit, einen Minister durch ein Mißtrauensvotum zu Fall zu bringen; die dennoch oft eingebrachten Mißtrauensanträge bzw. -voten zeitigten aber häufig den gewünschten Erfolg.

120 „Alle Spanier können, ohne vorherige Zensur und bei Beachtung der Gesetze, ihre Ideen in Freiheit drucken und verbreiten lassen", lautete Art. 2 der von den moderados durchgesetzten und hauptsächlich von Donoso redigierten Verfassung vom 23. Mai 1845 (Text in: Tierno Galván, S. 71–77). Diese Verfassung hob die 1837 noch vorgeschriebene Pflicht, daß in Presseprozessen Geschworene entscheiden müßten, auf; die „deconstitutionalización del jurado" lief de facto auf dessen Abschaffung hinaus. Damit gelang ein Schlag gegen die Progressisten, die auf lokaler Ebene meist die Ernennung von Geschworenen kontrollierten; vgl. J. T. Villarroya, El pro-

ceso constitucional, in: *Historia de España* (Menéndez Pidal), XXXIV, 1981, bes. S. 213 ff. – Zur außergewöhnlichen Aggressivität und Demagogie der damaligen Presse vgl. Comellas, S. 163–68. – Trotz mannigfacher Repressalien (etwa häufiger Erhöhung der „Hinterlegungsgelder"), waren die Regierungen gegenüber den Attacken der Presse ziemlich hilflos; dies gilt selbst für Narváez auf dem Höhepunkt seiner Macht. Hans Gmelin, *Studien zur Spanischen Verfassungsgeschichte des Neunzehnten Jahrhunderts,* 1905, empört sich, ganz südwestdeutscher Liberalismus, des öfteren über die damaligen Maßnahmen gegen die Presse (u. a. S. 68, 93, 102), kümmert sich aber weder um deren Charakter noch um die Erfolglosigkeit der betr. Maßnahmen. Innenminister Pidal nannte die Presse seiner Zeit zurecht eine „permanente Verschwörung gegen die öffentliche Ordnung" (nach Comellas, S. 167). Vgl. a. FN 123.

121 Die Parteien wurden in den spanischen Verfassungen des 19. Jhdts. nicht erwähnt, was aber typisch ist für Kontinentaleuropa bis weit ins 20. Jahrhundert hinein und sich aus dem aristokratischen Individualismus des Frühliberalismus wie aus der Tradition des Staatsdenkens erklärt, vgl.: U. Scheuner, Die Parteien und die politische Leitung der Demokratie, *Die öffentliche Verwaltung,* 1958, S. 641 ff. – Erst die spanische Verfassung vom 27. Dezember 1978 erwähnt die Parteien (Art. 6), vgl. Tierno Galván, S. 253.

122 Die *Gacetilla de la Capital,* die sogenannte „leichte Nachrichten" („noticias ligeras") brachte, war ein Teil der von Donoso mitbegründeten Tageszeitung der moderados *El Heraldo.* Hier ging es vor allem um Gesellschaftsklatsch.

123 Diese Sätze stammen von einem der erfahrensten Journalisten des damaligen Spanien, der die engen Beziehungen zwischen der Presse und den Parteien wie kaum ein zweiter kannte und der an der Gründung mehrerer Blätter beteiligt war; vgl. dazu u. a.: F. Suárez, *Donoso Cortés y la fundación de El Heraldo y El Sol,* Pamplona 1986, sowie die Einleitungen Suárez' zu den Sammlungen von Leitartikeln aus von Donoso gegründeten Tageszeitungen: *Artículos políticos en „El Porvenir" (1837),* Pamplona 1992, S. 1–105; *Artículos políticos en „El Piloto" (1839–40),* gl. O., gl. J., S. 19–109, dazu G. Maschke, *Der Staat,* 1/1995, S. 149 ff. – Zur Bedeutung und Rolle der politischen Presse von damals vgl. u. a.: L. Sánchez Agesta, *Historia del constitucionalismo español (1808–1936),* 5. A., 1984, S. 123–128, vgl. auch den historischen Überblick von María Cruz Seona, *Oratoria y periodismo en la España del siglo XIX,* Valencia 1977 (dort über Donoso bes. S. 295–301). V. Palacio Atard, *La España del siglo XIX, 1808–1898,* Madrid 1978, weist daraufhin, daß die Presse damals trotz ihres Einflusses nur ein „Simulacrum der Macht" war, daß Journalisten aber ebenso rasch zu Regierungsposten kamen wie Militärs (S. 244). Vgl. FN 120.

124 Die Berufung auf die „Wissenschaft" war besonders bei den Rednern der Progressistischen Partei beliebt.

125 Donoso bezieht sich auf den im Herbst 1850 entwickelnden Konflikt zwischen Narváez und seinen Ministern Sartorius (Inneres) Figueras (Krieg) und Roca de Togores (Marine) einerseits und dem außerordentlich fähigen und umsichtigen Finanzminister Juan Bravo Murillo andererseits. Bravo Murillo forderte energische Einspa-

rungen, auch in der Heeres- und Marinerüstung, konnte sich jedoch nicht durchsetzen und demissionierte am 29. November 1850. Zu seiner Regierung nach Narváez' Rücktritt (14. Januar 1851–2. Dezember 1852) und zu seinen Verfassungsplänen s. S. 23 f.

126 Die Arbeiten zum Bau des *Teatro de Oriente* bzw. *Teatro Real* wurden 1818 aufgenommen und mehrfach unterbrochen. Ein Befehl Isabellas II. ermöglichte am 19. November 1850 die Eröffnung des kleinen, aber sehr luxuriösen Hauses (mit Opernbetrieb); durch Initiative Isabellas II. wurde auch ärmeren Schichten der Besuch ermöglicht. Vgl. *Historia de España* (Menéndez Pidal), XXXV, 1989, S. 209 ff., 238, 595 ff., 623, sowie, über die korrumpierenden Wirkungen des zur Schau gestellten Luxus: J. Subirá, *Historia y anecdotario del Teatro Real*, Madrid o. J. (Editorial Plus-Ultra), S. 51 ff. – Man darf Donosos Bemerkungen wohl auch als Kritik an der Königin verstehen.

127 Vermutlich ein Angriff auf den am 29. November 1850 sein Amt antretenden Finanzminister Manuel Seijas Lozano.

128 In Kalifornien kam es zu ersten großen Goldfunden 1848, also zwei Jahre vor Donosos Rede.

129 Im Original: *ángeles exterminadores.* „Extermination" war ein häufig benutzter Begriff in den Kommentaren zur Juni-Schlacht (s. FN 25); vgl. Dolf Oehler, *Ein Höllensturz der Alten Welt – Zur Selbsterforschung der Moderne nach dem Juni 1848*, 1988, S. 88–92. Donosos Wortwahl könnte auch inspiriert sein von der vor allem sich aus Mönchen rekrutierenden Terrororganisation *Ángel Exterminador*, die 1827 bei den Aufständen der „agraviados" (der „Beleidigten") in Katalonien eine Rolle spielte. Diese Aufstände sind als Ausgangspunkt des Carlismus anzusehen und sie proklamierten Carlos María Isidro de Borbón (1788–1855), den Bruder Fernandos VII., zum König.

130 Zur Quasi-Legitimität Louis Philippes, des „roi des barricades", vgl. u. a.: G. Ferrero, *Macht*, Bern 1944, S. 356 ff. – Die These Donosos von der Sicherheit und Stabilität der Juli-Monarchie ist durchaus falsch; zumindest „die ersten zehn Jahre (bilden)... eine ununterbrochene Reihe von Attentaten und Straßenkämpfen, Meutereien und Aufläufen... Auf einen so gehässigen, so anhaltenden Widerstand war die Restauration selbst in ihren bedrängtesten Tagen nicht gestoßen." (Treitschke, Frankreichs Staatsleben und der Bonapartismus, 1865–71, nach: *Historische und Politische Aufsätze,* II, 7. A., 1915, S. 166). Hinzu kamen die Ausbreitung des Sozialismus und die parlamentarische wie die außenpolitische Instabilität. 1841 freilich „war das Ziel des Königs, die *persönliche Regierung* mit einer dem Recht nach herrschenden, der Wirklichkeit nach entschieden beherrschten Kammer, scheinbar definitiv erreicht. Louis Philippe aber ward von jetzt an als der klügste Fürst Europas bewundert. Zwar fand man keinen recht klaren Ausdruck für das, was er getan; man bezeichnete ihn bald als denjenigen, der die Revolution gebändigt, bald als den, der das Königtum und den Thron auf sicherer Grundlage wieder erbaut, bald als den klugen Bezwinger des unruhigsten und gewaltigsten Volkes der Erde; oder man fühlte, daß er eine Frage gelöst habe, von der die Sicherheit aller konstitutionellen Kronen abhing; und daher war er ein ganzes Jahr-

zehnt hindurch als das Muster aller klugen Fürsten gepriesen und nachgeahmt." (Lorenz v. Stein, *Geschichte der sozialen Bewegung in Frankreich,* (1850), III, Ausg. 1921, S. 68). Zu den einzelnen Phasen der Juli-Monarchie vgl.: P. Bastid, *Les institutions politiques de la monarchie parlementaire française* (1814–1848), Paris 1954, S. 124 ff. – Die systematische Korruption („Guizotaille"), das System der Staatsposten, der Wahlbetrug, usw. während der Juli-Monarchie hatten ihre Ursache im Willen Louis Philippes, „das Prinzip der Herrschaft der industriellen Gesellschaft über die Staatsgewalt systematisch zu brechen", so Stein, a.a.O., ebd., auch ebd., S. 93–98.

131 Die am 10. Oktober 1830 geborene Isabella wurde am 8. November 1843, während der provisorischen Regierung Joaquín María López und nach dem von moderados und progresistas gemeinsam durchgeführten Aufstand gegen Espartero, der diesen ins Exil zwang, für volljährig erklärt, weil eine Wiedereinsetzung ihrer Mutter María Cristina als Regentin politisch nicht opportun schien. An die Einsetzung der jungen Königin knüpften sich große Hoffnungen auf eine Stabilisierung des Landes, auch auf eine Versöhnung zwischen moderados und progresistas. Da aber das Projekt besonders von Narváez betrieben wurde, widersetzten sich die progresistas, an ihrer Spitze Manuel Cortina (FN 1) dem Vorhaben; im September bis November kam es zu Aufständen, bei denen Cortina, damals noch die revolutionäre Seele seiner Partei, vermutlich eine führende Rolle spielte; am 14. November kam es zu einem Bombenattentat gegen Narváez. Die junge Königin wurde von den progresistas praktisch nie akzeptiert, sondern als „reina de los moderados" bezeichnet. Vgl. u. a.: J. L. Comellas, S. 22–30; C. Marichal, *La révolucion liberal y los primeros partidos políticos en España: î834–1844*, Madrid 1980, S. 254–267.

132 Die Legitimität Isabellas II. wurde, nicht ohne Gründe, von den Carlisten bezweifelt. Am 29. März 1830 setzte der (noch) kinderlose Fernando VII. die Pragmatische Sanktion gegen die Thronansprüche seines Bruders Don Carlos ein; mit der Geburt der Töchter Isabella (10. Oktober 1830) und Luisa Fernanda (30. Januar 1832) waren dessen Aussichten in die Ferne gerückt. Im September 1832 gelang es jedoch Anhängern Don Carlos', den todkranken Monarchen zum Widerruf der Pragmatischen Sanktion zu bewegen; María Cristina setzte aber kurze Zeit darauf, unterstützt von den moderados, deren Wiederherstellung durch. Vgl. F. Suárez, La Pragmática Sanción de 1830, *Estudios de Historia Moderna,* I, 1950, S. 187–253; ders., Calomarde y la derogación de la Pragmática Sanción, *Revista de Estudios Políticos,* 9/1944, S. 503–554. – Donoso bezieht sich hier wohl auch auf die Anerkennung Isabellas II. durch den Papst (1845), Preußen, Österreich und Piemont (1848); eine Anerkennung, die freilich erst durch den Willen der moderados zu einer Versöhnung mit der Kirche und durch die energische Reaktion Narváez' gegenüber der Revolutionsgefahr möglich wurde. – Donoso selbst hielt stets an der Legitimität Isabellas II. fest; dazu: F. Suárez; *Evolución política de Donoso Cortés,* Santiago de Compostela 1949, S. 53–73 („Donoso, absolutista de Isabel II"). Der Art. 49 der von ihm redigierten Verfassung vom 23. Mai 1845 geht wohl auf ihn zurück: „Die legitime Königin von Spanien ist Doña Isabella II. von Bourbon".

133 Vgl. FN 31; der Belagerungszustand in Katalonien war 1843 ausgerufen worden, er war noch 1850 in Kraft, vgl.: P. Cruz Villalón, *El estado de sitio y la constitución,* Madrid 1980, S. 344.

134 Zwar war die „década moderada“ von 1844–54 durch eine Art Gründungsfieber gekennzeichnet und 1846 kam es sogar zu einem boom; die Ergebnisse der oft auf Spekulation beruhenden und mit Korruption verbundenen Aktivitäten blieben jedoch bescheiden. Zudem verelendeten größere Teile der Landbevölkerung durch die Desamortisation (FN 29) und 1848 setzte auch in Spanien der das übrige Europa bereits 1847 erfassende Konjunkturabschwung ein. Rasche Bereicherung von Schichten mit geringer unternehmerischer Tugend, schnell steigende, bald enttäuschte Erwartungen, rasche Proletarisierung und sogar Zurückfallen auf die reine Subsistenz – so ließe sich die revolutionierend wirkende Lage wohl zusammenfassen. Vgl. u. a.: J. Vicens Vives, *Historia social y económica de España y América,* Barcelona 1959/61, Bde. IV und V; J. L. Aranguren u. a., *Historia social de España. El siglo XIX,* Madrid 1972; a. FN 111.

135 Am 23. August 1859 schrieb Donoso an Raczynski u. a.: „… eine Nation, die bis ins Mark ihrer Knochen korrumpiert ist, oben wie unten, muß notwendigerweise, an einem Tage, an dem man es am wenigsten annimmt, zugrunde gehen. Allgemein glaubt man, daß der Sozialismus noch nicht in Spanien eingedrungen ist… welch ein Irrtum! Am Tage, an dem die Deiche brechen, werden Sie hier mehr Sozialisten sehen als in Paris… Jeder neuen Idee werden in Spanien sofort alle Tore geöffnet.“ (Valverde, II, S. 935.) – Tatsächlich existierte um 1848 bereits ein spanischer Sozialismus, der noch stark von französischen Vorbildern abhängig war, vgl. etwa die Textauswahl von A. Elorza, *Socialismo útopico español,* Madrid 1970, und die Darstellung von J. Maluquer de Motes, *El socialismo en España 1833–1868,* Barcelona 1977. – Besondere Bedeutung kam hier der Vorlesungsreihe von Donosos zeitweise engem Freund Pastor Díaz zu, vgl. FN 86.

136 Noch pointierter hat Donoso seine Forderung nach großen Almosen in einem Brief an die Königin-Mutter María Cristina vom 26. November 1851 erhoben: „Um was es sich heute allein handelt, ist, den Reichtum, der schlecht verteilt ist, angemessen zu verteilen… Wenn die Regierenden der Völker dieses Problem nicht lösen, wird der Sozialismus kommen und es lösen, und er wird es lösen, indem er die Nationen ausplündert… Es ist nötig, daß der Reichtum, von einem riesenhaften Egoismus angehäuft, durch Almosen großen Stils verteilt wird.“ (Maschke, S. 286 f.). Die beliebte Kritik, daß auf diese Weise nicht die soziale Frage gelöst werden könne, greift etwas zu kurz, vergegenwärtigt man sich den großen Umfang der kirchlichen Stiftungen im Antiguo Régimen, die häufig auch Werkstätten einrichteten und so Arbeit beschafften. Mit der Desamortisation (FN 29) verlor die Kirche die ökonomischen Grundlagen dazu und mit der Durchsetzung des Kapitalismus wurde ihre Haltung gegenüber dem Almosen z. T. „elastischer“: der hohe Konsum des Wirtschaftsbürgers wurde moralisch gerechtfertigt. Vgl. J. A. Portero Molina, *Pulpito e ideología en la España del siglo XIX,* Saragossa 1978, S. 230–239. Donoso selbst wandte 5/6 seines Einkom-

mens für Almosen auf; vgl. auch die Schilderung seiner Mildtätigkeit und seines ärmlichen Lebensstils als Gesandter in Paris von Louis Veuillot: *Oeuvres de Donoso Cortés,* éd. Veuillot, I, Paris 1858, S. LIX ff. (Introduction). Vgl. FN 138.

137 Louis Blanc (1811–82) war eher „gouvernementaler Sozialist“ (Lorenz v. Stein), denn Kommunist, In seiner berühmten Programmschrift „Organisation du travail“ (zuerst 1839; dt. in: J. Höppner/W. Seidel-Höppner, Hrsg., *Von Babeuf bis Blanqui,* Leipzig 1975, II, S. 325–373, 582–589) forderte er die Bekämpfung des ruinösen Konkurrenzsystems durch staatlich unterstützte Genossenschaftswerkstätten (ateliers sociaux); die Idee wurde nach dem Februar 1848 auf eine fragwürdige Weise verwirklicht, so daß ihr Scheitern zur Juni- Schlacht führte (vgl. FN 25). Blanc forderte damals auch vergeblich ein „Ministère du progrès“. Vgl. von ihm: *Appel aux honnêtes gens. Quelques pages d'histoire contemporaine*, Paris 1849 pass.; *Pages d'histoire de la révolution de février 1848,* Brüssel 1850, bes. S. 34 ff., 49 ff., 139 ff.; zu ihm: Stein, FN 130, S. 255–281. Zwei programmatische Reden B's in: Th. Ramm, *Der Frühsozialismus,* 2. A., 1968, S. 448–472. – Donosos Fehleinschätzung Louis Blancs erklärt sich wohl aus dem großen Einfluß des Werkes von Alfred Sudre, *Histoire du communisme,* Paris 1850, S. 364–382, auf ihn.

138 Grosso modo trifft Donoso hier das Richtige – sowohl in seiner Kritik an den sozialen Folgen der Desamortisation (vgl. FN 29) als auch in seiner wohl etwas idyllisierenden Schilderung der patriarchalisch-feudalen Verhältnisse, in denen die Pächter aber tatsächlich quasi Eigentümer des Bodens waren und weder die Kirche noch der Adel großes Interesse an der Erhöhung des Pachtzinses und an der Auspressung der „colonos“ zeigten; vgl. dazu: *Almanaque popular de España para 1845,* Madrid 1844, 2. Teil, S. 54–57 und die Hinweise bei: Diego Sevilla Andrés, *Historia política de España* (1800–1973), I, 1974, S. 138–146; vgl. a. V. Palacio Atard, *La España del siglo XIX,* 1978, S. 203–220. „(Hätte die Desamortisation) die Interessen der Bauern berücksichtigt, hätten wir uns wohl ein Jahrhundert des Kampfes zwischen dem alten und dem neuen Spanien sparen können“, resümierte 1932 der Historiker Sánchez Albornoz (nach D. Sevilla Andrés, s. 143). So aber war die Desamortisation schlimmer als ein „ungeheurer Raub“, sie war eine „frustrierte Revolution“. – Die sozial katastrophalen Folgen der Desamortisation für die „hilflosen, verlassenen Klassen“ (las clases desvalidas) untersuchte rücklickend auch Andrés Borrego (FN 56), der die herrschende Bourgeoisie aufforderte, endlich die sozialen Aufgaben des Klerus im Antiguo Régimen zu übernehmen; vgl.: *La cuestión social,* Madrid 1881, pass.; *Historia, antecedentes y trabajos a que han dado lugar en España las discusiones sobre la situación y el porvenir de las clases jornaleras*, Madrid 1890, bes. S. 35 ff., 52 ff. Vgl. FN 13.

139 Hierzu schrieb Comellas, S. 150, in etwa die Widersprüchlichkeit der Dekade der moderados (1844–1854) treffend: „Zwei Regierungen oder, vielleicht genauer, zwei Systeme zu ein und derselben Zeit: eines de jure, ein anderes de facto. Und beide lähmen sich gegenseitig. Die Diktatur nimmt dem Liberalismus die legale Kraft, während der Liberalismus der Diktatur die physische Kraft nimmt. Beide lassen sich unter bestimmten Umständen rechtfertigen. Was

sich nicht rechtfertigen läßt, ist eine liberale Diktatur." – Immerhin wurde die „kaschierte Diktatur" der moderados auch von Belagerungszuständen, Sondervollmachten etc. durchbrochen und verschärft; für diese Belagerungzustände hat Pedro Cruz Villalón die Formel „Belagerungszustände im Naturzustand" gefunden (vgl.: ders., *El estado de sitio y la constitución*, Madrid 1980, S. 342–346. – Der Marqués de Miraflores (1792–1872), einer der wenigen unbestechlichen und ehrbaren Politiker der damaligen Zeit („der Mann guten Willens"), der zudem in erstaunlichem Maße zur Unparteilichkeit begabt war, schrieb in seinen „Memorias del reinado de Isabel II" sogar: „Sie selbst (= seine Memoiren, G. M.) beweisen, daß in Spanien ab 1833 sich nur in der Theorie ein konstitutionelles Regime etablierte. Doch de facto war die Regierung während der 35 Jahre der Herrschaft Isabellas II. nur eine Serie sich abwechselnder Diktaturen beziehungsweise absolut personaler Regimes." (Ausg. Madrid 1964, *Biblioteca de Autores Españoles*, Bd. II, S. 293). Außerordentlich reiches Beweismaterial dazu in dem Werk von J. I. Marcuello Benedicto, FN 2.

140 Von 1833–53 amtierten in Spanien 185 Minister; vgl. M. C. García-Nieto, *Moderados y progresistas 1833–1868*, Madrid 1971, S. 197. Die Zahl ist eher als niedrig anzusehen, bedenkt man die Häufigkeit der Regierungswechsel und Kabinettsumbildungen: Es gab nur wenige als ministerabel geltende Politiker, die häufig die Ämter in den Kabinetten wechselten. – Die „Gaceta oficial" ist das Amtsblatt des spanischen Staates.

141 Donoso wird in der Literatur nicht selten als Freund von Ramón María Narváez, Duque de Valencia (1799 oder 1800–1868) bezeichnet, was aber irreführend ist. Am 17. September 1849 schrieb Donoso an Raczynski: „Ihr wißt, daß zwischen Narváez und mir weder Freundschaft noch Sympathie bestehen kann; wegen unserer Charaktere, unserer Vorlieben, unserer Art, die Dinge zu sehen und einzuschätzen, bilden wir zwei einander entgegengesetzte Pole. Doch ich bin gerecht und unparteiisch: Narváez ist die Säule, auf der das Gebäude ruht; an dem Tage, an dem die Säule fällt, wird das ganze Gebäude einstürzen. Deshalb habe ich bei allen Gelegenheiten Narváez ehrlich und desinteressiert unterstützt." (Valverde, II, S. 939). Donosos Unterstützung endete mit der vorliegenden Rede; in zwei Briefen an Louis Veuillot ging er in seiner Kritik noch weiter und betonte, daß N. selbst „corrupteur" *und* korrupt sei (vgl. die Briefe vom 25. Dezember und vom 31. Dezember 1850, in: Valverde, II, S. 475 f., A. Maier, S. 102 f.). – Kaum zu bestreiten ist, daß Narváez dank seiner außerordentlichen Willenskraft und Entschlossenheit – deren Reversseite freilich resignative Stimmungen und depressive Anfälle waren –, Spanien während seiner ersten Ministerpräsidentschaften (1844–46, 1847–51) vor Bürgerkrieg und Revolution bewahrte. Ohne ihn wäre wohl auch die erfolgreiche Finanzreform unter Alejandro Mon 1845, die Aussöhnung mit der Kirche, die internationale Anerkennung Isabellas II, und die alles in allem positiv zu wertende Zentralisierung der Verwaltung nicht gelungen. Als Narváez, der noch drei weitere Male (1856, 1864, 1866) die Regierung bildete, am 13. April 1868 starb, waren die moderados führungslos; die Revolution der Progressisten und Demokraten vom

September 1868 wurde durch seinen Tod sicher erleichtert. Vgl. über ihn: Andrés Borrego, El Duque de Valencia, in: *La España del siglo XIX,* 1,1886, S. 447–499 (aufschlußreich, weil dieser Vertreter des linken Flügels der moderados Narváez als überzeugten Liberalen sieht); ähnlich, wenn auch stark hagiographisch: Andrés Rêvez, *Un dictador liberal: Narváez,* Madrid 1953; über N's Bedeutung für die moderados, seinen Regierungsstil und seine Psyche: J. L. Comellas, bes. S. 253–281.

142 Es kam unter der Regierung Narváez zum Aufbau eines modernen Dampfschiff-Geschwaders zum Schutze der Philippinen und der spanischen Besitzungen in der Karibik. Eine Übersicht über den Bau neuer Schiffe, die Modernisierung von Hafenanlagen, die Vergrößerung auch der Handelsmarine u. ä. bei: Jesús Pabón y Suárez de Urbina, *Narváez y su época,* Madrid 1983 (postum), S. 325–330.

143 „Narváez war außerordentlich stark, doch gerade deshalb regnete es für ihn Feinde aus allen nur möglichen Ecken", resümiert J. L. Comellas, S. 195, die Lage N's während dessen Regierung vom 3. Mai 1844–11. Februar 1846. Zum Zeitpunkt der Rede Donosos hatte sich diese Situation noch verschärft: jetzt standen Narváez nicht nur die Progressisten, die Carlisten und die Dissidentengruppen der eigenen Partei – die „Vilumistas" die „Puritanos" und die „Monistas" (vgl. FN 71) gegenüber; er stieß auch auf immer massiveren Widerstand in der staatlichen Verwaltung und hatte sich eines so rabiaten Demagogen wie Ríos y Rosas zu erwehren. Diese öfters wiederkehrende Isoliertheit Narváez' wurde damit erklärt, daß er „allein, vollständig allein, das Feld der Politik" betreten hatte... „er konnte auf niemanden zählen...: ihm wurde gehorcht, weil er im Namen der Königin befahl; er disponierte über das Heer, weil er Minister der Königin war: sowie er die Gunst des Hofes verlor, zeigte sich, daß er nur eine einfache Privatperson war..."; so Jaime Balmes (El General Narváez, 15. April 1846, in: *Obras completas,* VII, 1950, S. 607–614, 610 f.). Diese Deutung darf angezweifelt werden, da N. ein außerordentlich hohes Prestige innerhalb der Armee genoß und sich immerhin auf die Fraktion der „polacos" (FN 101) stützen konnte.

144 Zu Donosos Stellung innerhalb des spanischen Traditionalismus, der überwiegend vom Carlismus geprägt war, vgl. u. a.: J. Fernández, *Spanisches Erbe und Revolution – Die Staats- und Gesellschaftslehre der spanischen Traditionalisten im neunzehnten Jahrhundert,* Münster 1957, bes. S. 56–68; J. de Encinas, *La tradición española y la revolución,* Madrid 1958, bes. S. 133–166. Vgl. auch Westemeyer, bes. S. 7 ff., 85 fT., 181 ff. Für Raúl Sánchez Abelenda, *La teoría del poder en el pensamiento político de Juan Donoso Cortés*, Buenos Aires 1969, S. 162, sind konstitutiv für den spanischen Traditionalismus: 1) Parteinahme für die nicht-absolutistische, ständische Monarchie; 2) Ablehnung der Volkssouveränität und all ihrer Implikationen; 3) Ablehnung der Revolution, zumal sie antichristlich und antiklerikal ist; 4) Verteidigung der überlieferten Religion, die als essentiell für die spanische Nation angesehen wird; ebenso die der historischen Beziehungen zwischen Staat und Kirche und des christlichen Einflusses auf die Kultur; 5) Verteidigung des hergebrachten spanischen Lebensstils und seiner Idee der Ordnung; 6) Verteidigung der

hergebrachten regionalen Sonderrechte (fueros), d. h. Antizentralismus. – Der Einfluß des französischen katholischen Traditionalismus auf Donoso ist sehr oft dargelegt worden; aufschlußreich ist jedoch, daß analoge spanische Tendenzen so gut wie keine Bedeutung für ihn besaßen. Zu den entsprechenden spanischen Autoren vor Donoso vgl. die (polemische) Darstellung von Javier Herrero, *Los orígenes del pensamiento reaccionario español*, Madrid 1988 und den mit dem gleichen Titel versehenen Aufsatz v. J. L. Rodríguez, *Boletín de la Real Academia de la Historia*, CXC/1, 1993, S. 31–119.

Nachträge

Zu Seite 85: „Vertrauensvotum", im span. Original „voto de confianza". Mit dem Ausdruck „votos de confianza" wurden im parlamentarischen Sprachgebrauch z. Zt. Donosos gesetzgeberische Ermächtigungen („legislative Delegationen") bezeichnet. Die neuerliche Forderung der Regierung Narváez nach Sondervollmachten, zu der Donoso in seiner Rede v. 30. Dezember 1850 Stellung nahm, lief auf eine derartige gesetzgeberische Ermächtigung durch die Cortes hinaus. Zu deren großer Bedeutung im damaligen Spanien vgl. a. FN 2, 60 u. 103.

Zu Seite 119–121: Detaillierter zur Vorgeschichte des Gesetzes über Sondervollmachten (Ley de poderes excepcionales), auch „Gesetz über die Ermächtigung der Regierung, die verfassungsmäßigen Garantien zu suspendieren" (Ley sobre la autorización al Gobierno para suspender las garantías constitucionales) genannt: Pedro Cruz Villalón, *El estado de sitio y la constitución,* Madrid 1980, S. 268–276. Während der parlamentarischen Debatte versprach Narváez auf höchst pathetische Weise, auf keinen Fall die Cortes zu schließen, da noch Abstimmungen über das Budget notwendig seien; eine Zusage, die er äußerst rasch „vergaß". Die große Erbitterung der Progressiven Partei über die „dictadura legal" Narváez' erklärt sich z.T. aus diesem Sachverhalt.

Günter Maschke

GENERAL NARVÁEZ' „LEGALE DIKTATUR" UND DONOSO CORTÉS (1847/51)

Am Nachmittag des 4. Oktober 1847 drang General Ramón María Narváez in Madrid in den Kabinettssaal ein, in dem der Regierungschef Florencio García Goyena mit seinen sechs Ministern tagte. Mit gezücktem Säbel zwang Narváez die Anwesenden, der Königin unverzüglich ihre Demission einzureichen.[1] Wenige Stunden später ernannte Isabella II. den General, der wohl als einziger Mann der Weltgeschichte einen Staatsstreich alleine durchführte, zum Ministerpräsidenten. So begann Narváez' „langdauernde Regierung" (*largo gobierno*), die, nur am 19. Oktober 1849 durch das gerade einen Tag sich haltende Kabinett des Grafen Cleonard unterbrochen, bis zum 10. Januar 1851 währte. Die Bezeichnung „langdauernd" ist berechtigt, da Spanien seit dem Tode Ferdinands VII. am 29. September 1833 immerhin dreißig Regierungen verschlissen hatte.[2]

Vergegenwärtigt man sich die Bedingungen des politischen Handelns im damaligen Spanien, so darf man die Bilanz des *largo gobierno* positiv nennen. Die Leistungsfähigkeit der Verwaltung erhöhte sich, weil der Beamtenkörper nicht mehr, wie bis dahin üblich, bei jedem Regierungswechsel fast zur Gänze ausgewechselt wurde, son-

1 J. L. *Comellas*, Los moderados en el poder 1844–1854, Madrid 1970, S. 251, datiert das Ereignis irrtümlich auf den 5. 10. 1847.

2 Vgl. *M. Artola* (Hrsg.), Enciclopedia de Historia de España, VI, Cronología, Madrid 1993, S. 1116 ff.

dern von nun an kontinuierlich arbeiten konnte.[3] Die Gründung der *Guardia civil* führte zu größerer Sicherheit in den Städten und vor allem auf den von gewalttätigen *bandoleros* bedrohten Fernstraßen.[4] Durch die 1845 in Gang kommende Finanzreform verbesserten sich die Einkünfte des Staates und auch die Tätigkeit einer gänzlich neuen Institution, des Ministeriums für Öffentliche Arbeiten, trug zu einer bescheidenen wirtschaftlichen Erholung bei.[5] Vor allem jedoch beendeten die konservativliberalen *moderados*[6] als die jetzt herrschende Partei den zermürbenden Dauerkonflikt mit der Kirche, indem sie die *desamortización eclesiástica* stoppten: die Enteignung der Kirchen- und Klostergüter, die von der Regierung der linksliberalen *progresistas* unter Mendizábal 1837 initiiert worden war.[7] Der Verkauf der Güter sollte den völlig zerrütteten Haushalt sanieren. Doch wurden diese Güter weit eher verschleudert denn verkauft, um eine durch das schlechte Gewissen und die stete Angst vor einer Rückgängigmachung zusammengehaltene Klientel zu

3 Die entlassenen Beamten, die *cesantes*, bildeten, da praktisch ohne Einkünfte, einen ständigen politischen Unruheherd. Das Problem wurde erst von Bravo Murillo, dessen Regierung der Narváez‘ folgte (14. 1. 1851–2. 12. 1852) wirklich gelöst.

4 Zur Gründung der *Guardia civil: López Garrido*, La Guardia civil y los origenes del Estado centralista, Barcelona 1982. Vgl. auch: *M. Ballbé*, Orden público y militarismo en la España constitucional (1812–1983), 2. Aufl., Madrid 1985, S. 141 ff.

5 Dazu*: F. Estapé Rodrigues*, La Reforma tributaria de 1845, Madrid 1971 und *M. Artola*, La Hacienda del siglo XIX. Progresistas y moderados, Madrid 1986, bes. S. 223–279. Von bes. politischer Aussagekraft sind die Memoiren von einem der Protagonisten der Reform: *R. de Santillán*, Memorias (1815–1856), 2 Bde., Pamplona 1961.

6 Zur Geschichte dieser Partei vgl. u. a.: *C. L. Comellas* (wie FN 1); *F. Canovas Sánchez*, EI partido moderado, Madrid 1982. Dokumente bei: *M. C. García-Nieto*, Moderados y progresistas 1833–1868, Madrid 1971. Der wohl bisher ehrgeizigste Versuch zu einer Geschichte der Parteien Spaniens im 19. Jahrhundert: *M. Artola*, Partidos y programas políticos 1808–1936, 2 Bde., Madrid 1974 (der 2. Bd. enthält Dokumente).

7 Grundlegend: *F. Tomás y Valiente*, EI marco político de la desamortización en España, Barcelona 1971; *F. Simón Segura*, La desamortización española del siglo XIX, Madrid 1973.

schaffen. Der lediglich durch Dekrete legalisierte Raub[8] führte zu keiner nennenswerten Steigerung der agrarischen Produktion und endete häufig in betrügerischen Spekulationen und Korruptionsaffären. Die so entstandene Schicht neureicher Revolutionsgewinnler[9] entfaltete kaum kapitalistisch-unternehmerische Tugenden; sie vermochte es jedoch, durch die skrupellose Erhöhung der Pachtzinsen, die *colonos* zu vertreiben, so daß diese die ohnehin stattliche Armee der Bettler und Verelendeten vergrößerten. Die Kirche, der die *progresistas* auch das Recht auf den Zehnten genommen hatten, der sie aber die zugesagten Zahlungen für den Kultus und die Gehälter der Kleriker meist vorenthielten, stürzte ökonomisch fast ins Nichts. Jetzt konnte sie, wenn auch in einem äußerst beschränkten Rahmen und bei verschlechterten Bedingungen, ihr in Spanien so bedeutendes Almosenwerk wieder aufnehmen.

Aufgrund der Teilnahme Spaniens an der militärischen Intervention zugunsten des vor der römischen Revolution nach Gaeta geflohenen Papstes Pius IX. im Mai–Juli 1849 wurden die wegen der desamortizacion abgebrochenen Beziehungen zum Hl. Stuhl wieder aufgenommen.[10] Isabella II. wurde von Plus IX. als legitime Monarchin anerkannt: Preußen und Österreich schlossen sich bald an. Damit war die Gefahr, dic dem *moderado*-Regime und der Krone Isabellas II. von seiten der Carlisten drohte, auch außenpolitisch fürs erste gebannt, nachdem im Februar

8 Durch eine Serie von Königlichen Dekreten Ende 1836 wurde diese folgenschwerste wirtschafts- und sozialpolitische Entscheidung des spanischen Staates ermöglicht. Zum Scheitern der desamortización vgl. die kurze und pointierte Bilanz bei: *V. Palacio Atard*, La España del siglo XIX, 1808–1898, Madrid 1978, S. 219 ff.

9 Man darf die *desamortización* als eine (bürgerliche) Revolution ansehen; freilich war sie eine *revolución frustrada*.

10 Vgl. dazu die unter vielen Aspekten unumgänglichen Memoiren des Generals *Fernando Fernández de Córdova* (1809–1883), der die spanischen Interventionstruppen führte: Mis memorias íntimas (postum), Ausg. Madrid 1966, 2 Bde., II, S. 201–247. Da der General der wohl engste Vertraute Narváez' war, sind seine Schilderungen für die gesamte Zeit von 1844–1854 von größtem Wert.

1849 der Carlisten-General Cabrera y Grinó gegenüber den energisch geführten Truppen Narváez' kapituliert hatte.

Sicher verdankten sich diese Erfolge auch der Vorarbeit, die die von den *moderados* geführten Kabinette seit dem Mai 1844 geleistet hatten. Doch entweder unterstanden diese Regierungen Narváez als ihrem Chef direkt (so vom 3. 5. 1844–11. 2. 1846 und vom 16. 3.–5. 4. 1846) oder waren völlig abhängig vom guten Willen des *espadón,* des Haudegens, der am 27. 3. 1843 durch seinen Sieg in der Schlacht von Torrejón de Ardoz seinen Gegner, General Baldomero Espartero, den Führer der *progresistas,* der sich zum Regenten aufgeworfen hatte, zur Abdankung und zur Flucht gezwungen hatte. [11] Gewiß war der *espadón* nicht alles, aber ohne ihn war alles nichts. Es war die außerordentliche Energie, das große Talent als Heerführer wie auch die Gabe sowohl zur Brutalität als auch zur Konzilianz, die es dem aus Loja bei Granada stammenden Offizier[12] ermöglichten, die in unzählige Fraktionen zersplitterte Partei der *moderados,* die auch vor gewaltsamen internen Auseinandersetzungen nicht zurückschreckte, notdürftig zusammenzuhalten. Narváez war tatsächlich, wie der ihn stets reserviert beobachtende Donoso Cortes schrieb, „die Säule, die das Gebäude trägt. An dem Tage, an dem die Säule fällt, wird das ganze Gebäude einstürzen."[13] Der zum Grobianismus neigende und zugleich in den lateinischen Klassikern bewanderte *mandón*[14] wußte, daß die Kraft der *moderados* für eine dauerhafte

---

11 Über Espartero (1793–1879) vgl. bes.: *J. Segundo Florez,* Espartero. Historia de su vida militar y política y de los grandes sucesos contemporanes, Madrid 1843–45, 4 Bde.

12 Über Narváez: *M. Prados,* Narváez, el espadón de Loja, Madrid 1952; *A. Révesz,* Un dictador liberal – Narváez, ebd., 1953; durch seinen Tod Fragment geblieben ist die Biographie von *J. Pabón y Suárez de Urbina,* Narváez y su época, Madrid 1983.

13 So *Donoso* in einem Brief an den preußischen Botschafter in Madrid, Graf Raczynski am 17.9.1849 (In: *J. Donoso Cortes,* Obras completas, II, Madrid 1970, S. 939).

14 *Mandón* = von *mando,* Befehl. Ein *mandón* ist ein besonders herrisch und schroff befehlender Militär.

Stabilisierung des Landes nicht ausreichte. Zwar war Narváez entschlossen, den Carlisten den Zugang zur Macht zu versperren und deshalb bekämpfte er alle Versuche des Marqués de Viluma auf dem rechten Flügel seiner Partei, der dabei von Jaime Balmes publizistisch unterstützt wurde, mit diesen zu einem Ausgleich zu gelangen.[15] Denn hier standen sich zwei einander ausschließende Legitimitätsansprüche gegenüber und zudem schlossen allein die Zahl der Toten und das Ausmaß der wechselseitigen Greueltaten und Massaker eine Versöhnung aus.[16] Hinzu kam, daß die Carlisten öfters mit den politisch noch unorganisierten Unterschichten zusammengingen, so daß die neue liberale Herrschaft sich nicht nur vom absolutistisch-klerikalen Revenant, sondern auch vom roten Gespenst bedroht fühlte.

Anders schien es Narváez um die *progresistas* bestellt, die sich 1834 endgültig von den *moderados* getrennt und

---

15 Zur Fraktion der *vilumistas*, die eine energische und definitive Abkehr von der *desamortización*, eine tiefgreifende Versöhnung mit der Kirche und den Carlisten (letzteres u. a. durch eine Heirat zwischen Isabella und einem Sohne Don Carlos') und, anstatt der Verfassung von 1845, eine oktroyierte Charte forderten: *F. Canovas Sánchez* (wie FN 6), S. 192–225. Das Gros der *vilumistas* spaltete sich 1844 von den *moderados* ab und nannte sich *Unión nacional*. – Die Schriften von *Jaime Balmes* (1810–1848) zur Politik der Jahre 1840–48 finden sich in den „Obras completas", Madrid 1950, Bde. VI u. VII. Vielleicht ihr größter Wert liegt darin, daß sie eine Soziologie von Parteien unter revolutionären Umständen enthalten. Zu Balmes vgl. u. a.: *H. Auhofer*, Die Soziologie des Jakob Balmes, Diss. München 1953; *J. Fernández*, Spanisches Erbe und Revolution, Münster 1957.

16 Zwar kam es nach der Niederlage der Carlisten in Vergara am 3. 8. 1839 zum „abrazo de Vergara" (zur „Umarmung von Vergara") und zahlreiche Offiziere der Carlisten wurden in das Heer übernommen, aber ihre Loyalität blieb stets zweifelhaft. Zwischen dem zweiten (1847–49) und dem dritten Carlistenkrieg (1872–76) fanden zahlreiche Aufstände statt. Klassisch: *A. Pirala*, Historia de la guerra civil y de los partidos liberal y carlista, 2. Aufl., Madrid 1868–69, 6 Bde., sowie die Fortsetzung: *ders.*, Historia contemporánea. Segunda parte de la guerra civil, Madrid 1891–92, 6 Bde. Einen Querschnitt durch die carlistische Ideologie bietet der Sammelband von *V. Marrero* (Hrsg.), El tradicionalismo español de! siglo XIX, Madrid 1955.

so den spanischen Liberalismus gespalten hatten.[17] Es schien Narváez unmöglich, auf die Dauer diese Partei durch organisierten Wahlbetrug und durch die Blockierung des Zugangs zur Krone zu marginalisieren und die von den progressistischen Militärs geführten *pronunciamientos* mittels der stets nur kurzfristig wirksamen Ausnahmezustände zu unterdrücken.[18] Sieht man von ihrem beträchtlichen demagogischen Charakter ab, so waren die *pronunciamientos* auch das Ergebnis der durch Repression, Betrug und die besseren Möglichkeiten zur Korrumpierung erleichterten Vorherrschaft der *moderados* und stellten so oft eine Art Notwehr dar: sie wiesen auf tatsächliche Probleme hin und erzwangen eine politische Diskussion.

Doch alle Versuche, sei es von Narváez selbst, sei es von Joaquín Francisco Pacheco, dem Führer des linken Flügels der *moderados,* den *puritanos,* mit den *progresistas* zu einem Arrangement zu kommen – wobei selbst turnusmäßige Regierungswechsel ins Auge gefaßt wurden –, scheiterten. Sie mußten zum einen scheitern, weil es um den Zusammenhalt dieser Partei noch schlechter bestellt war als um den der *moderados* und ihr linker Flügel schon Mitte der 40er Jahre zum Republikanismus und zum Sozialismus tendierte und sich folgerichtig Anfang 1849 im *partido democráta* auflöste;[19] die Feindschaft gegenüber den *moderados* war für die Kohäsion dieser Partei lebensnotwendig, auch wenn sie nicht ausreichte. Zum zweiten waren die ökonomischen Interessen nicht zu harmonisieren. Zwar hatten die *progresistas* mit der *desamortización* begonnen, aber die *moderados,* die, alles in allem, die wohlhabenderen Schichten des alten und neuen Reich-

---

17 Vgl. u. a.: C. *García-Nieto* (wie FN 6); bes. aber die klug kommentierte Textsammlung von *D. Negro Pavón,* El liberalismo en España, Madrid 1988.

18 Zum pronunciamiento: *M. Alonso Baquer,* EI modelo español de pronunciamiento, Madrid 1983.

19 Vgl.: *A. Eiras Roel,* El partido democráta español (1849–1868), Pamplona 1961.

tums repräsentierten, hatten sie eine Zeitlang fortgesetzt und den Löwenanteil eingestrichen. Jetzt wollten sie sie beenden, um sich in Ruhe, Frieden und Ordnung an der Beute zu erfreuen, die bald mit dem Etikett der wohlerworbenen Rechte geschmückt wurde. Große Gruppen der *progresistas,* deren Anhängerschaft bis in die städtischen und antiklerikalen unteren Mittelschichten reichte, sahen sich ausgeschlossen.

Besondere Bedeutung kam jedoch den einschneidenden ideologischen Differenzen zu. Waren die *moderados* Parteigänger weitreichender Prärogativen der Krone, die im Zusammenspiel mit der durch sie gestellten Camarilla (und/oder dem Senat) entschied und die fast beliebig mittels Kongreß-Auflösungen, Königlichen Dekreten oder Königlichen Ordonnanzen eingreifen konnte oder, sich auf die *moderado-Mehrheit* stützend, gesetzgeberische Ermächtigungen durchsetzte[20], um die parlamentarische Debatte zu verhindern, so forderten die *progresistas* bedeutende Einschränkungen der Macht der Krone und eine Stärkung des Parlaments, die auf einer beträchtlichen Ausweitung des Wahlzensus beruhen sollte. Sahen die *moderados* die Souveränität in der Krone und den Cortes inkarniert und war für sie, gemäß einer von ihnen behaupteten *constitución interna* des wahren Spanien, der *pouvoir constitué* identisch mit dem *pouvoir constituant,*[21] so behaupteten die *progresistas* die Souveränität des Volkes. Ging es den *moderados* darum, „Ordnung und Freiheit zu verbrüdern", wobei sie notfalls – sowohl ihrer Interessen eingedenk als auch der endlosen Bürgerkriege, Putsche, *pronunciamientos,* Revolutionen und Konterrevolutionen aller Genres, Verfassungsstürze und ökono-

---

20 Mit außerordentlicher Akribie untersucht dieses System, das letztlich auf eine fast vollständige Annullierung der Repräsentativverfassung hinauslief: *J. I. Marcuello Benedicto,* La práctica parlamentaria en el reinado de Isabel II, Madrid 1986.

21 Diese These wurde bes. von *Donoso Cortés* verfochten, vgl. s. Bericht als Redakteur der Verfassung von 1845 in: Obras completas, wie FN 13, Bd. II, S. 74 ff.

mischen Katastrophen, die seit 1808 das Land verheert hatten, gründlich müde – die Ordnung vorzogen und sie in ihrer Presse gerne in Majuskeln schrieben – ORDEN –, so riefen die *progresistas* nach der „libertad sin manchas“, nach der Freiheit ohne Flecken und ohne Einschränkungen; und ihre konzeptuelle Einfältigkeit, die sie dazu führte, alle Probleme durch den Schlachtruf „Mehr Freiheit!“ lösen zu wollen, war nur die Reversseite eines immer wieder massenhaft werdenden Individualanarchismus.[22] Einer der klügsten politischen Kommentatoren der Epoche, Jaime Balmes, traf das Wesen dieser Partei: „... sie benötigt in der Presse Maßlosigkeit, im Parlament Unruhe, auf der Straße Zusammenrottungen; sie muß alle 6 Monate eine Regierung vernichten, möglichst oft die politische Situation umstürzen und die Gewalten zerstören.“[23] Der Abgrund zwischen den beiden Parteien war nicht zu überbrücken und jede Stärkung des Parlaments wie auch jede „Demokratisierung“ hätte den nur mit Mühe latent gehaltenen Bürgerkrieg neu entfesselt.

Ein bloßer Rückgriff auf die in Spanien mit beträchtlicher Leichtigkeit ausgerufenen Ausnahme- bzw. Belagerungszustände[24] verbot sich. Der Belagerungszustand, auf einem Gesetz v. 17. 4. 1821 beruhend und sich pauschal auf „Delikte gegen die Verfassung, die innere oder äußere Sicherheit des Staates oder gegen das heilige und unverletzliche Leben des konstitutionellen Königs“ bezie-

---

22 Nach einem in Spanien beliebten Bonmot von *Angel Ganivet* (1865–1898) trägt jeder Spanier einen Zettel in der Rocktasche, auf dem „seine“ Verfassung steht: „Der Inhaber dieses Papieres darf tun und lassen, wonach ihm die Lust steht.“

23 *J. Balmes,* Origen, carácter y fuerzas de los partidos políticos en España (1844), in: Obras completas (wie FN 15), Bd. VI, S. 472–499, hier S. 492.

24 Zur Geschichte des Ausnahme- bzw. Belagerungszustandes in Spanien vgl. bes.: *F. Fernández Segado,* El estado de excepción en el derecho constitucional español, Madrid 1978; *P. Cruz Villalón,* EI estado de sitio y la constitución, Madrid 1980; ergiebig auch: *M. Ballbé* (wie FN 4), passim. Unter den zahlreichen Kritiken des Mißbrauches des Ausnahmezustandes etwa während unseres Zeitraums: *N. Pastor Díaz,* Medidas excepcionales (1841), Ndr. in: Obras completas, Madrid 1970, II, S. 43–48.

hend, gab den regionalen Militärbefehlshabern beinahe völlig freie Hand. Eine Kontrolle durch das Parlament oder die zivilen Gewalten bestand de facto nicht; sie wurde später den Zivilgouverneuren *(jefes políticos)* zugesprochen, die aber fast stets Militärs waren. Das Ergebnis war die denkbar größte Willkür, zumal die Jurisdiktion völlig in der Hand der Militärgerichte lag, die jeden Zivilisten auf die kürzest mögliche Weise aburteilen konnten. Nicht selten kam es sogar zu Massenexekutionen ohne standrechtliches Verfahren; bei den Opfern, angeblichen „Aufständischen", konnte es sich sogar um Teilnehmer harmloser, den Militärs jedoch mißliebiger Versammlungen handeln, die man „den Waffen übergab" *(pasado por las armas)*. Auf diese Weise verwandelte sich der Ausnahmezustand selbst in eine Quelle immer neuer Unruhen und Aufstände.

Zwar ist es symptomatisch, daß die Versuche, den Ausnahme- bzw. Belagerungszustand zu präzisieren und zu konstitutionalisieren, scheiterten, aber er hätte gewisse ordnende Wirkungen entfaltet, wäre die Gruppe der Militärbefehlshaber eine ideologisch und politisch homogene Schicht gewesen. Aber nicht nur jede Partei, einschließlich der Carlisten, deren Offiziere aufgrund einer illusionären Versöhnungspolitik z. T. wieder zu Amt und Würden kamen, hatte „ihre" Generäle; auch jede Fraktion verfügte über diverse „sables" (Säbel) oder *espadónes,* so daß die regional ausgerufenen Ausnahmezustände oft nur dazu dienten, den jeweiligen politischen Feind niederzukartätschen. Die häufig festgestellte Präponderanz der Militärs im damaligen Spanien verdankte sich der Schwäche der Zivilgewalten wie der der zivilen Gesellschaft insgesamt, so daß die Zivilisten allzu gerne die Militärs zu Hilfe riefen. Doch auch in den höheren Rängen des Offizierskorps bildete sich die Fragmentierung und Fraktionierung des zivilen politischen Körpers ab, – schon deshalb konnte von hier aus nur die herrschende autoritäre Anarchie bestätigt oder sogar verschärft werden.

Wo es die Ausnahme gibt, muß eine Regel vorhanden sein, soll, wie Donoso Cortés es 1839 formulierte, „die Ausnahme die Regel retten".[25] Doch sollte der Ausnahmezustand einen konstitutionellen status quo verteidigen, der nichts als eine chaotische Farce war? Sollte er die Normalität wiederherstellen, wenn es doch lediglich die „normalidad de lo anormal" gab, wenn nur verschiedene Grade der Anormalität, eine „anormalidad graduada", bestanden?[26] *Las bayonetas son buenas para todo, menos para sentarse sobre ellas* – Bajonette sind zu vielem gut, aber nicht, um sich auf sie zu setzen, wußte ein spanisches Sprichwort, das Talleyrand gern zitierte ...

Eine grundsätzliche Lösung wurde gesucht, und so verfielen die *moderados,* deren Führer, sieht man von den Militärs ab, vor allem Journalisten und Juristen waren, der periodisch wiederkehrenden iberischen Krankheit: dem Verfassungsfieber, der *fiebra constituyente :* Ist die Verfassung erst einmal verkündet, wird die Wirklichkeit ihr folgen. Wie es tatsächlich darum stand, enthüllte das Denk-Bild eines Dichters besser als noch so kritische Kommentare von Wissenschaftlern.

Théophile Gautier notierte in seiner „Voyage en Espagne" 1843:

„Sur un ancien palais transformé en maison commune, nous vîmes pour la première fois le placard de plâtre blanc qui déshonore beaucoup d'autres vieux palais avec l'inscription: *Plaza de La Constitución.* Il faut bien que ce qui est dans les choses en sorte par quelque côté: l'on ne saurait choisir un meilleur symbole pour représenter l'état actuel du pays. Une constitution sur l'Espagne, c'est une poignée de plâtre sur du granit."[27]

---

25 *J. Donoso Cortés,* Die Ausnahmezustände (1839), übers. vom Verf. vorl. Aufsatzes, in: Zwölfte Etappe, Bonn, Juli 1996, S. 114 ff.

26 Die erste Wendung von *Luis Sánchez Agesta* im Vorwort zu dem Werk von *F. Fernández Segado* (FN 24); die zweite von *Fernández Segado* selbst, ebd.

27 *Th. Gautier,* Voyage en Espagne / España, Ausg. Paris 1981, S. 46.

Unter der Leitung von Juan Donoso Cortés arbeitete eine Kommission die neue Verfassung aus, die am 23. 5. 1845 promulgiert wurde und die die von den *progresistas* am 18. 6. 1837 verkündete ablöste.[28] Donosos Verfassung war, bezieht man die von Napoléon in Bayonne oktroyierte vom 6. 7. 1808 ein, bereits die fünfte Spaniens. Jedem Besucher verriet diese Zahl eine besorgniserregende Instabilität. Doch die Lage war noch bedeutend dramatischer: diese ohnehin kurzlebigen Konstitutionen wurden häufig wieder aufgehoben und danach wieder in Kraft gesetzt. So wurde die berühmte „Gaditana", die Verfassung von Cádiz (19. 3. 1812),[29] bereits 1814 derogiert, 1820 neu verkündet, nach der Erhebung des Generals Riego 1823 abermals derogiert, 1836 restauriert, usw. Hinzu kamen zahllose *actas adicionales* und *leyes orgánicas,* denen ein ähnliches Schicksal beschieden war; hinzu kam endlich eine Flut von Verfassungsprojekten. Der bei Aufständen und bewaffneten Zusammenstößen beliebte Kriegsruf „La constitución o la muerte" bedeutete nichts anderes als „*Meine* Verfassung – oder Dein Tod!" Jedes politische Lager hielt, und dies nicht ohne Gründe, die gerade geltende Verfassung für den Oktroi der gerade herrschenden politischen Gruppe: bei einem Machtwechsel mußte als erstes eine „eigene" Verfassung her. So wurde die Verfassung zu einer der wichtigsten Ursachen der politischen Entzweiung. Nicht anders stand es um die ebenso leidenschaftlich angerufene „Legalität", die Jaime Balmes nicht müde wurde, als „leeres, eitles Wort" anzuprangern.[30]

---

28 Die betr. Texte in: *E. Tierno Galván,* Leyes políticas españolas fundamentales (1808–1978), Ndr. d. 2. Aufl., Madrid 1984, S. 64–77. Zur Verfassung von 1845 bes.: *M. A. Medina,* La reforma constitucional de 1845, Revista de Estudios Políticos, 203 / 1975.

29 Dazu u. a.: *J. Ferrando Badía,* Die spanische Verfassung von 1812 und Europa, Der Staat, 2 (1963), S. 153 ff.

30 Zur Verdeutlichung der Situation zwei Zitate: „Strikte Legalität; treue, rigorose Beachtung der Gesetze, sagen andere, – das sei das einzige Heilmittel. Von welchen Gesetzen sprecht ihr? Eure Gegner erklären, daß diese Gesetze Gewaltakte seien. Und die Gesetze, die sie machten? Ihr werdet daraufhin dasselbe sagen. Und die Gesetze, die eine Macht

Donosos Kommission ließ sich von diesen ihr bekannten Tatsachen nicht beirren; nicht einmal durch die Warnungen des linken Flügels der eigenen Partei um Pacheco und Pastor Díaz.[31] Hier plädierte man für einen Verfassungswandel durch Interpretation und befürchtete, daß eine neue Verfassung das bekannte Fieber bei den *progresistas* in die Höhe treiben und sie so auf den Weg der Gewaltpolitik zwingen würde.

Die *moderados* aber wähnten sich auf dem Gipfel ihrer Macht. Sie standen unter dem Schutz des allmächtig scheinenden *espadón,* der dem Eifer der von ihm verspotteten *abogados* kopfschüttelnd zusah; sie kontrollierten den Zugang zur Königin; sie verfügten über eine erdrükkende Mehrheit in beiden Kammern. Zudem zeichneten sich die ersten Erfolge ihrer Verwaltungs- und Finanzreformen ab, und Narváez kam voran bei der Säuberung

---

verkündet, die sich über euch alle erhebt? Diese Macht existiert nicht." Dann: „Wenn die Legalität angerufen wurde, sei es von den Siegern, sei es von den Besiegten, dann war diese Anrufung stets nur Heuchelei. In Wirklichkeit haben die einen wie die anderen keinen anderen inappellablen Richtspruch anerkannt als den der Gewalt. Wie lange dauerte die Legalität von Martínez de la Rosa und wie lange die des Grafen Toreno? ... Was vermochte die Legalität der Revision des Estatuto (= der paktierten Verfassung von 1834, G. M.) gegen die Säbel der Sergeanten von La Granja? Was die Legalität von Calatrava und Mendizábal gegen die Manifestationen von Aracava? Was die Legalität der Regentschaft Christinas und der Cortes von 1840 gegen einen General, der sie usurpieren wollte und über das entscheidende Argument von 100 000 Bajonetten verfügte? Wie lange dauerte ihrerseits die Legalität von Espartero? So lange, solange die Gewalt ihn erhielt. 1841 stürzte er nicht, weil die Gewalt ihn stützte; 1843 stürzte er, weil die Gewalt sich auf die Seite des *pronunciamientos* schlug. Die Legalität des Kabinetts López triumphierte über die Zentralisten mittels Kanonenschüssen, die von Gonzales Bravo bestrafte sich selbst durch den Säbel Roncalis. Und was verstanden jene unter Legalität, die sich vornahmen, die Lage in Madrid zu ändern? Mit einer Salve aus nächster Nähe auf Narváez? Und wie hat die angegriffene Regierung ihre Legalität behauptet? Indem sie die Verfassung suspendierte, die Miliz entwaffnete und über das ganze Land den Ausnahmezustand verhängte." (Nach *Balmes* [wie FN 15]; Bd. VI, S. 407,539).

31 Bes. scharfsinnig *Pastor Díaz* in seiner Kongreßrede vom 30. 10. 1844, abgedr. in: wie FN 24, II, S. 363 ff. Die gesamte Debatte erörtert: *J. Tomás Villarroya,* El proceso constitucional, in: Historia de España (Menéndez Pidal), XXXIV, Madrid 1981, S. 199 ff.

der Armee. Die neue Verfassung sollte das Ganze krönen und die Stellung der Partei unangreifbar machen.

Donosos Verfassung erweiterte die Befugnisse der Krone und betonte bereits in der Präambel, daß die Souveränität bei ihr und den Cortes läge. Die Mitgliedschaft in dem von der Krone ernannten Senat galt nunmehr lebenslänglich; zudem durfte die Krone Senatoren in beliebiger Zahl ernennen. Die Dauer des Mandats der Kongreßabgeordneten wurde von drei auf fünf Jahre verlängert: die *moderados* schienen also überzeugt, daß sie, weil sie den Kongreß beherrschten, nicht mehr in die Lage kommen könnten, ihn durch die Krone auflösen zu lassen und in die Neuwahlen gehen zu müssen – oder sie waren überzeugt, daß sie jede Neuwahl gewinnen würden, d.h., daß sie die Maschine des Wahlbetruges stets kontrollieren könnten.[32] Vor allem aber hob die neue Verfassung drei Institutionen der *progresistas* auf: die von diesen durchsetzten Geschworenengerichte bei Pressesachen waren nicht mehr zwingend vorgeschrieben, der „jurado" wurde entkonstitutionalisiert; die politischen Rechte der Stadtverwaltungen, die diese oft zu reger Agitation gegen die *moderado*-Regierungen nutzten, wurden beseitigt; die Miliz, die, zum Schutz der Bürger gegründet, den *progresistas* in den Großstädten als bewaffneter Arm diente, wurde aufgelöst. Damit, so glaubte man, waren der unleugbaren, skandalösen Demagogie der *progresistas* alle Wasser abgegraben.

Tatsächlich veränderte sich jedoch wenig; die Fliehkräfte der Gesellschaft ließen sich auch durch dickere juristische Zwirnsfäden nicht fesseln. Zugleich verschärfte sich auch der innerfraktionelle Kampf der *moderados:*

32 Über den systematischen Wahlbetrug, den damals in Spanien die Innenministerien organisierten vgl.: *L. María Pastor,* El fraude electoral, Madrid 1863; *M. Artola* (wie FN 6), I, S. 119–129; *L. Sánchez Agesta* (wie FN 52), S. 150–155. Die Wählerverzeichnisse wurden gefälscht, nie abgegebene Stimmen ausgezählt und die gewünschten Ergebnisse sogar über den ministeriellen Telegraphen ‚befohlen'. Der Wahlbetrug war auch ein beliebtes Sujet der satirischen Literatur, bes. in den Erzählungen von Serafín Estébañez Calderón (1799–1867).

Weh dem, der keinen Feind hat. Und gerade weil die *moderados* sich jetzt wieder in ihre Fraktionen auflösten, kam es, nach Debatten zwischen Freihändlern und Protektionisten, zu einer Regierungsbildung unter linken Vorzeichen. Zunächst versuchte sich Pacheco (28. 3. 1847), der zwar einen um Versöhnung bemühten Dialog mit den *progresistas* begann, sie aber weiter von der Regierung ausschließen wollte. Das Ergebnis war, daß die *progresistas* gegen ihren einstigen Freund intrigierten, während die Pacheco vom Zentrum seiner Partei widerwillig gewährte Unterstützung abbröckelte; dies in einer Situation, in der die Carlisten in Toledo und Valencia neue Aufstände entfachten und Narváez, aufgrund seiner Haltung in der Frage der „spanischen Heiraten", beim Hofe vorübergehend in Ungnade gefallen war und sich grollend zurückgezogen hatte.[33] So räumte Pacheco am 12.9. seinen Ministerpräsidenten-Sessel zugunsten von García Goyena, der ein Proporz-Kabinett aus jeweils zwei *moderados, puritanos* und *progresistas* bildete. Doch der englische Botschafter Henry L. Bulwer und der Infant Francisco de Paula drängten jetzt auf die Etablierung eines Duumvirates unter Francisco Serrano Domínguez, dem Günstling der Königin, der stark den *progresistas* zuneigte, und dem alten Schlachtroß dieser Partei, Mendizábal. Die Gefahr drohte, daß die Camarilla um die junge, ihrer Aufgabe nie gewachsene Königin ausgewechselt wurde und die *moderados* so ihre wohl wichtigste Machtressource, den privilegierten Zugang zu Isabella II., verloren. Jetzt erinnerte sich die zerstrittene Partei ihres *espadón,* der, wie wir schon gesehen haben, am 4. 10. 1847 handelte. Narváez war überzeugt, daß „al estado a que han llegado las cosas, no hay otro medio que empuñar el garrote y pegar de firme":[34] daß es beim Stand der Dinge

---

33 Über die spanischen Heiraten, die die ohnehin stets brüchige Entente cordiale zwischen Frankreich und England aufhoben, vgl. bes.: *E. J. Parry,* The Spanish marriages 1841–1846, London 1936.

34 Nach *E. López,* Antología de las Cortes de 1846 a 1854, Madrid 1912, S. 148 f.

keine andere Lösung gab, als den Knüppel zu packen und feste draufzuschlagen.

Die Gelegenheit zum Draufschlagen kam für Narváez im Februar 1848. Als am 27. der Telegraph die ersten Nachrichten aus dem revolutionären Paris übermittelte, wurden sich die *moderados* schlagartig der Gefahr bewußt, sich binnen kurzem ohne den Schutz Louis Philippes und François Guizots dem feindlich gesonnenen England und den von ihm unterstützten *progresistas* konfrontieren zu müssen. Noch am gleichen Abend präsentierte Narváez dem Kongreß einen Gesetzentwurf, in dem den Cortes die Ermächtigung abverlangt wurde, „die individuellen Garantien zu suspendieren, die Steuern zu erheben und deren Erträge zu investieren und sie, falls nötig, um bis zu 200 Millionen zu erhöhen.“[35]

Das „Gesetz zur Ermächtigung der Regierung, die individuellen Garantien zu suspendieren“, lautete schließlich in seiner endgültigen und von der Königin am 13. 3. 1848 bestätigten Fassung:

„Art. 1 – Die Regierung wird ermächtigt, daß in Anbetracht der Umstände und gemäß dem, was der Art. 8 der Verfassung vorschreibt, in der gesamten Monarchie oder in Teilen von ihr die Garantien aufgehoben werden können, die der Art. 8 der Verfassung begründet.

Daß sie die Steuern erhebt und die Erträge anlegt aufgrund des rechtskräftigen, auf der gesetzgeberischen Ermächtigung v. 11. 2. 1848 beruhenden Haushalts.

Daß sie, mittels der ihr geeignet scheinenden Methoden, bis zu 200 Millionen Reales an zusätzlichen Steuern erheben kann, wenn die Umstände es erfordern.

Art. 2 – Diese Vollmacht gilt für die Zeit zwischen der gegenwärtigen und der kommenden Legislaturperiode, in der die Regierung den Cortes über den Gebrauch dieser Vollmacht Bericht erstatten wird.“[36]

---

35 Zit. nach: *P. Cruz Villalón* (wie FN 24), S. 271.

36 Nach: Diario de las sesiones de Cortes – Congreso de los Diputados, Apéndice al núm. 82, 1848, s. 1783.

Die in Frage stehenden Artikel der Verfassung lauteten:

„Art. 7 – Kein Spanier darf festgenommen oder verhaftet oder von seinem Wohnsitz getrennt werden, noch darf in sein Heim eingedrungen werden; außer in den Fällen und unter Beachtung der Formen, die die Gesetze vorschreiben.

Art. 8 – Wenn bei außergewöhnlichen Umständen die Sicherheit des Staates in der gesamten Monarchie oder in einem Teil von ihr die zeitweise Aufhebung des im vorhergehenden Artikel Festgelegten erforderlich macht, so wird dies durch ein Gesetz bestimmt werden.“[37]

Der Entwurf wurde mit 148 gegen 45 Stimmen angenommen; die „dictadura legal“ Narváez´rückte in Reichweite. Freilich darf man die Verfassungsmäßigkeit der Ermächtigung bezweifeln, da die Cortes hier der Regierung die Befugnis abtraten, über die Situation zu entscheiden, in der der Art. 8 anzuwenden sei: über die „außergewöhnlichen Umstände“ sollte ja „ein Gesetz“ befinden, d. h. die Cortes. Dazu aber mußten die Cortes geöffnet bleiben. Der Art. 8 implizierte zwingend, daß die Garantien des Art. 7 nur durch funktionierende, zur Gesetzgebung fähige Cortes aufgehoben werden konnten. Jetzt aber war mit Händen zu greifen, daß die Regierung die Cortes schließen wollte, um bei der Suspension der Garantien carte blanche zu haben.[38] Während der Debatte im Kongreß vom 1.–4. März 1848 warnten die progresistas unentwegt vor dessen drohender Schließung. Narváez zögerte nicht, ein pathetisches Ehrenwort anzubieten: „In meinem Namen und in dem meiner Genossen, zu Ehren der Freiheit und der Menschlichkeit und auch zu Ehren des spanischen Namens erkläre ich, daß wir alles daran setzen werden, damit die normale Ordnung … nicht un-

---

37 Nach dem Text der Verfassung v. 1845 bei: *E. Tierno Galvan* (wie FN 28), S. 71 f.

38 Dazu P. Cruz Villalón (wie FN 24), S. 270 f. – Einzig korrekt wäre eine Verfassungsänderung gewesen, die sich wohl für die moderados aufgrund ihrer eben erst durchgesetzten neuen Verfassung verbot.

terbrochen wird und daß die Cortes sich weiterhin versammeln können ...".[39] Doch am 22.3. wurden die Cortes geschlossen und die Legislaturperiode beendet, am 26. 3. in der ganzen Monarchie die Garantien suspendiert.

Seit Narváez´ Machtantritt im Herbst 1847 hatte die Linke der *progresistas* um José María Orense und José Ordax Avecilla den bewaffneten Kampf vorbereitet; am 26.–27. 3. 1848 schlug sie in Madrid los; am 13.5. erhoben sich in Sevilla das Regiment Guadalajara und Teile der Kavallerie des Infanten; es kam auch zu Aufständen in Valencia und Barcelona, wobei der letztere, von republikanischen Militärs geführt, eine gewisse Gefährlichkeit entwickelte.[40] Alle diese Versuche wurden von Narváez mit großer Härte schnell erstickt, was auch deshalb gelang, weil das Gros der Partei sich abseits hielt. Die sich so ankündigende Spaltung der *progresistas* wurde am 6. 4. 1849 mit der Gründung des partido demócrata definitiv.[41] Bis dahin hatte Narváez, wenn auch erfolglos, dem rechten Flügel der Partei unter Manuel Cortina Avancen gemacht, – natürlich auch, um den linken desto besser vernichten zu können.

Die Pointe war, daß das schwache spanische Echo der französischen Revolution sich der englischen Unterstützung verdankte: Palmerston versuchte, den bisherigen hegemonialen Einfluß des jetzt geschwächten Frankreich durch den eigenen zu ersetzen. „Lord Firebrand", überall auf dem Kontinent die konstitutionellen Bewegungen ermutigend, ließ seinem Botschafter in Madrid, Henry Lytton Bulwer, die entsprechenden Weisungen zugehen. Bulwer bombardierte die Regierung Narváez nicht nur mit Forderungen, in Spanien endlich „wahre" konstitutionelle Verhältnisse zu schaffen und die *progresistas* an der

39 Diario (wie FN 36), Apéndice I al núm. 73, 1848, S. 1662.

40 Vgl. die packende Schilderung der Niederschlagung des Aufstandes in Madrid von *Fernández de Córdova* (wie FN 10), II, S. 158–171. Eine sorgfältige Gesamtdarstellung bei: *S. Cabeza Sánchez-Albornoz*, Los sucesos de 1848 en España, Diss. Madrid 1981.

41 Dazu u. a. *A. Eiras Roel* (wie FN 19).

Macht zu beteiligen; er gewährte in seiner Botschaft vielen Aufständischen Asyl und war bei der Waffenbeschaffung behilflich. Im Mai 1848 wies die Regierung Narváez den Botschafter außer Landes, so daß Palmerston am 12. 6. 1848 die Beziehungen abbrach.[42]

Unterdes versäumte es der *espadón* jedoch nicht, zuzuschlagen. „Menudearon los encarcelamientos" – „es hagelte Inhaftierungen" – und ca. 2000 Personen wurden auf die Philippinen verbannt. Auch die Zahl der Todesurteile war außerordentlich hoch. Wie nicht selten in Spanien aber erwachte nach der Drohung des caínismo (= von Kain, G. M.) der Sinn für die *fraternidad.*[43] Tatsächlich wurden alle zum Tode Verurteilten begnadigt und am 7. 6. 1849 verkündete Isabella II. eine Generalamnestie, gemäß der, „ohne irgendwelche Ausnahmen, jeder Spanier, der fürchtet, das Opfer der Justiz zu werden, in sein Vaterland zurückkehren kann und auf freiem Fuße bleibt".[44] Auch die auf die Philippinen Verbannten kehrten zurück.

Diese für Narváez typische Verhaltensweise – nach harten Maßnahmen die Versöhnung anzustreben – zeigte sich bereits am 15. 12. 1848, als die Königin die Cortes wieder eröffnete; sie hielt „die liberalste Rede, die je eine *moderado-Regie*rung unserer Königin auf die Zunge legte", wie Andrés Borrego, der einzige *moderado,* der im März gegen die Ermächtigung gestimmt hatte, zugeben mußte.[45] Die jetzt stattzufindende Debatte über das zurückliegende halbe Jahr der „legalen Diktatur" schien unter einem verheißungsvollen Stern zu stehen.

---

42 Detailliert: C. *Mencía,* Expulsión del embajador Henry Lytton Bulwer, in: Boletín de la Real Academia de la Historia, Bd. CLXXX/III, 1983, S. 495–550.

43 Zum Verhältnis von *caínismo* und *fraternidad J. M. Jover Zamora,* Einleitung zu: Historia de España (Menéndez Pidal), XXXIV, 1981, S. CXIV–CXXXIV.

44 Zit. nach *D. Sevilla Andrés,* Historia política de España (1800–1973), Segunda edición, Madrid 1974, I, S. 188.

45 *A. Borrego,* De la situación y de los intereses de España en el movimiento reformador de Europa (1848); zit. nach dem Ndr. 1970 u.d.T.: EI 48: La autocrítica del liberalismo, S. 101.

Cortina jedoch enttäuschte mit seiner Rede am 3. 1. 1849 alle, die auf eine von Narváez ersehnte, das Land endlich befriedende Zusammenarbeit hofften. Der wichtigste Sprecher der *progresistas* bewies, daß auch er an allen Erbkrankheiten des linksliberalen Intellektuellen litt: da er weder zum Befehlen noch zum Gehorchen fähig war, war er auch weder zur Regierung noch zur Revolution begabt und entwickelte auch kein Talent zur Versöhnung. Fähig war er nur zur moralisierenden und legalistischen Exaltation. Anstatt es bei einigen klaren Forderungen zu belassen, die den Weg zur Versöhnung und Zusammenarbeit freigehalten hätten, konzentrierte sich Cortina auf eine ca. zweistündige Aufzählung der Eigenmächtigkeiten der Regierung bei der Durchführung des Art. 8. Zugleich geißelte er die Willkür bei der Anwendung des neuen Strafgesetzbuches, das am 19. 3. 1848, eine knappe Woche nach dem Ermächtigungsgesetz, diesem „nachgeschoben" worden war und wies auf die oft gewalttätige Schließung einiger Zeitungen hin, die sich auf die extensive Auslegung des Pressegesetzes v. 10. 4. 1844 stützte.[46] Unausgesprochen lag Cortinas Polemik die vielen Juristen der *progresistas* liebgewordene Utopie zugrunde, daß sich „mit guten Gesetzen alle möglichen Situationen vorhersehen lassen, und daß, sollte dies nicht der Fall sein, sich gute Allgemeinregeln aufstellen lassen, so daß nie Umstände eintreten können, in denen es angebracht ist, die Garantien der individuellen Freiheit zu suspendieren."[47] Hinzu kommt, daß der Ausnahmezustand (und um einen Ausnahmezustand latu sensu ging es hier) zwar ohne tatsächliche Übergriffe vorstellbar sein mag, daß er aber ohne den Handelnden zugeschriebene Übergriffe unmöglich ist, eben weil er Politik, sogar konzentrierte Politik ist.

46 Dessen Text in: *Tiemo Galván* (wie FN 28), S. 465–476.

47 *R. Salas* , Lecciones de Derecho público constitucional (zuerst 1821), Ausg. Madrid 1982, S. 278.

Folgerichtig gipfelte Cortinas Rede in einer Feier des „leeren, eitlen Wortes“ (Balmes), der Legalität:

„Für die Regierungen ist es niemals notwendig, niemals angebracht, niemals vorteilhaft, sich von der Legalität zu entfernen; selbst dann, wenn es darum geht, die Revolution einzudämmen, ist ein Verlassen der Legalität abenteuerlich und gefährlich und zeitigt schlechte Ergebnisse.

Entfernen sich die Regierungen vom Gesetz, stürzen sie, ohne es zu wollen, auf das sumpfige Terrain der Revolution hinab. Einzig und allein mittels der Legalität läßt sich regieren; sie ist die praktische, irdische Gerechtigkeit. Ohne Legalität gibt es keine Gerechtigkeit ... Die Regierung darf sich allein der Legalität bedienen. Andernfalls befinden wir uns in einem Teufelskreis: es gibt Revolutionen, weil es Illegalität gibt; es gibt Illegalität, weil es Revolutionen gibt. Wie soll man diesen Zirkel sprengen, wie ihn verlassen? Einzig und allein mit Hilfe der Legalität ...“.[48]

Cortinas Ausführungen wurden einem gnädigen Vergessen im Museum spanischer Derivationen nur entrissen, weil Donoso Cortés am darauffolgenden Tage mit seiner „Rede über die Diktatur“ antwortete. Diese „großartigste Rede der Weltliteratur“, die für sich allein „ein unermeßliches Thema“[49] ist, können wir hier nur punktuell erörtern. Donosos Schlüsselsatz war das berühmte *Cuando la legalidad basta, para salvar la sociedad, la legalidad; cuando no basta, la dictadura* – Wenn die Legalität genügt, die Gesellschaft zu retten, dann die Legalität; wenn sie nicht genügt, bleibt nur die Diktatur. Der Satz läßt vermuten, daß Donoso hier der Tendenz des spanischen Verfassungsdenkens folgt, die Diktatur als ein *regimen distinto* von den verschiedenen Formen der *exepción* zu un-

48 Diario (wie FN 36), num. 12, 1849, S. 131.

49 So *Carl Schmitt* in einem Brief an Ernst Jünger v. 13. 11. 1947, in: Schmitt, Glossarium-Aufzeichnungen der Jahre 1947–1951, 1991, S. 40; 2. Aufl., 2015, S. 31.

terscheiden.[50] Vor allem legt der Satz jedoch nahe, daß auch Donoso an der Legalität von Narváez' Ermächtigungsgesetz zweifelte, daß dies aber ihm, dem damals neben Pacheco und Alcalá Galiano bedeutendsten Konstitutionalisten Spaniens, angesichts der Größe der Gefahr bedeutungslos schien:

„Sie alle wissen, daß ohne den energischen, aktiven Widerstand der Regierung ganz Spanien, von den Säulen des Herkules bis zu den Pyrenäen, von dem einen Meere bis zu dem anderen, ein See aus Blut geworden wäre. Und nicht allein Spanien. Wissen Sie, welche Übel über die Welt gekommen wären, hätte die Revolution triumphiert? Ah, meine Herren, wenn man an diese Dinge denkt, ist man gezwungen auszurufen, daß sich das Kabinett, das zu widerstehen und zu siegen wußte, um das Vaterland verdient gemacht hat."[51]

Betrachtet man die schöne neue Welt des damaligen Liberalismus, so war der eigentliche verfassungs- und politiktheoretische Skandal, daß Donoso eine Diktatur für stets gerechtfertigt hielt, wenn die wahre Grundlage der Gesellschaft, der Vorrat an gemeinsamen „croyances", wenn der „bloc des idées incontestables" (Hauriou) bedroht war. Dann war eine auch permanente Diktatur „legitim" und eine plausible, notwendige und nützliche Herrschaftsweise.[52] Doch wurzelte die Brisanz der Rede nicht in solchem vorausschauenden Pragmatismus, sondern im Theologischen. Seit Jahrhunderten war das „religiöse Thermometer" gefallen, so daß die sich auflösenden Bindungskräfte der Religion durch immer mehr gesteigerten, politisch organisierten Zwang kompensiert

---

50 Vgl. *Fernández Segado* (wie FN 24), S. 41 f., der diese Tendenz jedoch ablehnt.

51 Alle Zitate aus den Reden Donosos stammen aus dem hier vorliegenden Buch.

52 Dies betont L. Sánchez Agesta, Historia del constitucionalismo español (1808–1936), 4. Aufl., Madrid 1984, S. 361–374; hier anknüpfend: F. Fernández Segado, Las disposiciones de excepción en la década moderada, Revista de Estudios Políticos, 205 / 1976, S. 81–117, bes. S. 94–99.

werden mußten: durch die feudale Monarchie, durch den Absolutismus, durch die stehenden Heere, durch die Polizei, durch die zentralisierte Verwaltung. Das „politische Thermometer“ stieg unentwegt, bis zu dem Punkt, an dem die Regierungen sagten:

„Zur Unterdrückung genügen mir eine Million Hände nicht; zur Unterdrückung genügen mir eine Million Augen nicht; zur Unterdrückung genügen mir eine Million Ohren nicht: wir benötigen das Privileg, uns zu ein und derselben Zeit an allen Orten gleichzeitig zu befinden. , Und sie bekamen es, – und man erfand den Telegraphen.“[53]

Das Erscheinen eines ganz Europa bedrohenden Despotismus, „des gigantischsten und verheerendsten“, der in einer entropischen Welt ohne christlichen Glauben und ohne Gehorsam die emanzipationslüsternen menschlichen Atome einer mechanischen Ordnung unterwarf, stand für Donoso bevor. Ihm schienen „die Wege bereitet für einen riesigen, kolossalen, universellen, ungeheuren Tyrannen . . . Schon gibt es keinen Widerstand mehr, weder einen physischen noch einen moralischen; es gibt keinen physischen Widerstand mehr, weil der Telegraph die Entfernungen aufgehoben hat; es gibt keinen moralischen Widerstand mehr, weil alle Seelen voneinander getrennt und gesondert sind und aller Patriotismus tot ist.“

Im Gegensatz zu den Verheißungen derer, „die den Völkern glaubhaft gemacht haben, die Erde könne ein Paradies ohne Blut sein“, war Donoso davon überzeugt, daß „in dem Augenblick und zu der Stunde, wo diese Illusion es erreicht, von allen geglaubt zu werden, das Blut selbst aus den harten Felsen sprudeln wird.“ Die Heraufkunft des Anti-Christ nahte, der unter der Losung *Pax et securitas* die Einheit der Welt ohne Adam und Christus vorbereitete. Sein Kommen aufzuhalten, dem *kat-echon* zu

53 Die Bezüge zu anderen Zeitkritikern um 1848 (u. a. Burckhardt, Ernst v. Lasaulx, Vollgraff, Kierkegaard) werden herausgearbeitet bei: *H. J. Schoeps*, Vorläufer Spenglers – Studien zum Geschichtspessimismus im 19. Jahrhundert, 2. Aufl., Leiden 1955; vgl. auch *ders.*, Was ist der Mensch?, 1960, S. 20–28.

dienen,[54] war die unmittelbare politische Pflicht des Christen, vor der die Alternative Freiheit oder Diktatur gegenstandslos wurde:

„... bestünde die Wahl zwischen Freiheit und Diktatur, so würde ich für die Freiheit stimmen. Aber es handelt sich darum, zwischen der Diktatur des Aufstandes und der Diktatur der Regierung zu wählen. In diesem Falle erwähle ich die Diktatur der Regierung als die weniger drückende und beleidigende. Es handelt sich um die Wahl zwischen der Diktatur von unten und der Diktatur von oben; ich erwähle die Diktatur von oben, weil sie aus reinlicheren und ausgeglicheneren Regionen kommt. Es handelt sich schließlich darum, zu wählen zwischen der Diktatur des Dolches und der Diktatur des Säbels. Ich erwähle die Diktatur des Säbels, weil sie die vornehmere ist."

Donosos Rede erregte in ganz Europa großes Aufsehen und stärkte Narváez' internationales Prestige beträchtlich. Doch ging es dem *espadón* nur um die Beendigung des Bürgerkrieges und um die Festigung des Staates, so Donoso um mehr. Er wollte, daß die „legale Diktatur", die sich nach dem Januar 1849 auch ohne das jetzt aufgehobene Ermächtigungsgesetz bruchlos fortsetzte, dazu genutzt werde, „eine heilsame, religiöse Reaktion" anzustoßen, eine moralische Erneuerung der Nation zu beginnen und die Macht der Kirche zu stärken. Es war die gleiche Hoffnung, die zur gleichen Zeit in Frankreich katholische Traditionalisten wie Louis Veuillot, Gaume, Guéranger, Saint-Bonnet und Auguste Romieu dem Säbel des Napoleoniden entgegenbrachten. Romieu brachte die Frage auf den Punkt:

„Die Menschen hegen vor zweierlei Ehrfurcht; vor dem, was heilig ist und vor dem, was stark ist. Das heilige

54 Die häufig vertretene Auffassung, Donoso habe das Problem des *kat-echon* nicht gekannt (u. a. auch von Carl Schmitt), findet m. E. in dessen Werk keine Stütze. Vgl. a.: *A. Caturelli*, Despotismo universal y katéchon paulino en Donoso Cortés, Sapientia (Buenos Aires), 13 / 1958, S. 36–42, 110–127.

Element existiert in diesem Jahrhundert nicht mehr; das Element der Stärke gehört allen Jahrhunderten an, und dieses allein kann das andere wiederherstellen."[55]

Aber die weiter fortwuchernde, die Zustände im Frankreich Louis Philippes übertreffende Korruption, die sich fortsetzende Mißachtung der Kirche, die Konzentration des Kabinetts auf die Förderung der materiellen Interessen, schließlich die auch moralischen Probleme eines nun schon lange währenden politischen Monopols, – sie trieben das System Narváez in den *desgaste,* in den Verschleiß. Als Narváez am 14. 12. 1850 dem Kongreß einen en detail ausgearbeiteten Etat vor legte und, gemäß der längst Routine gewordenen Praxis, forderte, daß dieser Etat durch legislative Delegation ab dem 1. 1. 1851 zu gelten habe, kam es zur Krise: Finanzminister Juan Bravo Murillo beharrte auf einem Sparetat und trat zurück. Die *moderados,* dank der eben stattgehabten Wahlen über eine mehr als erdrückende Mehrheit verfügend, fielen übereinander her. Am 30. 12. nutzte Donoso die Gelegenheit, sich in denkbar schärfster Form von seiner Partei und von Narváez loszusagen. Seine „Rede über die Lage Spaniens" gipfelte in einem Portrait Narváez', das zugleich die Triebkräfte von dessen Regime verdeutlichte:

„Der Herzog von Valencia (= Narváez, G. M.) ist ein großer Soldat und ein Mann mit großem Verstand, den das eine Mal große Leidenschaften unterstützten, das andere Mal zu ihrem Diener machten. Der Herzog von Valencia erreicht mit Hilfe von Inspiration und Genie das, was andere mit Hilfe von Studien nicht erreichen. Das ist so ge-

---

55 *Auguste Romieu,* Der Cäsarismus / Das rote Gespenst, hrsg. v. *G. Maschke,* Wien 1993, S. 117. Die Originalausgabe erschien 1850 in Brüssel u. d. T. „L'Ère des Césars" und stellt wohl die bedeutendste katholische Programmschrift zum nahenden Staatsstreich Louis Napoléons dar. Die Gedankengänge Romieus erinnern stark an die Donosos im Vorfeld des Staatsstreiches, den Donoso in Paris als Botschafter seines Landes erlebte und den die spanische Regierung finanziell unterstützte. Mit großer Sicherheit kann man davon ausgehen, daß Donoso und Romieu (1800–1855) sich über Donosos engen Freund, Louis Veuillot, kannten.

wiß, meine Herren, daß ich oft zweifelte (verzeihen Sie, meine Herren, einem Manne, der sein ganzes Leben lernt), daß ich oft zweifelte, ob Sie mich verstehen, aber niemals geschah mir, daran zu zweifeln, ob der Herzog von Valencia mich verstanden hätte. Und trotzdem, meine Herren, so groß auch sein Verstand ist, seine Aktivität ist noch viel größer. Der Herzog von Valencia ist ein Mann, der versteht, doch vor allem ist er ein Mann, der wirkt. Was sage ich, daß er wirkt? Er ist ein Mann, der nie, zu keiner Zeit zu wirken aufhört; weder wenn er wach ist, noch wenn er schläft, dank einer Erscheinung, die weniger außerordentlich ist, als sie Ihnen auf den ersten Blick anmuten könnte; diese Aktivität, die seinen Tod beschleunigt, ist es, die sein Leben erhält. Da sein Verstand sich am Tempo seiner Aktivität auszurichten hat, hat der Herzog ihm verboten, stillzustehen, das heißt, nachzudenken, und hat ihm befohlen, zu improvisieren. Infolgedessen ist der Herzog ein universeller Improvisator, und alles was ihn unterbricht und was ihn den Faden seiner Improvisationen verlieren läßt, ist sein Feind. Deshalb ist sein größter Feind die Zeit, die auf eine hartnäkkige und zähe Art und Weise sich all seinen Improvisationen widersetzt. Der Herzog sagt zum Beispiel: „Es muß eine Marine her!“ Die Zeit sagt: „Dafür hast Du mich nötig, Du hast mich nötig, weil Du Finanzen brauchst. Damit Du Finanzen hast, ist es nötig, daß der Reichtum wachse, und damit dies wirklich eintrete, ist es nötig, mich arbeiten zu lassen, der ich der Minister Gottes bin, und der mir andere Minister dienen, mächtigere als die der Könige, die die Jahre als ihre Namen haben.“ Der Herzog erwidert: „Nun, wir werden gleich sehen!“ Und er befiehlt der Marine, zu existieren und sie ist da. Doch die Frage geht dahin, herauszufinden, mit was diese Marine unterhalten werden könne, weil es doch eindeutig wahr ist, daß wir sonst eines Tages ohne Herzog, ohne Marine und ohne Finanzen dastehen. Bei einer anderen Gelegenheit, die Augen auf ein Subjekt richtend, das niemand kennt, das ihm aber bewunderungswürdig dient, sei es aus Berechnung, sei es aus Eifer, sagt er zu sich selber: „Warum soll ich nicht aus diesem Subjekt eine große Persönlichkeit machen?“ Die Zeit antwortet ihm: „Aus einem ganz einfachen Grunde: weil Du dafür, wie für alles, meiner bedarfst; denn Du willst aus jemandem eine große Persönlichkeit machen, aus dem ich bis jetzt nur ein Subjekt gemacht habe, weil ich es noch nicht wagte, aus ihm eine Person zu machen.“ Der Herzog weicht dennoch nicht zurück; er nimmt sich das Subjekt und macht es, nein, ich sage es falsch, bekleidet es mit einer Persönlichkeit. Die Frage ist aber damit noch weit davon entfernt, gelöst zu sein ... Denn jetzt geschieht es, daß die, die durch das Werk Gottes, und nicht durch des Herzogs Werk, Persönlichkeiten sind, sich darüber beklagen, daß man ihnen ihre Kleider gestohlen habe, um damit das Subjekt zu bekleiden; während andererseits alle Subjekte der Nation herbeiströmen und zu ihm sagen: „Wenn wir doch auch Subjekte sind wie dieser da, weshalb haben wir dann nicht dieselben Kleider bekommen, um uns zu kleiden? Und damit, meine Herren, entstehen zwei Schlachtreihen, gegen die der Herzog zu kämpfen hat: gegen den Haß der einen und gegen die Begehrlichkeit der anderen. Ich weiß, daß er sich sogar in dieser Lage zu helfen weiß; Europa täuscht sich, wenn es glaubt, daß der Herzog nur oder hauptsächlich ein großer Heerführer sei. Der Herzog von Valencia ist dies, aber er ist außerdem und vor allem der erfahrenste und gewiegteste Mensch Europas in der heiklen Kunst der heikelsten, schwierigsten Verführungen; mich hat er zwanzigmal allein durch seinen bloßen Gruß bezaubert. Auf dieses ganz besondere und außerordentliche Talent vertraut er, wenn er daran geht, die Begierden zu befriedigen, ohne sie zu stillen, den Groll und die Rachsucht zu besänftigen, ohne sie auszulöschen. Doch die Probleme aufzuschieben, heißt nicht, sie zu lösen und das ganze Talent des Herzogs genügt kaum, sie aufzuschieben. Der Tag wird kommen, und dieser Tag beeilt sich, zu kommen, da alle über ihn herfallen und von ihm die Kapitulation fordern oder den Tod. Diese unruhevolle und verzehrende Tätigkeit ... hat den Herzog in die Irre gehen lassen. Weder in Spanien noch in Europa gibt es eine Person, die überzeugter wäre als er, daß die materielle Ordnung nichts ist ohne die moralische Ordnung, und daß die erstere nichts ist als eine Frist, die die Vorsehung den Regenten der Völker einräumt, damit sie die zweite wiederherstellen ... Aber diese Wiederherstellung, diese Restauration ist langsam ... Wenn der Herzog diese Wiederherstellung mit einem Dekret hätte durchführen können, so wäre dies das erste gewesen, das er ihrer Majestät vorgeschlagen hätte. Doch in diesen Dingen sind Improvisationen ganz und gar unmöglich; der Mensch kann nur säen; Gott gibt danach dem Samen die Fruchtbarkeit und das Wachstum. Aber an den materiellen Tätigkeiten, auch wenn sie in Wirklichkeit nicht von größerer Bedeutung sind, sieht man die Tätigkeit des Menschen besser; deshalb verführen sie den Herzog von Valencia mit einem unwiderstehlichen Zauber ...".

Donoso verlangte den Rücktritt des Kabinetts Narváez. Doch nachdem Martínez de la Rosa mit einigen Geistreicheleien geantwortet hatte, schien die Gefahr vorüber; ganze 32 Abgeordnete schlossen sich Donoso an. Hatte der eitle Martínez, genannt „Rosita la pastelera" (Rosita, die Konditorin), über den von ihm gern verspotteten *teólogo* gesiegt? Von der Rednertribüne herabsteigend, sagte er zu Narváez: „Mein Präsident, der Sieg ist unser!" Doch der antwortete nur: „Nun, so genießen Sie ihn. Ich werde der Königin noch heute Nacht meine Demission einreichen."

Eine der typischen Reaktionen des zyklothymen *espadón* entschied alles. Donoso, der Mann, der eine Diktatur *ad maioram Dei gloriam* gefordert hatte, stürzte den Mann, der unter größten Mühen eine stets gefährdete, pragmatische Diktatur gelenkt hatte und so Spanien das damals einzig mögliche Maß an Ordnung und innerem Frieden gesichert hatte. „An dem Tage, an dem die Säule (Narváez) fällt, wird das ganze Gebäude einstürzen", hatte Donoso am 17. September 1849 vorhergesagt; jetzt stürzte er selbst diese Säule ... Alle weiteren Kabinette der *moderados* scheiterten:[56] das Ergebnis war die Revolution von 1854, die Espartero wieder ans Ruder brachte.

Der wohl bedeutendste Historiker der *década moderada* von 1844–1854, José Luis Comellas, zog das Resümee: „Zwei Regierungen, oder, vielleicht genauer, zwei Systeme zu ein und derselben Zeit: eines de jure, ein anderes de facto. Und beide lähmten sich wechselseitig. Die Diktatur nahm dem Liberalismus die legale Kraft, während der Liberalismus der Diktatur die physische Kraft nahm. Beide Systeme lassen sich unter bestimmten Umständen rechtfertigen. Was sich nicht recht fertigen läßt, ist eine liberale Diktatur."[57] Benutzen wir ruhig einmal die wenig präzisen Wendungen des Alltags und sprechen wir, in einem anderen Sinn als Donoso 1849, von Freiheit und Diktatur, so bemerken wir, daß die von Comellas festgestellte Konstellation sich bis zum 2. April 1939 in immer neuen Varianten wiederholte. Auch das gehört zu den beiden Spanien, zu den *dos Españas*, und neben dem so einfach anmutenden Gegeneinander von Freiheit und Diktatur stoßen wir auf ihr kaum entwirrbar scheinendes Miteinander und Ineinander.

---

56 Die größte Bedeutung kam hier der Regierung von *Bravo Murillo* (14. 1. 1851–2. 12. 1852) zu. Bravo Murillo, dem eine Diktatur der gebildeten Bürokratie und der Experten vorschwebte, scheiterte mit seinem strikt autoritären Verfassungsprojekt vom 2. 12. 1852, das den Vorstellungen Louis Napoléons – wie auch das Datum beweist! – verpflichtet war. Weder von seiner Partei noch von der Armee unterstützt, zeigte sich, daß eine wirklich effiziente Diktatur einer massendemokratischen Basis bedarf (wie im damaligen Frankreich). Zu Bravo Murillo vgl. u. a.: *J. L. Comellas,* La teoría del régimen liberal español, Madrid 1962, S. 67–121.

57 *Comellas* (s. FN 1), S. 150.

KAROLINGER VERLAG
AUS UNSEREM PROGRAMM

Juan Donoso Cortés

Essay über den Katholizismus, den Liberalismus und den Sozialismus

und andere Schriften aus den Jahren 1851 bis 1853

Herausgegeben, übersetzt und eingeleitet von Günter Maschke

576 Seiten
ISBN 978 3 85418 124 8

3., wesentlich erweiterte Auflage

Der Spanier Juan Donoso Cortés (1809–1853) ist einer der bedeutendsten Geschichtsphilosophen und politischen Denker des 19. Jahrhunderts. Sein Hauptwerk, der „Essay" von 1851, erregt, verwundert und empört noch heutige Leser. Günter Maschke hat mit seiner Übertragung die in Spanien beliebte Meinung, der „Essay" sei unübersetzbar „wie Don Quijote", widerlegt und den oratorischen Charakter des Werkes erhalten. „Um über Donoso mitreden zu können, muß man ihn auf deutsch lesen können", sagte beim Erscheinen der Erstausgabe 1989 der spanische Romanist Álvaro d'Ors, einer der engsten Freunde Carl Schmitts.

In seiner Einleitung und in den ausführlichen Anmerkungen erhellt Günter Maschke die theologischen, politischen und literarischen Bezüge des Werkes.Dic umfangrcichc Bibliographie wurde wesentlich erweitert.

„Donoso remains one of our guiding minds, the german publishing must be proud of Maschke's vast achievement." – *New York City Tribune*

„Dem Herausgeber ist es auch gelungen, dem Leser den zum Verständnis unentbehrlichen geistigen und politischen Hintergrund zu zeigen ... Maschkes Übertragung ins Deutsche wird der Sprache Donosos gerecht." – *Neue Zürcher Zeitung*

„Günter Maschke hat mit ungemeiner Treue zum rhetorischen Stil von Donoso Cortés diesen Klassiker einer Tradition wieder zugänglich gemacht." – *Frankfurter Allgemeine Zeitung*

Karolinger Verlag
Kutschkergasse 12/7, 1180 Wien
verlag@karolinger.at, Pagina Domestica: www.karolinger.at